浙江省新型重点专业智库杭州国际城市学研究中心
浙江省城市治理研究中心成果

王国平　总主编

宋韵文化遗产保护传承和活化利用

——第七届“两宋论坛”研究成果报告集

杭州国际城市学研究中心（杭州研究院）
杭州南宋文化研究院
编

浙江大学出版社

南宋全书编纂指导委员会

南宋全书编辑委员会

《南宋全书》序

王国平

2007 年 12 月 22 日，举世瞩目的我国南宋商船“南海一号”在广东阳江海域打捞出水。根据探测情况估计，整船金、银、铜、铁、瓷器等文物可能达到 6 万—8 万件，据说皆为稀世珍宝。迄今为止，除了中国，全世界都未曾发现过如此巨大的千年古船。“南海一号”的发现，在世界航海史上堪称一大奇迹，也填补了南宋海上“丝绸之路”历史的一些空白。[1]不少专家认为“南海一号”的价值和影响力将不亚于西安秦始皇兵马俑。这艘沉船虽然出现在广东海域，但反映了整个南宋经济、文化的繁荣，标志着南宋社会的开放，也表明当时南宋引领着世界经济的发展。作为南宋政治、经济、文化、科技中心的都城临安（浙江杭州），则是南宋社会繁华与开放的代表。从某种意义上讲，没有以临安为代表的南宋的繁荣与开放，就不会有今

[1] 见《“南海一号”成功出水》一文，载《人民日报》2007 年 12 月 23 日。

日“南海一号”的发现；而“南海一号”的发现，也为我们重新审视与评价南宋，带来了最好的注解、最硬的实证。

提起南宋，往往众说纷纭，莫衷一是。长期以来，不少人把“山外青山楼外楼，西湖歌舞几时休？暖风熏得游人醉，直把杭州作汴州”[1]这首曾写在临安城一家旅店墙上的诗，当作当时南宋王朝的真实写照。虽然近现代已有海内外学者开始重新认识南宋，但相当一部分人仍认为南宋军事上妥协投降、苟且偷安，政治上腐败成风、奸相专权，经济上积贫积弱、民不聊生，生活上纸醉金迷、纵情声色，总之，把南宋王朝视为一个只图享受、不思进取的偏安小朝廷。导致这种历史误解的原因，在很大程度上是出于人们对患有“恐金病”的宋高宗和权相秦桧一伙倒行逆施的义愤，这是可以理解的。但是，我们决不能坐在历史的成见之上人云亦云。只要我们以对历史负责、对时代负责、对未来负责的精神和科学求实的态度，以科学发展观为指导，对南宋进行全面、深入、系统的研究，将南宋放到当时的历史发展阶段中，放到中国社会发展的历史长河中，放到整个世界的文明进程中考察，就不难发现南宋在经济政治、思想文化、科学技术、国计民生等方面所取得的成就，就不难发现南宋对中华文明产生的巨大影响，以此对南宋做出科学、客观、公正的评价，“还原一个真实的

[1]（南宋）林升：《题临安邸》，转引自田汝成：《西湖游览志余》卷二《帝王都会》，上海古籍出版社 1980 年版，第 14 页。

南宋”。

宋钦宗靖康元年（1126）闰十一月，金军攻陷北宋京城开封。次年三月，金军俘徽、钦二帝北去，北宋灭亡。同年五月，宋徽宗第九子、钦宗之弟赵构，在应天府（河南商丘）即位，是为高宗，改元建炎，重建赵宋王朝。建炎三年（1129）二月，高宗来到杭州，改州治为行宫，七月升杭州为临安府。此时起，杭州实际上已成为南宋的都城。绍兴八年（1138），南宋宣布临安府为“行在所”，正式定都临安。自建炎元年（1127）赵构重建宋室，至祥兴二年（1279）帝昺蹈海灭亡，历时153年，史称“南宋”。

我们认为，研究与评价南宋，不应当仅仅以王朝政权的强弱为依据，而应当坚持“以人为本”理念，以人们生存与生活状态的改善作为社会进步的根本标准。许多人评价南宋，往往把南宋朝廷作为对象，我们认为所谓“南宋”，不仅仅是一个历史王朝的称谓，而主要是指一个特定的历史阶段和历史时期。在马克思主义看来，历史的进步是社会发展和人的发展相统一的过程，“人们的社会历史始终只是他们的个体发展的历史”[1]，未来理想社会“以每个人的全面而自由的发展为基本原则”。[2]人是社会发展的主体，人的自由与全面发展是社会进步的最高目标。这就要坚持“以人为本”的科学发展观，将人的生存与全面发展

[1]《马克思恩格斯选集》第4卷，人民出版社1995年版，第321页。

[2]《马克思恩格斯选集》第23卷，人民出版社1995年版，第649页。

作为评价一个历史阶段的根本依据。南宋时期，虽说尚处在中国封建社会的中期，人的自由与发展受到封建集权思想与皇权统治的严重束缚，但南宋与宋代以前漫长的封建历史时期相比，这一时期出现的对人的生存与生活的关注度以及南宋人的生活质量和创造活力达到的高度都是前所未有的。

研究与评价南宋，不应当仅仅以军事力量的大小作为评价依据，而应当还以其社会经济、文化整体状况与发展水平的高低作为重要依据。我们评判一个朝代，不仅要考察其军事力量的大小，更要看其在经济、文化、科技、社会等各方面取得的成就。两宋立国320年，虽不及汉唐、明清国土辽阔，却以在封建社会中无可比拟的繁荣和社会发展的高度，跻身于中国古代最辉煌的历史时期之列。无论文化教育的普及、文学艺术的繁荣、学术思想的活跃、科学技术的进步，还是社会生活的丰富多彩，南宋都达到了前所未有的程度，在当时世界上也都处于领先地位。著名史学家邓广铭认为“宋代的文化，在中国封建社会历史时期之内，截至明清之际西学东渐的时期为止，可以说，已经达到了登峰造极的高度”。[1]

研究与评价南宋，不能仅仅以某些研究的成果或所谓的“历史定论”为依据，而应当以其在人类文明进步中扮

---

[1] 邓广铭:《宋代文化的高度发展与宋王朝的文化政策》,《历史研究》1990年第1期。

演的角色，以及对后世的影响作为重要标准。宋朝是中国封建社会里国祚最长的朝代，也是封建文化发展最为辉煌的时期。南宋虽然国土面积只有北宋的3/5左右，却维持了长达153年（1127—1279）的统治。南宋不但对中国境内同时代的少数民族政权和周边国家产生了积极影响，而且对后世中华文化产生了巨大影响。正如近代著名思想家严复认为："中国所以成于今日现象者，为善为恶，姑不具论，而为宋人所造就，什八九可断言也。"[1]近代史学大师陈寅恪先生也曾经指出："华夏民族之文化，历数千载之演进，造极于赵宋之世。"[2]因此，我们既要看到南宋王朝负面的影响，更要充分肯定南宋的历史地位与历史影响，只有这样，才能"还原一个真实的南宋"。

一、在政治上，不但要看到南宋王朝外患深重、苟且偷安的一面，更要看到爱国志士精忠报国、南宋政权注重内治的一面

南宋时期民族矛盾异常尖锐，外患严重之至，前期受到北方金朝的军事讹诈和骚扰掠夺，后期又受到蒙元的野蛮侵略。这些矛盾长期威胁着南宋政权的生存与发展。在

[1] 严复：《严几道与熊纯如书札节钞》，江苏古籍出版社1999年影印本，载《学衡》第13期。

[2]《陈寅恪先生文集》第2卷，上海古籍出版社1980年版，第245页。

此情形下，南宋初期朝廷中以宋高宗为首的主和派，积极议和，向女真贵族纳贡称臣。南宋王朝确实存在消极抗战、苟且偷安的一面，但也要承认南宋王朝大多君王始终怀有收复中原的愿望。南宋将杭州作为“行在所”，视作“临安”而非“长安”，也表现了南宋统治集团不忘收复中原的意愿。我们更应该看到南宋 153 年中，涌现了以岳飞、文天祥两位彪炳青史的“民族英雄”为代表的一大批爱国将领和数百名爱国仁人志士。这是中国古代任何一个朝代都难以比拟的。

同时，南宋政权也十分注重内治，在加强中央集权制度，推行“崇尚文治”政策，倡导科举不分门第等方面均有重大建树。其主要表现在以下几方面。

1. 从军事斗争上看，南宋是造就爱国志士、民族英雄的时代

南宋王朝长期处于外族入侵的严重威胁，为此南宋军民进行了 100 多年艰苦卓绝的抵抗斗争，涌现了无数气壮山河、可歌可泣的爱国事迹和民族英雄。因而，南宋是面对强敌、英勇抗争的时代。众所周知，金朝是中国历史上继匈奴、突厥、契丹以后一个十分强大的少数民族政权，并非昔日汉唐时期的匈奴、突厥与之后明清时期的蒙古可比。金军先后灭亡了辽朝和北宋，南侵之势简直锐不可当，但南宋军民浴血奋战，虽屡经挫折，终于抵挡住了南侵金军一次又一次的进攻，使南宋在外患深重的困境中站稳了

脚跟。在持久的宋金战争中，南宋的军事力量不但没有削弱，反而逐渐壮大起来。南宋后期的蒙元军队则更为强大，竟然以 20 年左右的时间横扫欧亚大陆，使全世界都谈“蒙”色变。南宋的军事力量尽管相对弱小，又面对当时世界上最为强大的蒙元军队，但广大军民同仇敌忾，顽强抵抗了整整 45 年之久，这不能不说是世界抗击蒙元战争史上的一个奇迹。[1]

南宋是呼唤英雄、造就英雄的时代。在旷日持久的宋金战争中，造就了以宗泽、韩世忠、岳飞、刘锜、吴玠吴璘兄弟为代表的一批南宋爱国将领。特别是民族英雄岳飞率领的岳家军，更使金军闻风丧胆。在南宋抗击蒙元的悲壮战争中，前有孟珙、王坚等杰出爱国将领，后有文天祥、谢枋得、陆秀夫、张世杰等抗元英雄。其中民族英雄文天祥领导的抗元斗争，更是可歌可泣，彪炳史册。

南宋是激发爱国热忱、孕育仁人志士的时代。仅《宋史·忠义列传》就收录有爱国志士 277 人，其中大部分是南宋人。[2] 南宋初期，宗泽力主抗金，并屡败金兵，因不能收复北宋失地而死不瞑目，临终时连呼 3 次“过河”；洪皓出使金朝，被流放冷山，历尽艰辛，终不屈服，被比作宋代的苏武；陆游“死去元知万事空，但悲不见九州同”

[1] 参见何忠礼《论南宋定都杭州对当地经济文化的重大影响》，载《杭州研究》2007 年第 2 期。

[2] 俞兆鹏：《南宋人才之盛及其原因》，载《杭州日报》2005 年 11 月 14 日。

的诗句，表达了他渴望祖国统一的遗愿；辛弃疾的词则抒发了盼望祖国统一和反对主和误国的激情。因此，我们认为，南宋不但是造就民族英雄的时代，也是孕育爱国政治家、军事家、文学家和思想家的沃土。

2. 从政治制度上看，南宋是宋代继续加强中央集权、“干强枝弱”的时期

宋朝在建国之初，鉴于前朝藩镇割据、皇权削弱的经验教训，通过采取“强干弱枝”政策，不断加强中央集权统治。这一政策在南宋时得到了进一步强化。北宋王朝在中央权力上，实行军政、民政、财政“三权分立”，削弱宰相的权力与地位；在地方权力上，中央派遣知州、知县等地方官，将原节度使兼领的“支郡”收归中央直接管辖；在官僚机构上，实行官（官品）、职（头衔）、差遣（实权）三者分离制度；在财权上，设置转运使掌管各路财赋，将原藩镇把持的地方财权收归中央；在司法权上，设置县尉一职，将方镇节度使掌握的地方司法权收归中央；在军权上，实行禁军“三衙分掌”，使握兵权与调兵权分离、兵与将分离，将各州军权牢牢地控制在中央手里，从而加强了中央对政权、财权、军权等方面的全面控制。南宋继承了北宋加强中央集权的这一系列措施，为维护国家内部统一、社会稳定和经济发展提供了良好的国内环境。尽管多次出现权相政治，但皇权仍旧稳定如故。

3. 从用人制度上看，南宋是所谓“皇帝与士大夫共治天

下”的时代

两宋统治集团始终崇尚文治，尊重知识分子，重用文臣，提倡教育和养士，优待知识分子。与秦代“焚书坑儒”、汉代“罢黜百家”、明清“文字狱”相比，两宋时期可谓封建社会思想文化环境最为宽松的时期，客观上对经济、社会、文化发展起到了积极的促进作用。[1]

推行“崇尚文治”政策。宋王朝对文人士大夫采取了较为宽松宽容的态度，“欲以文化成天下”，对士大夫待之以礼、“不得杀士大夫及上书言事人”[2]，确立了“兴文教，抑武事”[3]的“崇文抑武”大政方针。两宋政权将“右文”定为国策。在这种政治氛围下，知识分子的思想十分活跃，参政议政的热情空前高涨，在一定程度上出现了“皇帝与士大夫共治天下”的局面，从而有力地推动了宋代思想、学术、文化的大发展。正由于两宋重用文士、优待文士，不杀文臣，因而南宋时常有正直大臣敢于上疏直谏，甚至批评朝政乃至皇帝的缺点，这与隋唐、明清时期动辄诛杀士大夫的政治状况大不相同。

采取“寒门入仕”政策。为了吸收不同阶层的知识分子参加政权，两宋对选才用人的科举制度进行了改革，消

[1] 参见郭学信《试论两宋文化发展的历史特色》，载《江西社会科学》2003 年第 5 期。

[2] 陶宗仪：《说郛》卷三九上，文渊阁《四库全书》本。

[3] 李焘：《续资治通鉴长编》卷一八，“太平兴国二年正月丙寅”条，中华书局 2004 年版，第 392 页。

除了魏晋以来士族门阀造成的影响。两宋科举取士几乎面向社会各个阶层，再加上科举取士的名额不断增加，在社会各阶层中形成了“学而优则仕”之风。南宋时期，取士更不受出身门第的限制，只要不是重刑罪犯，即使工商、杂类、僧道、农民，甚至是杀猪宰牛的屠户，都可以应试授官。南宋的科举登第者多数为平民，如在宝祐四年（1256）登科的601名进士中，平民出身者就占了70%。[1]

二、在经济上，不但要看到南宋连年岁贡不断、赋税沉重的状况，更要看到整个南宋生产发展、经济繁荣的一面

人们历来有一种误解，认为南宋从立国之日起，就存在着从北宋带来的“积贫积弱”老毛病。确实，南宋王朝由于长期处于前金后蒙的威胁之下，迫使其不得不以加强皇权统治作为核心利益，在对外关系上，以牺牲本国的经济利益为代价，采取称臣、割地、赔款等手段来换取王朝政权的安定。正因为庞大的兵力和连年向金朝贡，加重了南宋王朝财政负担和民众经济负担，也一定程度上影响了南宋的经济发展。但在另一方面，我们更应当看到，南宋时期，由于北方人口的大量南下，给南宋的经济发展带来

[1] 俞兆鹏：《南宋人才之盛及其原因》，载《杭州日报》2005年11月14日。

了充足的劳动力、先进的生产技术和丰富的生产经验，再加上统治者出台一些积极措施，南宋在农业、手工业、商业、外贸等方面都取得了突出成就。南宋经济繁荣主要体现在：

1. 从农业生产看，南宋出现了古代中国南粮北调的新格局

由于南宋政府十分注重兴修水利，并采取鼓励垦荒的措施，加上北方人口大量南移和广大农民辛勤劳动，促进了流民复业和荒地开垦。人稠地少的两浙等平原地带，垦辟了众多的水田、圩田、梯田。曾经“几无人迹”的淮南地区也出现了“田野加辟”“阡陌相望”的繁荣景象。南宋时期，农作物单位面积产量比唐代提高了两三倍，总体发展水平大大超过了唐代，有学者甚至将宋代农作物单位面积产量的大幅提高称为“农业革命”。[1]“苏湖熟，天下足”的谚语就出现在南宋。[2]元初，江浙行省虽然只是元代10个行省中的一个，岁粮收入却占了全国的37.10%，[3]江浙地区成了中国农业最为发达的地区，并出现了中国南粮北调的新格局。

2. 从手工业生产看，南宋达到了中国古代手工业发展

[1] 张邦炜：《瞻前顾后看宋代》，载《河北学刊》2006年第5期。

[2]（宋）范成大：《吴郡志》卷五〇《杂志》，《宋元方志丛刊》本，中华书局1990年版。

[3]（元）脱脱：《元史》卷九三《食货一·税粮》，中华书局2005年版，第2361页。

的新高峰

南宋时期，随着北方手工业者大批南下和先进生产技术传入，南方的手工业生产迈上了一个新台阶。一是纺织业规模和技术都大大超过了同时代的金朝，南方自此成了中国丝织业最发达的地区。二是瓷器制造业中心从北方移至江南地区。景德镇生产的青白瓷造型优美，有“饶玉”之称；临安官窑所造青瓷极其精美，为此杭州现在官窑原址建立了官窑博物馆，将这些精美的青瓷展现给世人；龙泉青瓷达到了烧制技术的新高峰，并大量出口。三是造船业空前发展。漕船、商船、游船、渔船，数量庞大，打造奇巧，富有创造性；海船采用的多根桅杆，为前代所无；战船种类众多，功用齐全，在抗金和抗蒙元的战争中发挥了重要作用。

3. 从商业发展看，南宋开创了古代中国商品经济发展的新时代

虽然宋代主导性的经济仍然是自然经济，但由于两宋时期冲破了历朝统治者奉行的“重农抑商”观念的束缚，确立了“农商并重”的国策，采取了惠商、恤商政策措施，使社会各阶层纷纷从事商业经营，商品经济呈现划时代的发展变化，进入一个新的历史发展阶段。一是四通八达的商业网络。随着商品贸易发展，出现了临安、建康（江苏南京）、成都等全国性的著名商业大都市，当时临安已达

16 万户，人口最多时有 150 万—160 万人[1]，同时，还出现了 50 多个 10 万户以上的商业大城市，并涌现出一大批草市、墟市等定期集市和商业集镇，形成了“中心城市—市镇集市—边境贸易—海外市场”的通达商业网络。[2]二是“市坊合一”的商业格局。两宋时期由于城市商业繁荣，冲破了长期以来作为商业贸易区的“市”与作为居民住宅区的“坊”分离的封闭式市坊制度，出现了住宅与店肆混合的“市坊合一”商业格局，街坊商家店铺林立，酒肆茶楼面街而立。从《梦粱录》和《武林旧事》的记载来看，南宋临安城内商业繁荣，甚至出现了夜市刚刚结束，早市又告兴起的繁荣景象。三是规模庞大的商品交易。南宋商品的交易量虽难考证，但从商税收入可窥见一斑。淳熙年间（1174—1189）全国正赋收入 6530 万缗，占全国总收入 30% 以上。据此推测，南宋商品交易额在 20000 万缗以上。可见商品交易量之巨大。[3]南宋商税加专卖收益超过农业

[1] 杨宽先生在《中国古代都城制度史》一书中认为，南宋末年咸淳年间，临安府所属九县，按户籍，主客户共三十九万一千多户，一百二十四万多口；附郭的钱塘、仁和两县主客户共十八万六千多户，四十三万二千多口，占全府人口的三分之一。宋朝的“口”是男丁数，每户平均以五人计，约九十多万人。所驻屯的军队及其家属，估计有二十万人以上，总人口当在一百二十万人左右，包括城外郊区十万人和乡村十万人。

[2] 陈杰林：《南宋商业发展：特点与成因》，载《安庆师范学院学报》2003 年第 4 期。

[3] 陈杰林：《南宋商业发展：特点与成因》，载《安庆师范学院学报》2003 年第 4 期。

税的收入，改变了宋以前历代王朝农业税赋占主要地位的局面。

4. 从海外贸易看，南宋开辟了古代中国东西方交流的新纪元

两宋期间，由于陆上“丝绸之路”隔断，东南方向海路成为海上对外贸易的唯一通道，海外贸易成为中外经济文化交流的主要通道。南宋海外贸易繁荣表现在：一是对外贸易港口众多。广州、泉州、临安、明州（浙江宁波）等大型海港相继兴起，与外洋通商的港口已近20个，还兴起了一大批港口城镇，形成了北起淮南、东海，中经杭州湾和福、漳、泉金三角，南到广州湾和琼州海峡的南宋万余里海岸线上全面开放的新格局。这种盛况不仅唐代未见，就是明清亦未能再现。[1]二是贸易范围大为扩展。宋前，与我国通商的海外国家和地区约20个，主要集中在中南半岛和印尼群岛，而与南宋有外贸关系的国家和地区增至60个以上，范围从南洋（今南海）、西洋（今印度洋）直至波斯湾、地中海和东非海岸。三是出口商品附加值高。宋代不但外贸范围扩大、出口商品数量增加，而且进口商品以原材料与初级制品为主，而出口商品则以手工业制成品为主，附加值高。用附加值高的制成品交换附加值低的初级产品，

[1] 葛金芳：《南宋：走向开放型市场的重大转折》，载《杭州研究》2007年第2期。

表明宋代外向型经济在发展程度上高于其外贸伙伴。[1]

三、在文化上，不但要看到封闭保守、颓废安逸的一面，更要看到南宋“百家争鸣、百花齐放”的繁荣局面

由于以宋高宗为首的妥协派大多患有“恐金病”，加之南宋要想收复北方失地在军事上和经济上确实存在着许多困难，收复中原失地的战争，也几度受到挫折，因此在南宋统治集团中，往往笼罩着悲观失望、颓废偷安的情绪。一些皇亲贵族，只要不是兵荒马乱，就热衷于享受山水之乐和口腹之欲，出现了软弱不争、贪图享受、胸无大志、意志消沉的“颓唐之风”。反映在一些文人士大夫的文化生活中，就是“一勺西湖水。渡江来、百年歌舞，百年酣醉”的华丽浮靡之风。但是，这并不能掩盖两宋文化的历史地位与影响。宋代是中国古代文化最为光辉灿烂的时期之一。近代的中国文化，其实皆脱胎于两宋文化。著名史学家邓广铭认为：“宋代文化发展所能达到的高度，在从十世纪后半期到十三世纪中叶这一历史时期内，是居于全世界的领先地位的。”[2] 日本学者则将宋代称为“东方的文艺复兴时

[1] 葛金芳：《南宋：走向开放型市场的重大转折》，载《杭州研究》2007 年第 2 期。

[2] 邓广铭：《国际宋史研讨会开幕词》，载《国际宋史研讨论文选集》，河北大学出版社 1992 年版，第 1 页。

代”。[1]著名华裔学者刘子健认为：“此后中国近八百年来的文化，是以南宋文化为模式，以江浙一带为重点，形成了更加富有中国气派、中国风格的文化。”[2]

1. 南宋是古代中国学术思想的巅峰时期

王国维指出：“宋代学术，方面最多，进步亦最着”，“近世学术多发端于宋人”。宋学作为宋型文化的精神内核，是中国古代学术思想的巅峰。宋学流派纷呈，各臻其妙，大师迭出，群星璀璨，使南宋的思想文化呈现一派勃勃生机和前所未有的活跃局面。

理学思想形成。两宋统治者以文治国、以名利劝学的政策，对当时的思想、学术及教育产生了重要影响，最明显的一个结果是新儒学——理学思想诞生。南宋是儒学各派互争雄长的时期，各学派互相论辩、互相补充，共同构筑起中国儒学发展史上一个新的阶段。作为程朱理学集大成者的朱熹，是继孔孟以来最杰出的儒家学者。理学思想倡导国家至上、百姓至上的精神，与孟子的“君轻民贵”思想是一脉相承的。同时，两宋还倡导在儒家思想主导下的“儒佛道三教同设并行”，就是在“尊孔崇儒”的同时，对佛、道两教也持尊奉的态度。理学各家出入佛老；佛门也在学理上融合儒道；道教则从佛教中汲取养分，将其融

[1] [日]宫崎市定：《宫崎市定论文选集》下册，商务印书馆 1963 年版。

[2] 刘子健：《代序——略论南宋的重要性》，载黄宽重主编《南宋史研究集》，台湾新文丰出版公司 1985 年版。

入自身的养生思想，并吸纳佛教“因果轮回”思想与儒家“纲常伦理”学说。普通百姓“读儒书、拜佛祖、做斋醮”更是习以为常。两宋“三教合流”的文化策略迎合了时代需要，使宋代儒生不同于以往之“终信一家、死守一经”，从而使得南宋在思想、文化领域均有重大突破与重大建树。

思想学术界学派林立。学派林立是南宋学术思想发展的突出表现，也是当时学术界新流派勃兴的标志。在儒学复兴的思潮激荡下，尤其是在鼓励直言、自由议论的政策下，先后形成了以朱熹为代表的道学，以陆九渊为代表的心学，以叶适为代表的永嘉事功之学，以吕祖谦、陈亮为代表的永康之学等主要学派，开创了浙东学派的先河。南宋时期学派间互争雄长和欣欣向荣的景象，维持了近百年之久，形成了继春秋战国之后中国历史上第二次“百家争鸣”的盛况，为推动南宋经济文化发展起到了积极作用。尤其是浙东事功学派极力推崇义利统一，强调“商藉农而立，农赖商而行”，认为只有农商并重，才能富民强国，实现国家中兴统一的目的。功利主义思想反映了当时人们希望发展南宋经济和收复北方失地的强烈愿望。

2. 南宋是古代中国文学艺术的鼎盛时期

近代国学大师王国维认为“天水一朝人智之活动与文化之多方面，前之汉唐、后之元明皆所不逮也”。[1]南宋文

［1］王国维：《静庵文集续编·宋代之金石学》，载《王国维遗书》第5册，上海古籍出版社1983年版。

学艺术繁荣的主要表现，一是宋词兴盛。宋代创造性地发展了“词”这一富有时代特征的文学形式。词的繁荣起始于北宋，鼎盛于南宋。南宋词不仅在内容上有所开拓，而且艺术上更趋于成熟。辛弃疾是南宋最伟大的爱国词人，豪放词派的最高代表，也是南宋词坛第一人，与北宋词人苏东坡一样，同为宋词成就最杰出的代表。李清照是婉约词派的代表人物，形成了别具一格的“易安体”，对后世影响很大。陆游既是著名的爱国诗人，也是南宋词坛的巨匠。他的词充满了奔放激昂的爱国主义感情，与辛弃疾一起把宋词推向了艺术高峰。二是宋诗繁荣。宋诗在唐诗之后另辟蹊径，开拓了宋诗新境界，其影响直到清末民初。宋诗完全有资格在中国诗史上与唐诗双峰并峙，两水并流。三是话本兴起。南宋话本小说出现，在中国文学史上是一件极有意义的大事，标志着中国小说的发展已进入一个新阶段。宋代话本为中国小说的发展注入了新鲜活力，迎来了明清小说的繁荣局面。南宋还出现了以《沧浪诗话》为代表的具有现代审美特征的开创性的文学理论著作。四是南戏的出现。南宋初年，出现了具有很强的现实性和感染力的“戏文”，统称“南戏”。南宋戏文是元代杂剧的先驱，它的出现标志着中国古代戏曲艺术的成熟，为我国戏剧发展奠定了雄厚基础。[1] 五是绘画的高峰。宋代是中国绘画

[1] 参见何忠礼、徐吉军《南宋史稿》，杭州大学出版社1999年版，第657页。

史上的鼎盛时期，标志我国中古时期绘画高峰的出现。有研究者认为“吾国画法，至宋而始全”。[1]宋代画家多达千人左右，以李唐、刘松年、马远、夏圭等人为代表的南宋著名画家，他们的作品在画坛至今仍享有崇高地位。此外，南宋的多位皇帝和后妃也都是绘画高手。南宋绘画题材多样，山水、人物、花鸟画等并盛于世，尤以山水画最为突出，对后世影响极大。南宋画家称西湖景色最奇者有十，这就是著名的“西湖十景”的由来。宋代工艺美术造型、装饰与总体效果堪称中国工艺史上的典范，为明清工艺美术争相效仿的对象。此外，南宋的书法、雕塑、音乐、歌舞等艺术门类也都有长足的发展。

3. 南宋是古代中国文化教育的兴盛时期

宋代统治者大力倡导学校教育，将“崇经办学”作为立国之本，使宋代的教育体制较之汉唐更加完备和发达。南宋官私学盛，彻底打破了长期以来士族地主垄断教育的局面，使文化教育下移，教育更加大众化，适应了平民百姓对文化教育的需求，推动了文化大普及，提高了全社会的文化素质，促进了南宋社会文化事业进步和发展。在科举考试推动下，南宋的中央官学、地方官学、书院和私塾村校并存，各类学校都获得了蓬勃的发展。南宋各州县普遍设立了公立学校，其规模、条件、办学水平，较之北宋有了更大发展。由

[1] 潘天寿：《中国绘画史》，上海人民美术出版社1983年版，第158页。

于理学家的竭力提倡和科举考试的需要，南宋地方书院得到了大发展。宋代共有书院 397 所，其中南宋占 310 所。[1]南宋私塾村校遍及全国各地，学校教育由城镇延伸到乡村，南宋教育达到前所未有的普及程度。

4. 南宋是古代中国史学的繁荣时期

南宋以“尊重和提倡”的形式，鼓励知识分子重视历史，研究历史，“思考历代治乱之迹”。陈寅恪先生指出：“中国史学莫盛于宋。”[2]南宋史学家袁枢的《通鉴纪事本末》，创立了以重大历史事件为主体，分别立目，完整记载历史事件的纪事本末体；朱熹的《资治通鉴纲目》创立了纲目体；朱熹的《伊洛渊源录》则开启了记述学术宗派史的学案体之先河。南宋在历史上第一次提出了“经世致用”的修史思想。南宋史学家不仅重视当代史的研究，而且力主把历史与现实结合起来，从历史上寻找兴衰之源，以史培养爱国、有用的人才。这些都对后代的史学家有很大的启迪和教益。

四、在科技上，既要看到整个宋代在中国古代科技史上的地位，也要看到南宋对古代中国科学

[1] 何忠礼：《论南宋定都杭州对当地经济文化的重大影响》，载《杭州研究》2007 年第 2 期。

[2] 陈寅恪：《陈垣〈明季滇黔佛教考〉序》《陈垣〈元西域人华化考〉序》，载《金明馆丛稿二编》，上海古籍出版社 1980 年版，第 238、240 页。

技术的杰出贡献

宋代统治集团对在科学技术上有重要发明及创造、创新之人给予物质和精神奖励，为宋代科技发展与进步注入了前所未有的强大动力。宋朝是当时世界上发明创造最多的国家，也是古代中国为世界科技发展贡献最大的时期。英国学者李约瑟说："每当人们在中国的文献中查找一种具体的科技史料时，往往会发现它的焦点在宋代，不管在应用科学方面或纯粹科学方面都是如此。"[1]中国历史上的重要发明，一半以上都出现在宋朝。宋代的不少科技发明不仅在中国科技史上，而且在世界科技史上也号称第一。《梦溪笔谈》的作者沈括、活字版印刷术的发明者毕昇这两位钱塘（浙江杭州）人，都是中外公认的中国古代伟大科学巨匠。南宋的科技在北宋基础上进一步得到发展，其科技成就在很多方面居于世界领先地位。

1. 南宋对中国古代"三大发明"的贡献

活字印刷术、指南针与火药三大发明，在南宋时期获得进一步的完善和发展，并开始了大规模的实际应用。指南针在航海上的应用，始见于北宋末期，南宋时的指南针已从简单的指针，发展成为比较简易的罗盘针，并被应用于航海上，是一项具有世界意义的重大发明。李约瑟指出，指南针在航海中的应用，是"航海技艺方面的巨大改革"，

[1]［英］李约瑟：《李约瑟文集》，辽宁科技出版社1986年版，第115页。

“预示计量航海时代的来临”。中国古代火药和火药武器的大规模使用和推广也始自南宋。南宋出现的管形火器，是世界兵器史上十分重要的大事，近代的枪炮就是在这种原始的管形火器基础上发展起来的。此外，南宋还广泛使用威力巨大的火炮作战，充分反映了南宋火器制造技术的巨大进步。南宋开始推广使用活字印刷术，出现了目前世界上第一部活字印本。此外，南宋的造纸技术更为发达，生产规模大为扩展，品种繁多，质量之高，近代也多不及。

2. 南宋在农业技术理论上的重大突破

南宋陈旉所著《陈旉农书》是我国现存最早的有关南方农业生产技术与经营的农学著作。他是中国农学史上第一个提出土地利用规划技术的人。陈旉在《农书》中首先提出了土壤肥力论等多种土地的利用和改造之法，并对搞好农业经营管理提出了卓越的见解。稻麦两熟制、水旱轮作制、“耕耙耖”耕作制，在南宋境内都得到了较好的推广。植物谱录在南宋也大量涌现。《橘录》是我国最早的柑橘专著；《菌谱》是世界历史上最早的菌类专著；《全芳备祖》是世界最早的植物学辞典，比欧洲要早300多年；《梅谱》是我国最早的有关梅花的专著。

3. 南宋在制造技术上的高度成就

宋代冶金技术居世界最高水平，南宋对此做出了卓越贡献。在有色金属开采与冶炼方面，南宋发明了“冶银吹灰法”和“铜合金铁”冶炼法；在煤炭开发利用上，南宋开始使用焦煤炼铁（而欧洲人是在18世纪时才采用焦煤炼铁的），是我国冶金史上具有重大意义的里程碑。南宋是我国纺织技术高度发展时期，特别是蚕桑丝绸生产，已形成了一整套从栽桑到成衣的过程，生产工具丰富，为明清的丝绸生产技术奠定了基础。南宋的丝纺织品、织造和染色技术在前代的基础上达到了一个新水平。南宋瓷器无论在胎质、釉料，还是在制作技术上，都达到了新的高度。同时，南宋的造船、建筑、酿酒、地学、水利、天文历法、军器制造等方面技术水平，也都比过去有很大的进步。如现保存于杭州碑林的石刻《天文图》是迄今为止所能见到的最早的全天星图，绘于南宋绍定二年（1229）的石刻《平江图》，是我国现存最完整的城市规划图，至今仍完好地保存在苏州市博物馆。

4. 南宋在数学领域的巨大贡献

南宋数学不仅在中国数学史上，而且在世界数学史上取得了极为辉煌的成就。南宋杰出的数学家秦九韶撰写的《数书九章》提出的“正负开方术”，与现代求数学方程正根的方法基本一致，比西方早500多年。另一位杰出的数学家杨辉，编撰有《详解九章算法》《日用算法》《乘除通变本末》《田亩比类乘除捷法》《续古摘奇算法》(《乘除通变本末》《田亩比类乘除捷法》《续古摘奇算法》三者合称为《杨辉算法》）等十余种数学著作，收录了不少我国现已失传的数学著作中的算题和算法。杨辉对二阶等差级数求和的论述，使之成为继沈括之后世界上最早研究高阶等差级数的人。杨辉发明的“九归口诀”，不仅提高了运算速度和精确度，而且还对我国珠算的发明起到了重要作用。李约瑟把宋代称为“伟大的代数学家的时代”，认为“中国的代数学在宋代达到最高峰”。[1]

5. 南宋在医药领域的重要贡献

南宋是中国法医学正式形成的时期。宋慈的《洗冤集录》是世界上第一部法医学专著，比西方早350余年。它不仅奠定了我国古代法医学的基础，而且被奉为我国古代“官司检验”的“金科玉律”，并对世界法医学产生了广泛影响。南宋是中国针灸医学的极盛时期。王执中的《针灸资生经》和闻人耆年《备急灸法》两书，皆集历代针灸学知识之大全，反映了当时针灸学的最高水平。南宋腧穴针灸铜人是针灸学上第一具教学、临床用的实物模型。陈自明著的《外科精要》一书对指导外科的临床应用具有重要意义。陈自明的《妇人大全良方》是著名的妇产科著作，直到明清时期仍被妇科医生奉为经典。朱瑞章的《卫生家宝产科方》，被称为“产科之荟萃，医家之指南”。无名氏的《小儿卫生总微论方》和刘昉的《幼幼新书》，汇集了宋以前在儿科学方面所取得的成就，是我国历史上较早的一部比较系统、全面的儿科学著作。许叔微的《普济本事方》

[1] 参见《中国科学技术史》第1卷第1册，科学出版社1975年版，第273、284、287、292页。

是中国古代一部比较完备的方剂专书。

五、在社会上，不但要看到南宋一些富豪官绅生活奢华、挥霍淫乐的一面，更要看到南宋政府关注民生、注重民生保障的一面

南宋社会生活的奢侈之风，既是南宋官僚地主腐朽的集中反映，也是南宋经济文化空前繁荣的缩影。我们不但看到南宋一些富豪官绅纵情声色、恣意挥霍的社会现象，更要看到南宋政府倡导善举、关注民生、同情民苦的客观事实。[1] 两宋社会保障制度，在中国古代救助史上占有重要地位，并为宋后社会保障制度的建立奠定了基础。有学者认为，中国古代真正意义上的社会保障事业是从两宋开始的。同时，两宋时期随着土地依附关系逐步解除和门阀制度崩溃，逐渐冲破了以前士族地主一统天下的局面。两宋社会结构开始调整重组，出现了各阶层之间经济地位升降更替、社会等级界限松动的现象，各阶层的价值取向趋近，促进社会各阶层融合，平民化、世俗化、人文化趋势明显。两宋社会平民化，不仅体现在科举面向社会各个阶层，取士不受出身门第限制，而且体现在官民身份可以相互转化，可以由贵而贱，由贱而贵；贫富之间既可以由富

[1] 邓小南：《宋代历史再认识》，载《河北学刊》2006 年第 5 期。

而贫，也可以由贫而富。[1]

1. 南宋农民获得了更多的人身自由

两宋时期，租佃制普遍发展，这是古代专制社会中生产关系的一次重大调整。在租佃制下，地主招募客户耕种土地，客户只向地主缴纳地租，而不必承担其他义务。客户契约期满后有退佃起移的权利，且受到政府保护，人身依附关系大为减弱。按照宋朝的户籍制度，客户直接编入国家户籍，成为国家的正式编户，并承担国家某些赋役，而不再是地主的“私属”，因而获得了一定的人身自由。两宋农民在法律上可以自由迁徙，这是历史的一大进步。[2]南宋时期随着商品经济发展，农民获得了更多的自由，可以自由地离土离乡，转向城市从事手工业或商业活动。

2. 南宋商人社会地位得到了提高

宋前历朝一直奉行“重农轻商”政策，士、农、工、商，商人居“四民”之末，受到社会歧视。宋代商业已被视同农业，均为创造社会财富的源泉，“士、农、工、商，皆百姓之本业”[3]成为社会共识，使两宋商人的社会地位得到前所未有的提高。随着工商业的发展，在南宋手工业作

[1] 郭学信：《宋代俗文化发展探源》，载《西北师范大学学报》2005年第3期。

[2] 郭学信、张素音：《宋代商品经济发展特征及原因析论》，载《聊城大学学报》2006年第5期。

[3]（宋）陈耆卿：《嘉定赤城志》卷三七《风土》，《宋元方志丛刊》本，中华书局1990年版。

坊中，工匠主和工匠之间形成了雇佣与被雇佣关系。南宋手工业作坊中的雇佣制度，代替了原来带有强制性的指派和差人应役招募制度，雇佣劳动与强制性的劳役比较，工匠的人身束缚大为松弛，新的经济关系推动了南宋手工业经济发展，又促进了资本主义生产关系萌芽。

3. 南宋市民阶层登上了历史舞台

"坊郭户"是城市中的非农业人口。随着工商业的日益发展，宋政府将"坊郭户"单独"列籍定等"。"坊郭户"作为法定户名在两宋时期出现，标志着城市"市民阶层"形成，市民阶层开始作为一个独立群体正式登上了历史舞台，成为不可忽视的社会力量。[1]南宋时期，还实行了募兵制，人们服役大多出于自愿，从而有效保障了城乡劳力稳定和社会安定，与唐代苛重的兵役相比，显然是一个进步。

4. 南宋社会保障制度更为完善

南宋的社会保障体系主要表现在：一是"荒政"制度。就是由政府无偿向灾民提供钱粮和衣物，或由政府将钱粮贷给灾民，或由政府将灾民暂时迁移到丰收区，或将粮食调拨到灾区，或动员富豪平价售粮，并在各州县较普遍地设置了"义仓"，以解决暂时的粮食短缺问题。同时，遇丰收之年，政府酌量提高谷价，大量收籴，以避免谷贱伤农；遇荒饥之年，政府低价将存粮大量粜出，以照顾灾民。二

[1] 郭学信：《宋代俗文化发展探源》，载《西北师范大学学报》2005年第3期。

是“养恤”制度。在临安等城市中，南宋政府针对不同对象设立了不同的养恤机构。有赈济流落街头的老弱病残或贫穷潦倒乞丐的福田院，有收养孤寡等贫穷不能自存者的居养院，有收养并医治鳏寡孤独贫病不能自存之人的安济院，有收养社会弃子弃婴的慈幼局，等等。三是“义庄”制度。义庄主要由一些科举入仕的士大夫用其秩禄买田置办，义田一般出租，租金则用于赈养族人的生活。虽然义庄设置的最初动机在于为本宗族之私，但义庄的设置在一定范围保障了族人的经济生活，对两宋官方的社会保障起到了重要的辅助作用。南宋的社会保障政策与措施对倡导善举、缓和社会矛盾、维护社会稳定等发挥了积极作用。[1]

六、在历史地位上，既要看到南宋在当时国际国内的地位，又要看到南宋对后世中国和世界的影响

1. 南宋对东亚“儒学文化圈”和世界文明进程之影响

两宋的成就居于当时世界发展的顶峰，对周边国家和世界均产生了巨大影响。如南宋对东亚“儒学文化圈”的影响。南宋朱子学对东亚“儒学文化圈”各国文化产生了广泛而深刻的影响，至今仍然积淀在东亚各民族的文化心

[1] 参见杜伟《略述两宋社会保障制度》，载《沙洋师范高等专科学校学报》2004 年第 1 期；陈国灿《南宋江南城市的公共事业与社会保障》，载《学术月刊》2002 年第 6 期。

理中，对东亚现代化起着重要作用。在文化输入上，这些周边邻国对唐代文化主要是制度文化的模仿，而对两宋文化则侧重于精神文化的摄取，尤其是对南宋儒学、宗教、文学、艺术、政治制度的借鉴。南宋儒学文化传至东亚各国，与各国的学术思想和民族文化相融合，产生了朝鲜儒学、日本儒学、越南儒学等东亚儒学，形成了东亚“儒学文化圈”。这表明南宋儒学文化在东亚民族之间的文化交流和传播中，对高丽、日本、越南等国学术文化与东亚文明发展历史产生了重大影响，这可以说是东亚文明发展中的一大奇观。[1]同时，南宋儒学文化中的优秀成分和合理精神，在现代东亚社会的政治经济、思想文化、社会生活、家庭关系等方面仍然发挥重要影响和作用。如南宋儒学中的“信义”“忠诚”“中庸”“和”“义利并取”等价值观念，在现代东亚经济社会中的积极作用显而易见。

南宋对世界经济发展的影响。随着南宋海外贸易发展，与我国通商的海外国家与地区从宋前的20余个增至60个以上。海外贸易范围从宋前中南半岛和印尼群岛，扩大到西洋（今印度洋至红海）、波斯湾、地中海和东非海岸，使雄踞于太平洋西岸的南宋帝国与印度洋地区北岸的阿拉伯帝国一起，构成了当时世界贸易圈的两大轴心。海上“丝绸之路”取代了陆上“丝绸之路”，成为中外经济文化交流

[1] 葛金芳：《南宋：走向开放型市场的重大转折》，载《杭州研究》2007年第2期。

的主要通道。鉴于此，美籍学者马润潮把宋代视为“世界伟大海洋贸易史上的第一个时期”。同时，随着商品经济的发展，北宋出现了世界上最早的纸币——交子。至南宋时，纸币开始在全国普遍使用。有学者将纸币的产生与大规模流通称为“金融革命”。[1]纸币流通的意义远在金属铸币之上，表明我国在货币领域发展已走在世界前列。

两宋对世界文明进程的影响。宋代文化对世界文化的影响，主要表现在两宋的活字印刷术、火药、指南针的西传上。培根指出：“这三种发明已经在世界范围内把事物的全部面貌和情况都改变了：第一种是在学术方面，第二种是在战事方面，第三种是在航行方面；由此产生了无数的变化，这种变化是如此巨大，以至没有一个帝国，没有一个教派，没有一个赫赫有名的人物，能比得上这三种机械发明。”[2]马克思的评价则更高：“火药、指南针、印刷术——这是预告资产阶级到来的三大发明。火药把骑士阶层炸得粉碎，指南针打开了世界市场并建立了殖民地，而印刷术则变成了新教的工具和科学复兴的手段，变成对精神发展创造必要前提的强大杠杆。”[3]两宋“三大发明”对世界文明的决定性作用是毋庸赘言的。两宋科举考试制度

[1] 参见张邦炜《瞻前顾后看宋代》，载《河北学刊》2006年第5期。

[2] [英]培根：《新工具》，商务印书馆1984年版，第103页。

[3] [德]马克思：《机器、自然力和科学应用》，人民出版社1978年版，第67页。

也对法、美、英等西方国家选拔官吏的政治制度产生了直接作用和重要影响，被人誉为“中国的第五大发明”。

2. 南宋对中国古代与近代历史发展之影响

中外学者普遍认为：“这时的文化直至20世纪初都是中国的典型文化。其中许多东西在以后的一千年中是中国最典型的东西，至少在唐代后期开始萌芽，而在宋代开始繁荣。”[1]

南宋促进了中国市民阶层的形成。随着商品经济的繁荣，两宋时期不仅出现了一大批大、中、小商业城市与集镇，而且形成了杭州、开封、成都等全国著名商业大都市，第一次出现了城市平民阶层，呈现了中国古代社会前所未有的时代开放性。南宋市民阶层的出现，世俗文化与世俗经济的形成与繁荣，意味中国市民社会已具雏形，开启了中国社会平民化进程。正由于两宋时期出现了欧洲近代前夜的一些特征，如大城市兴起、市民阶层形成、手工业发展、商业经济繁荣、对外贸易发达、流通纸币出现、文官制度成熟等现象，美国、日本学者普遍把宋代中国称为“近代初期”。[2]

南宋促成了中国经济重心南移。由于南宋商品经济空前发展，有些学者甚至断言，宋代已经产生了资本主义萌

[1] [美]费正清、赖肖尔：《中国：传统与变革》，江苏人民出版社1995年版，第118—119页。

[2] 张晓淮：《两宋文化转型的新诠释》，载《学海》2002年第4期。

芽。西方有学者认为南宋已处在“经济革命时代”。随着宋室南下，南宋经济的发展与繁荣，使江南成为全国经济最为发达的地区。南宋时期，全国经济重心完成了由黄河流域向长江流域的历史性转移，我国经济形态自此逐渐从自然经济转向商品经济，从封闭经济走向开放经济，从内陆型经济转向海陆型经济。这是中国传统社会发展中具有路标性意义的重大转折。[1]如果没有明清的海禁和极端专制的封建统治，中国的近代化社会也许会更早地到来。

南宋推进了中华民族大融合。南宋时期，中国社会出现了第三次民族大融合。宋王朝虽然先后被同时代的女真、蒙古民族征服，但无论前金还是后蒙，在其思想文化上，都被南宋代表的先进文化折服，融入中华民族大家庭之中。10—13世纪，中原王朝与北方游牧民族时战时和、时分时合，使以农耕文化为载体的两宋文化迅速向北扩散播迁，女真、蒙古政权深受南宋代表的先进政治制度、社会经济和思想文化影响，表示出对南宋文化认同、追随、仿效与移植，自觉不自觉地接受了先进的南宋文化，使其从文字到思想、从典章制度到风俗习惯均呈现出汉化趋势。[2]南宋文化改变了这些民族的文化构成，提高了它们的文化层位，加速了这些民族由落后走向进步的进程，从而在整体上提高了中国北部地

[1] 参见葛金芳《南宋：走向开放型市场的重大转折》，载《杭州研究》2007年第2期。

[2] 参见虞云国《略论宋代文化的时代特点与历史地位》，《浙江社会科学》2006年第3期。

区少数民族的文明程度。

南宋奠定了理学在封建正统思想中的主导地位。理学的形成与发展，是南宋文化对中国古代思想文化的重大贡献。南宋理宗朝时，理学被钦定为封建正统思想和官方哲学，确立了程朱理学的独尊地位，并一直垄断元、明、清三代的思想和学术领域长达700余年，其影响之深广，在古代中国没有其他思想可以与之匹敌。[1]同时，两宋时期开创了中国古代儒、佛、道“三教合流”的文化格局。与汉武帝“罢黜百家、独尊儒术”不同，南宋在大兴儒学的前提下，加大了对佛、道两教的扶持，出现了“以佛修心，以道养生，以儒治世”的“三教合一”的格局。自宋后，古代中国社会基本延续了以儒学为主体，以佛、道为辅翼的文化格局。

两宋对中国后世王朝政权稳定的影响。两宋王朝虽然国土面积前不及汉唐，后不如元明清，却是中国封建史上立国时间最长的王朝。两宋王朝之所以在外患深重的威胁下保持长治局面，很大程度上取决于两宋精于内治，形成了一系列的中央集权制度和民族认同感，因此，自宋朝后，中华民族“大一统”思想深入人心，中国历史上再也没有出现过地方严重分裂割据的局面。

[1] 参见何忠礼《论南宋在中国历史上的地位和影响》，《杭州研究》2007年第2期。

3. 南宋对杭州城市发展之影响

正是南宋经济、文化、社会各方面的高度发展，促成京城临安极度繁荣，成为12—13世纪最为繁华的世界大都会，也正是南宋带来民族文化大交流、生活方式大融合、思想观念大碰撞，形成了京城临安市民独特的生活观念、生活方式、性格特征、语言习惯。直到今天，杭州人独有的文化特质、社会习俗、生活理念，都深深地烙上了南宋社会的历史印迹。

京城临安，一座巍峨壮丽的世界级“华贵之城”。南宋朝廷立临安为行都，使杭州的城市性质与等级发生了根本性的巨大变化。从州府上升为国都，这是杭州城市发展的里程碑，杭州由此进入历史上最辉煌的时期。南宋统治者对临安城建设倾注了大量心血，并倾全国之人力、物力、财力加以精心营造。经过南宋诸帝持续的扩建和改建，南宋皇城布满了金碧辉煌、巍峨壮丽的宫殿，足可与北宋的汴京城媲美。南宋对临安府大规模地改造和扩建的杰出代表便是御街。南宋都城临安，经过100多年的精心营建，已发展成为百万以上人口的大城市，成为当时亚洲各国经济文化的交流中心，城市规模已名列十二三世纪时世界的首位。当时的杭州被意大利著名旅行家马可·波罗称赞为“世界上最美丽华贵之天城”。而12世纪时，美洲和澳洲尚未被殖民者发现，非洲处于自生自灭状态，欧洲现有主要国家尚未完全形成，罗马内部四分五裂，北欧海盗肆虐，基辅大公国（俄罗斯）刚刚形成。[1]到了南宋后期（即13世纪中叶）临安人口曾达到150万—160万人，此时，西方最大最繁华的城市威尼斯也只有10万人口，作为世界最著名的大都会伦敦、巴黎，直至14世纪的文艺复兴时期，其人口也不过4万—6万人。[2]仅从城市人口规模看，800年前的杭州就已遥遥领先于世界各大城市。

京城临安，一座繁荣繁华的“地上天宫”。临安是全国最大的手工业生产中心。南宋临安工商业发达，手工业门类齐、制作精、分工细、规模大、档次高，造船、陶瓷、纺织、印刷、造纸等行业都建有大规模的手工业作坊，并有“四百一十四行”之说。临安是全国商业最为繁华的城市。临安城内城外集市与商行遍布，天街两侧商铺林立，早市夜市通宵达旦；城北运河樯橹相接、昼夜不舍，城南钱江两岸各地商贾海舶云集、桅杆林立。临安是璀璨夺目的文化名城。京城内先后集聚了李清照、朱熹、尤袤、陆游、杨万里、范成大、辛弃疾、陈起等一批南宋著名的文化人。临安雕版印刷为全国之冠，杭刻书籍为我国宋版书之精华。城内设有全国最高的学府——太学，规模最为宏阔，与武学、宗学合称“三学”。临安的教育事业空前繁荣。城内文化娱乐业发达，瓦子数量、百戏名目、艺人人

[1] 参见何亮亮《从“南海”一号看中华复兴》，载《文汇报》2008年1月6日。

[2] 参见何忠礼《论南宋在中国历史上的地位和影响》，载《杭州研究》2007年第2期。

数、娱乐项目和场所设施等方面，也都是其他城市无法比拟的。临安不但是全国政治中心，也是全国经济中心和文化中心。今日杭州之所以能成为“人间天堂”，成为全国历史文化名城，成为我国七大古都之一，很大程度上就是得益于南宋定都临安，得益于南宋经济文化的高度繁荣。

京城临安，一座南北荟萃、精致和谐的生活城市。北方人口的优势，使南下的中原文化全面渗透到本土的吴越文化之中，形成了临安独特的社会生活习俗，并影响至今。临安的社会是本地居民与外来人员和谐相处的社会，临安的文化是南北文化交融、中外文化交流的结晶，临安的生活是中原风俗与江南民俗相互融合的产物。总之，南宋临安是一座兼容并蓄、精致和谐的生活城市。其表现为：一是南北交融的语言。经过100多年流行，北方话逐渐融合到吴越方言之中，形成了南北交融的“南宋官话”。有学者指出：“越中方言受了北方话的影响，明显地反映在今日带有‘官话’色彩的杭州话里。”[1]二是南北荟萃的饮食。自南宋起，杭人饮食结构发生了变化，从以稻米为主，发展到米、面皆食。“南料北烹”美食佳肴，结合西湖文采，形成了具有鲜明特色的“杭邦菜系”，而成为中国古代菜肴一个新高峰。丰富美味的饮食，致使临安人形成追求美食美味的饮食之风。三是精致精美的物产。南宋时期，在临安

[1] 参见徐吉军《论南宋定都杭州对当地经济文化的重大影响》，载《杭州研究》2007年第2期。

无论建筑寺观，还是园林别墅、亭台楼阁和小桥流水，无不体现了江南的精细精致，更有陶瓷、丝绸、扇子、剪刀、雨伞等工艺产品，做工讲究、小巧精致。四是休闲安逸的生活。城市的繁华与西湖的秀美，使大多临安人沉醉于歌舞升平与湖山之乐中，在辛劳之后讲究吃喝玩乐、神聊闲谈、琴棋书画、花鸟鱼虫，体现了临安人求精致、讲安逸、会休闲的生活特点，也反映了临安市民注重生活与劳作结合的城市生活特色，反映了临安文化的生活化与世俗化，并融入今日杭州人的生活观念中。

4. 借鉴南宋“体恤民生”的某些仁义之举，努力将今天的杭州建设成为一个全民共享的“生活品质之城”

南宋社会关注民生、同情民苦的仁义之举，尤其是针对不同人群建立较为完备的社会保障体系，在构建社会主义和谐社会，建设覆盖城乡、全民共享的“生活品质之城”的今天，有着特别重要的现实意义。建设覆盖城乡、全民共享的“生活品质之城”，既是一项长期的历史任务，又是一个重大的现实课题。要使“发展为人民、发展靠人民、发展成果由人民共享、发展成效让人民检验”理念落到实处，就必须把老百姓的小事当作党委、政府的大事，以群众呼声为第一信号，以群众利益为第一追求，以群众满意为第一标准，树立起“亲民党委”“民本政府”的良好形象。要始终坚持以人为本、以民为先的理念，既要关注城市居民，又要关注农村居民；既要关注本地居民，又要关注外来创业务工人员；既要关注全体市民生活品质的整体提高，更要特别关注困难群众、弱势群体、低收入阶层生活品质的明显改善。要始终关注老百姓的衣食住行、安危冷暖、生老病死，让老百姓能就业、有保障，行得便捷、住得宽畅，买得放心、用得舒心，办得了事、办得好事，拥有安全感、安居又乐业，让全体市民共创生活品质、共享品质生活。

5. 整合南宋“安逸闲适”的环境资源，推进杭州“东方休闲之都”和国际旅游休闲中心建设

杭州得天独厚的自然山水环境，经过南宋100多年来固江堤、疏西湖、治内河、凿新井、建宫城、造御街、设瓦子、引百戏等多方面的措施，形成都城左江（钱塘江）右湖（西湖）、内河（市区河道）外河（京杭运河）的格局，使杭州的生态环境、旅游环境、休闲环境大为改观，极大丰富了杭州的旅游资源。南宋为我们留下的不但是一块“南宋古都”的“金字招牌”，还留下了安逸闲适的休闲环境和休闲氛围。在“三面云山一面城”的独特环境里，集中了江、河、湖、溪与西湖群山，出现了大批观光游览景点，并形成著名的“西湖十景”。沿湖、沿河、沿街的茶肆酒楼，鳞次栉比、生意兴隆；官私酒楼、大小餐馆充满“南料北烹”的杭邦菜肴和各地名肴；大街小巷布满大小馆舍旅店，是外地游客与应考士子的休息场所。同时，临安娱乐活动丰富多彩，节庆活动繁多。独特的自然山水、休

闲的环境氛围，使临安人注重生活环境、讲究生活质量、追求生活乐趣。不但皇亲国戚、达官贵人纵情山水、赏花品茗，过着高贵奢华的休闲生活，而且文人士大夫交结士朋、寄情适趣，热衷高雅脱俗的休闲生活；就是普通百姓也会带妻携子泛舟游湖，享受人伦亲情及山水之乐。

今天的杭州人懂生活、会休闲，讲究生活质量，追求生活品质，都可以从南宋临安人闲情逸致的生活态度中找到印迹。今天的杭州正在推进新城建设、老城更新、环境保护、街区改善等工程，都可以从南宋临安对左江右湖、内河外河的治理和皇城街坊、园林建筑的建设中得到有益的启示。杭州要打造“东方休闲之都”，共建共享“生活品质之城”，建设国际旅游休闲中心，就必须重振“南宋古都”品牌，充分挖掘南宋文化遗产，珍惜杭州为数不多的地上南宋遗迹。进一步实施好西湖、西溪、运河、市区河道综合保护工程；推进“南宋御街”——中山路有机更新，以展示杭州自南宋以来的传统商业文化；加强对南宋“八卦田”景区的保护与利用，以展示南宋皇帝“与民同耕”的怀古场景；加强对南宋官窑遗址的保护与利用，以展示南宋杭州物产的精致与精美；加强对南宋皇城遗址和太庙遗址的保护与利用，以展示昔日南宋京城的繁荣与辉煌。进入21世纪的杭州，不但要保护利用好南宋留下的“三面云山一面城”的“西湖时代”，更要以“大气开放”的宏大气魄，努力建设好“一主三副六组团六条生态带”的大都

市空间格局，形成“一江春水穿城过”的“钱塘江时代”，实现具有千年古都神韵的文化名城与具有大都市风采的现代化新城同城辉映。

前　言

《南宋全书》是“五位一体”《杭州全书》的重要组成部分，是杭州南宋文化遗产保护、传承和利用的基础前提和依据载体。《南宋全书》的编纂、出版旨在发挥南宋学研究成果，在打造具有“国际特征、中国特点、杭州特色”的城市学杭州学派和“国内领先、世界一流”的城市学智库方面起到积极作用。

在开展《南宋全书》编纂出版之前，制定了工作原则。在内容方面：既要着眼于南宋经济、政治、军事、文化、社会和独特山水、人文资源的研究，体现系统性、整体性，又要着眼于杭州南宋文化遗存的独特禀赋研究，体现特色性、差异性。在规划方面：坚持统一领导、统一规划、统一大纲、统一体例、分别筹资、分别实施、分别销售的“四统三分”体制，充分彰显系统性、规律性、权威性。在品质方面：牢固确立品质导向，尊重科学，打造精品，坚持量质并举，通盘考虑选题、编纂、评审、出版，以及成果转化和赠、换、售工作，切实提高“费效比”，努力使每一本书都经得起人民的检验、专家的检验、历史的检验，真正能传承文明，发挥“存史、释义、资政、育人”作用。在整合资源方面：以改革的思路面向全社会组织开放式研究，充分吸收国内外南宋学研究各方面专家参与，集聚各方面资源，形成编纂出版合力，进一步打好“杭州牌”“浙江牌”“中华牌”“国际牌”。在计划推进方面：立足长远、通盘谋划、科学规划、统一部署、积极引导、分步实施。按照全书编纂的统一体例，可根据自身研究条件，实事求是确定研究进度，制定切实可行的实施方案，积极稳妥、分步有序地推进。

南宋学研究成果的载体，包括丛书、文献集成、研究报告、通史、辞典五大组成部分，定位各有侧重。其中，研究报告定位为论文集，突出“专”字，主要收录“两宋论坛”征集评选出的优秀成果，包括了历史研究和当代研究两方面的成果。本报告主要收录了第七届“两宋论坛”的优秀成果。

第七届“两宋论坛”于2022年11月5日在杭州举行。本届论坛以“宋韵文化遗产保护传承和活化利用”为主题，由杭州、开封两市市委、市政府支持，学术活动由杭州国际城市学研究中心、河南大学中原发展研究院两大智库共同主办。论坛以实际行动传承弘扬两宋优秀文化，总结历史经验，推动“一带一路”倡议的落实，讲好“中国故事”，进而讲好“杭州故事”“开封故事”，推动中华优秀传统文化创造性转化、创新性发展，取得了良好的文化和社会效益，成为杭州与开封城市国际化和文化交流的“金名片”。其中，“两宋论坛优秀研究成果征集评选”活动，面向国内外两宋领域研究者以及各界有识之士，分为历史类与经济类两大类征集评选，并进行专家多轮评审，最终评出金奖一名，银奖两名，铜奖三名。研究报告作为“两宋论坛优秀研究成果征集评选”活动的优秀成果汇编，即整理收录其中最优秀的学术研究成果并出版。

本报告主题为“宋韵文化遗产保护传承和活化利用”，收录七篇文章，分为论文五篇，内容包括宋代信息渠道、南宋中后期的土地清查和地籍攒造、宋代的疆界形态与疆界意识、宋代文人与墨、六察法的推行与宋神宗时期监察制度的转变等；学术专著引言三篇，内容包括宋史考论、永嘉学派研究、宋代奏对活动研究等。收入本报告时，根据出版的要求，将各论文体例格式进行了统一，特此说明。

目　录

《宋史考论二集》序

李裕民

这是我继《宋史新探》（1999）、《宋史考论》（2009）后出版的第三本研究宋史的论文集。除一篇外，均作于2008年以后。近十几年来，我主要关注宋代的重大问题及疑难问题，同时下功夫考辨宋代的史料，力求体现一个新字，不轻信前人研究的结论，于不妥之处发表己见，前人未曾触及过的问题试作新的探讨。我在研究方法上也有所改进，言必有据，不作空泛之论。论文的涉及面较广，有政治、军事、文化、制度、家族、墓志、文物、典故等。这样做的原因，一是兴趣广，二是想试一下宋史这趟水到底有多深，试后，感觉很深，深不可测。前几年有位基本功很扎实的年轻学者来见我，想用五年时间贯通宋史，我说太短。他又说那就十年。我很佩服这位年轻人的勇气，没有再说。我自当宋史研究生至今近六十年了，我不敢说贯通，只能说略懂。我认为，近百年来研究宋史成果虽然不少，但对宋代历史的认识，总的说来，比较粗浅，仔细推敲起来，问题很多，离复原宋代历史的本来面目距离甚远，研究空间还非常大。下面对本集所收论文略作介绍。

一、对宋史的宏观考察

宋王朝应该如何定位？长期以来被定格在积贫积弱上，以至许多人轻视宋史，不愿意研究宋史，我在《破除偏见，还宋代历史以本来面目》中，纠正了此类错误认识。此文是概括《宋代积贫积弱说商榷》与《南宋是中兴还是卖国——南宋史新解》二文而成，因被《新华文摘》全文转载，社会影响颇大，故收录于此。

唐宋变革论，是日本学者提出的、至今仍在讨论中的大议题，这个变革的过程到底有多长，什么时间结束，以什么为标志？我在《寻找唐宋科举制度变革的转折点——大视野下看科举》一文中，认为科举制度变革完成的时间是宋太宗太平兴国二年（977），标志是扩大科举录取名额。从此，社会制度完成根本性的改变，由门阀统治转化为科举制下知识精英治国。这也是唐宋社会制度变革的转折点。

宋朝在经历变革之后，与唐朝相比较，到底起了多大的变化？最大的变化在于国民素质得到了极大的提高，《论南宋国民素质高于唐朝与北宋》《唐宋蒙学书系年考证与研究》二文指出，从启蒙读物的质量与数量看，接受初等教育的人数，宋多于唐，南宋多于北宋。就科举录取的数量、读书人的数量以及他们的知识面做比较，知识精英的质量也是宋高于唐、南宋高于北宋。因此就整体国民素质而言，宋高于唐，南宋又高于北宋。这种国民素质的提高，意义特别重大，即使国家被外来势力覆灭，民族文化仍然会顽强地生存下来，国家仍然会复兴。世界文明古国中唯有华夏文化绵延数千年而不绝，原因就在于此。

二、对宋代一些重大或疑难问题的看法

范仲淹的庆历新政与王安石的新法是宋代两次著名的变法，是宋代政治史上最为重要的议题，以往学者都予以肯定，但二者到底有何差异却缺少关注。《“祖宗之法”是实施庆历新政的武器——富弼〈三朝政要〉研究》《范仲淹与王安石变法比较研究》提出了新的看法，认为二者治国理念不同，前者以祖宗之法作为武器，去治弊；后者以儒家经典为依托，去实行大幅度的改革。前者以维护皇帝与士大夫共治天下的体制为前提，后者以加强皇帝独断改变共治体制为前提。前者虽然失败，没有产生太大的负面影响；后者虽获施行，副作用极大，北宋之亡与此有关。

岳飞与岳家军历来是南宋的热门话题，一些人受岳飞孙子岳珂夸大其词的影响，认为岳家军是诸路家军中人数最多的一支，它的战斗力已经超过金兵，如果岳飞不听金字牌撤军，就能收复北宋故土，甚至直捣黄龙府，进而谴责岳飞犯了愚忠的错误。《岳家军三大问题考辨》指出岳家军并非诸路家军中人数最多的，人数最多的乃是张俊的张家军。据岳飞的奏章，打败金兵，收复北宋故土，需用精兵二十万。固守六州，则需正兵六万。而现实是，岳部兵力只有六万左右，以此守土没有问题，恢复故疆，则远远不够。有人认为郾城、颍昌之战，表明岳家军实力已超过金兵。经我的考证，此战不是双方主力的大决战，宋主帅岳飞与金主帅

都没有上场。在友军已经回撤的情况下，孤军深入有被围歼的危险，因此岳飞决定奉命撤军是明智的，并非愚忠的表现。

世上盛传“莫须有”的故事，讲述韩世忠站在维护岳飞的立场质问秦桧之事。这个故事是真的吗？我经过几年的潜心研究，得出答案是伪造的。先用史源学的方法，查出《宋史》此故事源出淳熙三年（1176）赵雄所撰韩世忠碑，此时离岳飞被害已三十多年。又用年代学的方法追寻更早的记载，绍兴二十八年（1158）孙觌写的韩世忠墓志，则恰恰相反，明确说，韩世忠站在宋高宗一边，赞同高宗对岳飞所定的罪名。这是其子韩彦直请他写的。显然，这才是当时韩世忠的立场。高宗释兵权，是要把岳、韩和张三家军收归国有，杀岳飞是杀鸡儆猴，张俊一开始就紧跟高宗整岳飞，剩下当猴的只能是韩了。高宗严惩一切为岳飞说话的人，连对他有恩的长辈、宗室的一把手也不放过，也是为了杀鸡儆猴。摆在韩面前，只有两种选择：拥护或反对杀岳，前者活，后者死。他为了自己，为了家，被迫选择了前者。他在岳飞被逮后的作为即是明证：他辞职回家，不敢与自己的部下接触，没有为岳说一句话，也没有为岳的家属说一句话。他这样做的结果，保全了自己，他的孩子得到了升迁。墓志就反映了这一事实。到孝宗时形势变了，为了抗金，给岳飞平反，韩家需要保全韩的形象，孝宗需要为高宗开脱，于是赵雄与韩世忠之子韩彦古编造了莫须有的故事。

有的人仍要坚持莫须有故事是真的，理由是孙觌人品不好，他的话不可信。孙觌此文不是抒发个人感情的杂文，而是应韩世忠子彦直之请而写的墓志，其内容都是家属提供的。如果说墓志写得完全违背韩世忠本意，必须举证其子为什么要请人抹黑其父，还应举出世上有哪些儿子请人写抹黑其父的墓志的例子作为旁证。

我写《北宋榜眼考论》，目的是探讨一下，宋代科举考试所录取的进士是否真是知识精英。状元人们所熟知，暂且不选，一般进士材料太少，难于做全面考察，于是选取进士中的第二名榜眼作为考察对象。先考证哪些人是第二名，接着考其籍贯、中举年龄，寿命，初任职及最高官职，著作，正史列传情况，家庭。再做综合研究，得出结论：南方人比北方人多一倍多，这与经济中心南移有关，但也不绝对，如福建经济不很发达，榜眼数却位居第一。中举时平均年龄为27岁，平均寿命55岁。仕途比较顺利，近五分之一的人最终成为宰执。半数以上有著作。出身于进士或官宦家庭者占绝大多数，有比较好的文化背景。看来，当时的考试制度还是很有成效的。

《"只许州官放火"的州官田登是何许人也》所提问题不大也不算难，只是一般不会想到这个成语里面还会存在什么问题，这是一篇于无问题处找问题的文章。从成语本身可以推论，这个州官必然是胡作非为的恶吏。我考察一番，完全出乎意外，他竟然是个贤人。这就出现一个新问题：这个成语是怎么形成的，与事实本身有何关系？故事本身其实只是官场避讳引起的笑话，州官名登，下属便不能说登字，也不能说登的同音字，这样，上元节放灯三日，下属只好说放火三日。到了明朝晚期，官场十分腐败，于是有人就将这个故事做了加工，成为成语，借此讽刺恶吏。在专制制度下，经常出现官僚无法无天、草菅人命之事，人们沿用这个成语也就成了常态，真实的故事便慢慢湮没了。

三、关于宋代墓志和碑刻的研究

宋代墓志和碑刻，元、明至今不断出土，成为新史料的一大来源，通常的考释模式是三部曲：释文、解释、价值（补正史书）。这自然是必要的，本集所收几篇论文《中国最古的窑神碑——宋耀州德应侯碑考》《晋祠铭碑宋人题刻考》就是这样做的。

能不能写成研究问题式的论文呢？我以为有些墓志是可以的，关键在于平时是否有问题意识，在按老模式考释墓志时，看它是否有助于解决某个重要的历史问题。

我在读《宋史杨业传》时，看到传中详细介绍了战前会议争辩过程，心想这是军事机密，怎么会传出来呢？潘美等三人为了推卸责任，都推到杨业身上，杨业已死，死无对证，真相怎么会泄露出去呢？我在考释李若拙墓志时发现参加会的人不止他们四人，至少还有二人，真相的揭示与李若拙有密切关系，于是结合其他材料，改为以问题为中心的论文模式，写成《绝密军事会议如何会惊现于世——〈宋史杨业传〉揭秘》。

我在考释潘承裕墓志时，发现它有助于解决周世宗后裔的去向问题，于是改写成《周世宗皇子失踪之谜——赵匡胤政治权谋揭秘》。

一般的墓志，用相应的文献资料去解决，但新出土的一通宋人用古文字撰写的墓志就很特殊了，它既用先秦的古文字，还有一小部分则是杜撰的古文字，而且墓志的作者和书写者的姓名不放在墓志最前面，而是在内文中，必须用古文字和宋史相结合的方式才能正确地解读。这样的墓志，懂古文字的可以解读大部分文字，一部分就未必能解决，至于对具体内容的解读，如果不研究宋史的也很费劲。而宋史研究者如不懂古文字也难解读。正好我研究过十多年古文字，就写成了《新出土的宋代古文字墓志研究——贾公直妻蔡氏墓志铭考》。

四、关于宋诗的研究

诗歌中往往包含许多珍贵史料，杜甫诗即有史诗之称，流传至今的宋诗远比唐诗为多，宋史学者研究宋诗者远比唐少。我试写了三篇文章：《堪与杜甫〈新婚别〉媲美的〈新嫁别〉》《文彦博红楼诗与麟州红楼研究》《刘敞〈杨无敌庙〉诗考释》。

其中考释难度最大的是刘敞的《杨无敌庙》，杨无敌就是名将杨业，死后只有古北口为他建了庙，一直保存到现在。究竟建于何时？何人所建？都值得考证。而刘敞是第一个写此庙的诗人，此诗的写作时间的考定，对研究此庙及杨业的影响很有意义。难度之大在于我想解决此诗写作的具体时间，详细到年月日，而已知的条件只是一句话：至和二年八月甲寅（1055 年 9 月 22 日），命刘敞为契丹国母生辰使。具体何时出发？何时路过古北口？是去时还是回时写的？均不知道。我的考释分几步走，一，首先确定契丹国母生辰在何时，刘必须提前一天到。二，确定从开封到上京的路程，得经过多少驿站，由国母生辰前一天逆推其出发的时间和经过古北口的时间。三，其任务与其他使者有何区别，各需要停留多少时间，以确定何时开始返程，并以此为起点推算到达古北口的时间。四，考察诗的内容，最后确定是去时写的，时间是在至和二年十一月初七（1055年11月28日）。五，通过他与随后出使的欧阳修唱和赠答之诗的时间，验证上述结论是可靠的。

我爱读好书，听说名家钱钟书《宋诗选注》非常好，便买来一读，果然名不虚传，胜过以前见过的各种诗词选本。当我读到1988年钱氏为香港版《宋诗选注》写的前言，“在当时学术界的大气压力下，我企图识时务，守规矩，而又忍不住自作聪明，稍微别出心裁。”“个人学识上的缺陷和偏狭也产生了许多过错”。说到这里，他卖了个关子，没有说表现在哪里？弄不清是谦虚话还是真话。我很好奇，便仔细翻了几遍，发现确实是真话，便写了《〈宋诗选注〉发微》，发表后收入人大报刊复印资料中，不料引起某人不满，化名陶符仁，痛斥我一通，这还不够，又硬拉上我的导师邓广铭先生，挖苦一番。我自然也不客气地回敬了一篇《是“误订”还是“误辩”——答陶符仁对钱钟书〈宋诗选注〉发微的责难》，要他报上真名实姓来。其后不见下文。这也算是学术争鸣中的一段小插曲吧。

五、关于家族的研究

汉族是重视血缘关系的民族，家族是社会组成的基石。魏晋南北朝至唐的强宗大族，进入宋代以后，他们的命运如何？这是值得研究的问题。《宋代裴氏家族研究》就是以一个家族为例做深入的剖析，他们虽然已无特权，又因人口较少，不可能成为历史舞台的主角。但并没有泄气，仍然在努力，在平等竞争中取得应有的一席之位。

同财共居的大家族，也称义居家族，规模自数百至数千人不等，唐宋以来一直存在。有些学者做过初步探讨，但是缺乏深度，缺乏动态的研究，有些问题没有解决，如这些家族存在掌握大权的族长吗？他们是如何管理的，如何变化的，怎样导致兴旺或灭亡的？《两个同财共居大家族的演变历程——宋代司马光家族与姚氏家族研究》一文显示，这是两个不同命运的家族，一个兴旺了，一个灭亡了。司马家族有管理者，但没有所谓掌握大权的族长，管理者并不是按辈分高低排队，而是选择能干人担任，他们没有享受什么特权。对于族中能参与科举考试的则创造读书条件，经过几代人的努力，终于出现了司马光这样的历史名人。姚氏家族则是单一的农耕经济模式，不读书、不经商，绝对平均主义的分配，最后抗不住天灾人祸而灭亡。

六、历史人物及其著作研究

范仲淹以“先天下之忧而忧后天下之乐”而闻名于世，《伯夷颂》是他卒前半年所书的墨宝，表现其崇高的气节。此件文物后的宋人题记也都有其独特的价值，特别是奸臣秦桧的题诗，是研究其大起大落时心理变化的重要史料。《范仲淹书〈伯夷颂〉与宋人题记研究》对此均做了探讨。

在《范仲淹、范纯仁诗文辑考》一文，我辑得范仲淹的几首佚诗，又对今人从《林田吴氏宗谱》中辑得的《番君传》做了辨伪。同时对范纯仁诗文做了辑佚与辨误，并对新出的墓志做考证。

王十朋是南宋绍兴年间的状元，他的著作《梅溪集》尚存于世，惜仅有明、清刊本。我在《王十朋著作研究》一文中，对现已不存的宋本做了探讨，并对《王氏宗谱》载录的《家政集》做了研究，辨明确实是王十朋所作，是新发现的重要史料。此外对新出版的《王十朋全集》所辑的一些诗文做了辨伪。

崔与之是南宋名相，《宋史·宰辅表》记载他出任宰相四年，但实际上并未上任，为什么？《崔与之生平诗文丛考》一文，首先解决了这个疑难问题。我查到宋人佚作《家藏经验方》，确认他不是政治原因，而是身患中风重病。又考证其生平、诗文写作年代，最后对新出版的全集中误收的作品做了辨伪。

七、古籍考证

史学是研究史料的学问，而史料的情况非常复杂，有真有伪，有可信的，有不可信的，或不可全信的，有本不误而传抄、刻印时发生错误，有同一事，各家记载互相矛盾的。可以说，所有史料都存在这样、那样的问题。这一切都需要考证，去伪存真，才能使用。一些学者对史料不做考证，拿来就用，最容易出错，只求多快，不讲质量，这种做法不可取。

宋代的史料比唐以前史料的总和还要多，考证的任务相当艰巨，需要花费很多时间。我对宋代典籍做考辨，已积累近百万字，这里收录的是其中的一小部分。

（一）考辨著作真伪者四篇

《〈曲洧旧闻〉〈南窗纪谈〉真伪辨》对余嘉锡的考证提出了相反的意见，认定《南窗纪谈》是真而非伪，《曲洧旧闻》则杂有伪作。

《伪书极品：吴幵〈优古堂诗话〉》一文认定备受清人赞扬的《优古堂诗话》乃是伪作，只是其作伪手段高明，骗过了一些考据家的眼光。

《〈李师师外传〉创作年代考辨》一文认定《李师师外传》并非宋人所作。《李师师外传》当是明、清之际的作品。

《四库全书辑本辨伪——以李正民〈大隐集〉为例》，对四库全书馆臣辑自《永乐大典》的《大隐集》的作品做了考辨，发现有六篇非李正民所作，而是李光、郑起潜的作品。这是由于《永乐大典》本身出处有误导致的。以此为例提醒大家，在使用四库辑本时，一定要注意作者可能有误。

（二）考辨四部名作

《〈直斋书录解题〉随斋批注考》，考证作批注的随斋为何人，阐明批注的价值。

《〈宋史艺文志〉丛考》，考证其失误 28 条。

《〈圈点龙川水心二先生文粹〉研究》，分三部分：一，《圈点水川龙心二先生文粹》之前已有《龙川文粹》一书。二，新发现的陈亮佚文。三，《圈点龙川水心二先生文粹》之评语。

《〈续资治通鉴长编〉订误》，纠正《续资治通鉴长编》失误116条。

（三）考证版本者一篇

《论〈四库全书〉本的缺陷——以宋代文献为中心》，《四库全书》是人们经常使用的本子，但直接使用者多，使用时注意其缺陷者少，这会影响论文的质量。以我数十年来研究此书的经验，特撰此文。分四部分：一，《四库全书》本的通病。二，《四库全书》馆臣辑佚本之缺陷。三，《四库全书》所采传世本之缺陷。四，电子版《四库全书》的新缺陷。

八、关于研究方法问题

收文一篇：《如何运用史料解决疑难问题》。

我这篇文章，主要谈自己几十年来研究历史的体会，用举例的方式，谈如何研读史料？如何从史料中发现问题？发现问题以后，又是如何去解决问题？限于篇幅，只能举个别例子。在阅读过程中碰到的问题是多种多样的，解决的方法也各有不同。就以考证而言，其方法是多样的，考证相当于破案，你能破了盗窃案，不一定就能破间谍案、经济案。我们要研究各种不同的问题，使用不同的解决方法，多学、多思、多练，我相信只要掌握研究方法，持之以恒去钻研，必定能够写出有质量的论文来。

现在有了电脑、有了各种检索工具，大大提高了研究速度，但也出现了一些副作用，有些人不再认真读书，而满足于拷贝，产品虽多，只是一堆垃圾而已。我希望本文能为纠正此类偏向起一些作用。

九、特意收录两篇并非专题研究但有学术含量的文章

《宋代武将研究的杰作——〈攀龙附凤：北宋潞州上党李氏外戚将门研究〉》，这是一篇书评。评论的是香港宋史专家何冠环的《攀龙附凤：北宋潞州上党李氏外戚将门研究》，现在的书评经常用名作、佳作、扛鼎之作之类的形容词，用得太滥了。我以为，一本书有优点给予肯定是应该的，但不应随便使用最高档的形容词。我在文章中使用“杰作”一词，考虑两点：其一，它在同类作品中是特别优秀的；其二，对研究者读后会有新启示的。此书写作难度大，武将不像文臣有自己的著作，相关的材料比较少而且分散，写一二篇文章易，写成一本书难。我研究过陈桥兵变，以为参谋之功主要是赵普。读了何著，才猛然醒悟，策划和运作兵变者主要是李处耘，夺取政权后巩固政权的谋士则是赵普。其次，它提醒我注意到在宋建国后，赵匡胤参谋集团内部有着复杂的争权夺利的斗争，其主角就是赵普，他不仅蓄意排挤李处耘，还不放过其他重要谋士。任何一部佳作都不可能十全十美，我在关注其优点之时，也尽量寻找其缺点。收录此文，意在表述我对写书评的想法。

《忧乐为天下：范仲淹与庆历新政序》，这是应一位少年史学天才林嘉文之求而写的。我本不相信会有少年史学天才，我信理工科有少年天才，科技大学为之办少年班，文学有天才，不到十岁就能写出动人的诗篇。史学是积累性的，没有长期的知识积累，不可能写出史学著作来。林嘉文的出现，颠覆了我的想法。他初中三年级时出版过《当道家统治中国：道家思想的政治实践与汉帝国的迅速崛起》，刚上高三又写成书稿《救斯文之薄：北宋庆历年间的新政、党议和新儒学运动》（此稿正式出版时应出版社要求改题为《忧乐为天下：范仲淹与庆历新政》，还删去了部分注释，我觉得有点可惜，这多少会影响学术性），我粗粗翻读了一下，完全符合学术规范。真不可思议，中学课程那么忙，许多人连作业都要开夜车才能做完，他怎么有余力写出两本书，还是两个朝代的，其间又自学西夏文，还翻译了一本西夏文书稿。山西人民出版社的领导有慧眼，愿意免费为他出书，只是要求他请一位研究宋史的专家写序，他很不好意思地打电话请我写，此时我们仅见过一面而已。我自然愿意玉成其事。我在序里谈了如何做学问的看法，希望对他今后提高学术水平有所帮助。

此书出版后，其所在学校为之开了一个新书出版的座谈会，我也应邀参加了。但没有想到的是，网上很快吵翻了天，许多责难声如钱江怒潮般涌来：假的，绝对不可能是他写的，背后有不可告人的骗局，一定是他父亲写的，或是高价买来的，也可能是偷别人的，让教授给他站台，也是花了大钱的。本来，他钻得越深，与同学越缺乏共同语言，也就越孤独。他得了抑郁症，看过病，可是越吃药越头疼，睡不着觉难受。面对网上舆论压力，他做过解释，不起作用，终于他绝望了，跳楼而去，此时离十八岁还有几个月。

我活了大半辈子，没有见过这样有天分的少年，我很想培养他，希望他站在我肩膀上，成为史学大家。他来过我家三四次，每次时间不长，问的都是做学问的事。我很后悔，没有顾上问一问生活上的事，如果知道他有心病，疏导一下，也许能阻止悲剧的发生。在他走之前几天，曾来我家一趟，送我一本台湾出版的《宋史新编》，这是他看到我书架上没有此书，特意送的。他还为我在网上受他连累挨攻击而表示歉意。我说我经历得多了，这点小事，根本不放在心上。事后才想起，此时他当已做了最后的决定，送书就是为了给我留一个纪念。他在遗书里还特别感谢我和老伴。我很感伤，他的形象时时出现在眼前，难以抹去。他不仅有天分，人品也好，很谦虚，行事低调，出第一本书时，出版社想在封面上加上少年天才之类的字眼，他坚决不同意。

网络能及时传播新的信息，但是用不好，也会制造悲剧。人对自然和人本身的了解还十分有限，对任何从未见过的新事物，不可囿于成见，妄加攻击，应当先调查再发言，尤其对正在成长的年轻人，决不可一棍子打死。当悲剧发生后，舆论才大变，可惜为时太晚了。

《永嘉学派研究》绪论

王宇

与中国思想史上的很多学派一样，永嘉学派是一个以地域名称命名的思想流派，这就意味着这个学派的主要成员都是温州籍贯的学者，而温州又称“永嘉郡”，在很长时间内，这个学派被称为“永嘉之学”“永嘉学问”或者直呼“永嘉”。直到清末学者邓实（1877—1951，广东顺德人）于光绪三十二年（1906）发表的《永嘉学派述》一文中，“永嘉学派”一语才被正式提出。

然而，地域性并非永嘉学派的唯一特征，同样在宋代温州这片土地上，程朱理学、陆九渊的象山心学亦有传承，并非所有的温州籍士人都属于永嘉学派。永嘉学派之所以能独树一帜，是因为它在吸收借鉴二程理学这一外来思想资源的基础上，深入反思二程理学不能经世致用的弊端，它虽然崛起于东南一隅，其思想关怀却是“家、国、天下”，从这个意义上说，“永嘉”这一地域因素在永嘉学派形成发展过程中的作用，应该给予适当的估计。

永嘉学派活跃的时间，前后不过约七十年（1155—1223），其兴也勃焉，其衰也忽焉，却以其介于陆九渊、朱熹思想之间的独特主张，在历史上受到了相当大的关注，并长期被称为“事功学”“事功学派”“经制之学”“功利之学”。作为本书的绪论，本章希望正本清源地梳理永嘉学派得名的历史，简要回顾学术界对永嘉学派的研究历史，进而对本书的逻辑结构和写法略作交代。

一、传统学术范式下的永嘉学派认知史

早在永嘉学派思想定型后，同时代学者（如朱熹等人）就开始了对永嘉学派的研究和批判。叶适去世之后，永嘉学派的思想学术失去了亲相授受，但不同思想背景的学者仍然经常会提及、点评永嘉学派。其中，除了只言片语的评论外，从南宋中期到近代出现了六次对永嘉学派较为系统、全面的研究。这六次研究构成了永嘉学派认知史的六块里程碑。以下分别简单回顾之。

（一）程朱理学对永嘉学派的批判

朱熹是永嘉学派第一个严肃的研究者和总结者。他最早从思想学术意义上，屡屡在《朱子语类》和《晦庵先生朱文公文集》中提到“永嘉学问”“永嘉之学”“永嘉、永康之说”等等，都特指一种思想流派，即永嘉学派。朱熹认为永嘉学派有以下四个特征。

第一，追求功利而不顾道义。朱熹说：“永嘉学问专去利害上计较，恐出此。”又曰：“‘正其谊不谋其利，明其道不计其功。’正其谊，则利自在；明其道，则功自在。专去计较利害，定

未必有利，未必有功。”[1]这段话明白指出，永嘉学派是反对董仲舒“正其谊不谋其利，明其道不计其功”的观点，而专门“计较利害”，追求结果和功效，忽视了行为动机的正当性。实际上，叶适晚年在《习学记言序目》中提出类似观点时，朱熹已去世多年，不知道朱熹是如何发现永嘉学派的这一倾向的。朱熹还曾说“永嘉之学”“卑污”。[2]朱熹在评价永嘉学派的上一级概念浙学时有言：“江西之学只是禅，浙学却专是功利。禅学后来学者摸索一上，无可摸索，自会转去。若功利，则学者习之，便可见效，此意甚可忧。”[3]既然浙学主张功利，那么作为浙学一部分的永嘉学派自然也可以如此定性。

第二，朱熹认为永嘉学派对制度研究、历史研究兴趣浓厚。朱熹说：“近见永嘉有一两相识，只管去考制度，却都不曾理会个根本。一旦临利害，那个都未有用处，却都不将事。”[4]朱熹认为永嘉学派一班人热衷于研究制度细节，但是在实践、执行制度时，“而今正患不能一一见个恰好处”[5]，而《论语》就是要教导人们如何把握“恰好处”。朱熹认为永嘉学派轻视《论语》，所以一旦面临利害选择时，往往做出错误的抉择。

在另外一处，朱熹把“永康（陈亮）”“吕氏（祖谦）”与“永嘉”联系在一起：

[1]（宋）黎靖德编：《朱子语类》卷三七，中华书局1986年版，第988页。

[2]（宋）黎靖德编：《朱子语类》卷一二三，中华书局1986年版，第2962页。

[3]（宋）黎靖德编：《朱子语类》卷一二三，中华书局1986年版，第2967页。

[4]（宋）黎靖德编：《朱子语类》卷三七，中华书局1986年版，第1149页。

[5]（宋）黎靖德编：《朱子语类》卷三七，中华书局1986年版，第1149页。

> 先生出示答孙自修书，因言“陆氏之学虽是偏，尚是要去做个人。若永嘉、永康之说，大不成学问，不知何故如此。他日用动静间，全是这个本子，卒乍改换不得。如吕氏言汉高祖当用夏之忠，却不合黄屋左纛。不知纵使高祖能用夏时，乘商辂，亦只是这汉高祖也，骨子不曾改变，盖本原处不在此。”[1]

司马迁在《史记·高祖本纪》中说：“太史公曰：夏之政忠。忠之敝，小人以野，故殷人承之以敬。敬之敝，小人以鬼，故周人承之以文。文之敝，小人以僿，故救僿莫若以忠。三王之道若循环，终而复始。周秦之间，可谓文敝矣。秦政不改，反酷刑法，岂不缪乎？故汉兴，承敝易变，使人不倦，得天统矣。朝以十月。车服黄屋左纛。葬长陵。”据此，夏、商、周三代之政构成一个循环，西汉应该以“夏之忠”为法。吕祖谦极力赞同此说，认为汉高祖应该以“行夏之时”效仿“夏之政忠”，但实际上汉高祖所行历法并非夏正，而是继承了秦朝以十月为元月的历法，而非以孟喜月（十二月）为元月的“夏正”；“车服”则是“黄屋左纛”，而不是“商之辂”，这导致高祖一朝的政治差强人意。朱熹则认为，“车服黄屋左纛”只是制度细节，“本原处”是汉高祖刘邦心术不正，由此判定永嘉学派和陈亮、吕祖谦在思想上沆瀣一气，不成学问。

[1]（宋）黎靖德编：《朱子语类》卷一二二，中华书局1986年版，第2957页。

第三，朱熹认为吕祖谦是永嘉学派的引导者，陈亮是永嘉学派在思想上的同盟。他说：

> 其学（指吕祖谦）合陈君举、陈同父二人之学问而一之。永嘉之学理会制度，偏考究其小小者。惟君举为有所长，若正则则涣无统纪。同父则谈论古今，说王说霸。伯恭则兼君举、同父之所长。[1]

这段话最早出现于南宋李幼武编纂的《宋名臣言行录外集》，经《宋元学案》卷五一《东莱学案》引用后被广泛转引。在这段话中，"永嘉之学"被定性为"理会制度"，探究琐碎的制度细节，虽与喜欢"谈古论今"、注重史学评论的陈亮有所不同，但与吕祖谦的学术颇有重合之处。到了宋末元初，刘埙（1240—1319）明确地提出了"乾淳间，浙学兴"之说，凸显了吕祖谦"浙学宗主"的地位：

> 宋乾淳间，浙学兴，推东莱吕氏为宗。然前是已有周恭叔、郑景望、薛士龙出矣，继是又有陈止斋出，有徐子宜、叶水心诸公出，而龙川陈同父亮则出于其间者也。当是时，性命之说盛，鼓动一世，皆为微言高论，而以事功为不足道，独龙川俊豪开扩，务建实绩。[2]

[1]（宋）李幼武编：《宋名臣言行录外集》卷一三《吕祖谦》，文渊阁四库全书本。

[2]（元）刘埙：《隐居通议》卷二《龙川功名之士》，文渊阁四库全书本。

刘埙将吕祖谦定位为“浙学宗主”，而薛季宣、陈傅良、陈亮、叶适是其代表人物，指出“浙学兴”的问题意识来自“当是时，性命之说盛……而以事功为不足道”，此说的思想实质与李幼武所引朱熹的“其学合陈君举、陈同父二人之学问而一之”完全吻合。

第四，这个学派喜欢创立新说，而表达又十分晦涩。譬如在《诗经》研究方面：“永嘉之学，只是要立新巧之说，少间指摘东西，斗凑零碎，便立说去。纵说得是，也只无益，莫道又未是。”[1]朱熹认为这些新说只是发挥了解释者个人的一些意见，没有什么实际意义，且与经文本义相去甚远。朱熹还发现陈傅良到湖南路当官后，把张栻的门人尽收门下，评价道：

> 今永嘉又自说一种学问，更没头没尾，又不及金溪。大抵只说一截话，终不说破是个甚么；然皆以道义先觉自处，以此传授。君举到湘中一收，收尽南轩门人。[2]

“金溪”指陆九渊的心学。朱熹认为永嘉学派的思想“没头没尾”，故弄玄虚，以此来吸引读书人。

以上四个特征，是朱熹评价永嘉学派的主要基调，其他具体的评价都可以从这四个方面来理解。其中，“计较利害”“卑污”的批评最为严厉、影响最广，最终转化成了永嘉学派认知史上最

[1]（宋）黎靖德编：《朱子语类》卷八〇，中华书局 1986 年版，第 2086 页。
[2]（宋）黎靖德编：《朱子语类》卷一二三，中华书局 1986 年版，第 2961 页。

为显著的标签——功利。

绍熙二年（1191），永嘉学派通过陈傅良弟子曹叔远向朱熹提出希望充分交流，从而达成一致：“乡间诸先生尝怀见先生之意，却不得面会剖析，使这意思合。”朱熹的回答毫不含糊：“某不是要教人步步相循，都来入这圈套。只是要教人分别是非教明白，是底还他是，不是底还他不是……是乃不同之同，乃所以为真同也。若乃依阿鹘突，委曲包含，不别是非，要打成一片，定是不可。”[1]表明了与永嘉学派水火不容的态度。而叶适也说：“彼建安之裁量，外永嘉而弗同，幸于公（指薛叔似）而无疑，亦莫知其所从。噫，道术之难明，非专智之可穷，虽弗同其奚害，公胡恃而自容。”“建安”指朱熹，“外永嘉而弗同”显示朱熹对永嘉学派的敌意根深蒂固。[2]叶适认为不同学派对“道术”的理解各有侧重，此所谓“专智”，永嘉学派与程朱理学完全可以并存，不必如此相互敌视。

朱熹的高足陈淳（1159—1223）曾对吕祖谦与永嘉学派、永康学派的关系做了这样的区别：

> 浙中之学有陈、吕之别。……如诸陈辈，乃鄙薄先儒理义为虚拙，专驰骛诸史，撦摭旧闻为新奇，崇奖汉唐，比附三代，以便其计功谋利之私，曰：“此吾所以为道之实者。”

[1]（宋）黎靖德编：《朱子语类》卷一二〇，中华书局1986年版，第2897页。

[2]（宋）叶适：《叶适集·水心文集》卷二八《祭薛端明文》，中华书局1961年版，第586页。

兹又管、晏之舆皂，而导学者于卑陋之归也。[1]

“浙中之学”有吕祖谦、陈氏（兼指陈亮、陈傅良）两派之别。吕祖谦被陈淳归入“吾名教中人”，从而与“诸陈”（陈亮、陈傅良）截然分开，而陈亮、陈傅良则完全是功利主义。

朱熹的另一重要弟子黄榦在一封给永嘉士子的信中，批评了“仙乡长上”：

> 便中两辱书，感感知道，从提举李兄游，深以为喜……举世昏昏，莫知学问之方，而世所谓儒者又多虚言以欺人，而实自欺，仙乡诸长上为尤甚，然亦可以此劫取高官大职，而后生为其所惑，甚可怜也。[2]

他认为永嘉学派“多虚言以欺人”，持有错误的思想观点且自信甚笃，至于“劫取高官大职”，则所指者甚多，叶适、蔡幼学、许及之宦途甚达，或执政，或侍从，而这与朱熹及其第一代弟子坎坷的仕途形成了鲜明的反差。因此，他认为永嘉学派对读书人的吸引力非常之大，流毒甚广。此与朱熹对永嘉学术的判断一脉相承。真德秀（1178—1235）则贬低叶适《习学记言序目》为

[1]（宋）陈淳：《北溪大全集》卷三三《答西蜀史杜诸友序文》，文渊阁四库全书本。

[2]（宋）黄榦：《勉斋先生黄文肃公文集》卷一五《复王主簿》，《北京图书馆古籍珍本丛刊》第90册，书目文献出版社2000年版，第461页。

“放言”。[1]

南宋后期出现的《直斋书录解题》是中国学术史上最重要的目录学著作，编著者陈振孙籍贯湖州，但祖籍永嘉，温州“元丰九先生”之一周行己（1067—约1125）的第三女嫁给了陈振孙的祖父，因此陈振孙对周行己的生平十分了解。[2]宋人评价陈振孙：“早号醇儒，得渊源于伊洛。”[3]与一般藏书家的目录炫耀收藏之富不同，陈振孙具有鲜明的学术立场：“其生平服膺朱晦庵”“右朱则不喜陆，重程氏学遂斥荆公”。[4]陈振孙对叶适之前的永嘉学派，尤其是程学在温州的传承历史评价尚属正面。《直斋书录解题》著录了周行己、刘安节、刘安上、许景衡、二郑兄弟、薛季宣的著作，并给予了充分的肯定。关于薛季宣，陈振孙评价其：“季宣博学通儒，不事科举，陈止斋师事之。”[5]陈振孙对陈傅良无多褒贬，而对叶适态度非常严厉。《直斋书录解题》在著录书目时，遇有叶适撰《序》者必予提示，如黄度《周礼说》、陈耆卿《论语纪蒙》、朱黼《纪年统纪论》等。在《直斋书录解题》中享有同样待遇的只有朱熹，这反映了陈振孙对叶适学术影响力的重视。但是陈氏

[1]（宋）叶绍翁：《四朝闻见录》甲集《宏词》，沈锡麟、冯惠民点校，中华书局1997年版，第35页。

[2]（宋）陈振孙：《直斋书录解题》卷一七，徐小蛮、顾美华点校，上海古籍出版社1987年版，第515页。

[3]（宋）刘克庄：《后村集》卷七五《故通奉大夫宝章阁待制致仕陈振孙赠光禄大夫》，四部丛刊本

[4] 陈乐素：《直斋书录解题作者陈振孙》，载陈振孙：《直斋书录解题》，徐小蛮、顾美华点校，第702页。

[5]（宋）陈振孙：《直斋书录解题》卷三，徐小蛮、顾美华点校，上海古籍出版社1987年版，第65页。

对叶适《习学记言序目》的总体评价是：

> 自六经诸史子以及《文鉴》皆有论说，大抵务为新奇，无所蹈袭，其文刻削精工，而义理未得为纯明正大也。自孔子之外，古今百家，随其浅深，咸有遗论，无得免者，而独于近世所传《子华子》笃信推崇之，以为真与孔子同时，可与六经并考，而不悟其为伪也。[1]

陈振孙这段批评有两层含义。一是指出《习学记言》“义理未得为纯明正大”“务为新奇”，所谓“纯明正大”的义理标准自然是朱子学。二是指出叶适在《习学记言序目》中推崇的《子华子》乃后人拙劣的赝品，而叶适视同拱璧，益证其学不足道。陈振孙关于《子华子》的说法与朱熹一致。[2]在著录陈亮《龙川集》《外集》时，他说：“叶适未遇时，亮独先识之，后为集序及跋，皆含讥诮，识者以为议。”[3]他批评叶适在为《龙川集》作序、跋时，语涉讥讽，有伤朋友之谊。

在元代，新安朱子学学者赵汸（1319—1369）批评叶适：“叶正则显于东南，当道学复明之世，刻意修辞，不践故迹，而乖离

[1]（宋）陈振孙：《直斋书录解题》卷一〇，徐小蛮、顾美华点校，上海古籍出版社1987年版，第313页。

[2]（宋）黎靖德编：《朱子语类》卷一三七，中华书局1986年版，第3269页。

[3]（宋）陈振孙：《直斋书录解题》卷一八，徐小蛮、顾美华点校，上海古籍出版社1987年版，第548页。

侵畔，自窒其源。”[1]黄溍（1277—1357）认为吕祖谦“善性理”，是道学正宗，等他去世之后，“人自为书，角立竞起”，其中叶适之学“无一合于吕氏”，说明吕祖谦与永嘉学派的异端主张毫无关系。[2]

总之，从南宋宁宗朝开始，程朱理学在逐渐获得更大话语权的同时，持续不断地对永嘉学派展开批判，从这些批判中可以看出两个方面的问题：第一，永嘉学派在南宋思想界重要对话者的地位受到了程朱理学的高度重视；第二，这些批判也造成了众多对永嘉学派的误解乃至污名化。

（二）黄震的永嘉学派研究

在批判永嘉学派的同时，有些程朱理学学者也注意到了永嘉学派可以吸收借鉴的某些学术长处，黄震就是其中的佼佼者。

黄震（1213—1281），字东发，一字汝震，号文洁先生，祖籍温州乐清，出生于慈溪，宝祐四年（1256）进士。入仕后，主要担任的都是地方官，如县尉、通判、知州、提举、提刑等。南宋灭亡后，他入山隐居不仕。黄震的主要著作是《黄氏日抄》《古今纪要》《古今纪要逸编》《戊辰修史传》，今人编有《黄震全集》。黄震著作宏富，学识渊博，在很多领域都取得了杰出的成就，是南宋末期杰出的朱子学学者。

在众多著述中，《黄氏日抄》是黄震阅读儒家经典和理学著作

[1]（元）赵汸：《东山存稿》卷一六《潜溪后集序》，文渊阁四库全书本。

[2]（元）黄溍：《黄溍全集·文献集》卷五《送曹顺甫序》，王颋点校整理，天津古籍出版社2008年版，第237页。

的读书笔记，全书卷帙浩繁，编排严谨，其中宋代学者被分别为三个类型：本朝诸儒书、本朝诸儒理学书、文集。《黄氏日抄》卷三三到卷四五为“读本朝诸儒书”系列，其中卷四二之前九卷，被称为“读本朝诸儒理学书”，即读周敦颐、二程、张载、朱熹、张栻、吕祖谦、黄榦、杨时、谢显道、尹焞等人的文集和语录。到卷四二至卷四五为“读本朝诸儒书”，为读张九成、陆九渊、陈宓、司马光、刘安世、李侗、石介、胡瑗等人著作。可以看出，黄震的编排绝不是按照诸儒生活时代的先后，而是依据在道统谱系中的地位。其中，卷三三到卷四一的周敦颐至尹焞等人，都属于黄震所认可的“理学”人物。卷四二以下诸人，黄震只承认其为“诸儒”，而非“理学”。至于叶适，则与欧阳修、曾巩、王安石、黄庭坚、汪藻、范成大等人被归入卷五九至卷六八的“读文集”系列，不但不是“理学诸儒”，更够不上“诸儒”，只是文士而已。

从表面上看，这样的安排贬低了叶适的学术地位，但是南宋文人多如繁星，黄震仅仅选取了汪藻、范成大、叶适三人，可以看出他对叶适其人、其书的高度重视。在《黄氏日抄》卷六八《读文集十》中，黄震系统摘录、评点了叶适的《水心文集》《水心外集》两种著作。其中，四六骈体文的表、启、诗三种文体，黄震仅给予总括性评点，对叶适的散体文则逐篇点评。他首先是概括简述原文主旨，然后发表自己对此文的意见。黄震对叶适作品的点评有以下几个特点。

第一，高度评价叶适的散文艺术。黄震对叶适的文学技巧赞叹不置，反对浅学无知者诋毁叶适。他指出南宋后期流传着一种对叶适散文的批评，认为其文隐晦，好讥讽叱骂。黄震认为虽然叶适文集中存在着个别“以文为戏”的情况（如《水心文集》卷一六《刘夫人墓志铭》），但总体而言“实皆显白”，后学者应该学习叶适散文的优点，不要夸大其局部的瑕疵：“借曰水心时一以文为戏，可尽以例其余耶？学之者不于其横肆而独于其戏者耶？呜呼！水心之传世者仅此，而学之者又辱之，且关学者心术，故为之辩。”[1]

第二，发掘水心作品中的史料价值，探索治国理政的方略。黄震生处内忧外患交逼的理宗、度宗两朝，深刻感受到改革南宋社会的政治、军事、经济和社会弊端的紧迫性，而叶适《水心外集》中提出了一系列的治国理政方略，让他深受启发，赞扬道：“夫水心，一水心也，其论兵、财、民俗，明白贯彻，笔端有口，一何奇也。”[2]

第三，基于朱子学立场展开思想批评。作为朱子学者，黄震对叶适作品中“四书”、道统等问题的异议，非常敏感。他说：“其论《皇极》《大学》《中庸》，但见其班班有字，而玩索莫晓，一何甚也！”[3]他反对叶适对《大学》的修正以及对《中庸》的否

[1]（宋）黄震：《黄震全集·黄氏日抄》卷六八《水心文集总论》，浙江大学出版社2013年版，第2038—2039页。

[2]（宋）黄震：《黄震全集·黄氏日抄》卷六八《水心文集总论》，浙江大学出版社2013年版，第2048页。

[3]（宋）黄震：《黄震全集·黄氏日抄》卷六八《水心文集总论》，浙江大学出版社2013年版，第2048—2049页。

定，对后者基于《尚书·洪范》“建皇极”说所建构的“皇极物极”说也表示无法理解。叶适批评程朱理学“以性为不可不言”，实则“而圣贤之实犹未著也”[1]黄震反诘道：“谓此借《家语》以排世之谈性命者，谓均之不知圣言尔。……虽然，濂洛性命之说大明于天下有日矣，水心思以易之也难哉。”[2]程朱理学据有官学正统的地位是既成事实，叶适根本不可能撼动这一固有格局。黄震甚至批评叶适“其说不能自白”[3]，这一批评虽然有一定道理，但不可避免地掺杂了朱子学的门户意识。

黄震对叶适的总体评价：

> 愚按乾淳间，正国家一昌明之会，诸儒彬彬辈出，而说各不同。晦翁本《大学》致知格物，以极于治国平天下，工夫细密。而象山斥其支离，直谓即心是道。陈同甫修皇帝王霸之学，欲前承后续，力拄乾坤，成事业而不问纯驳。至陈傅良则又精史学，欲专修汉唐制度吏治之功。其余亦各纷纷，而大要不出此四者，不归朱则归陆，不陆则又二陈之归。虽精粗高下，难一律齐，而皆能自白其说，皆足以使人易知。独水心混然于四者之间，总言统绪，病学者之言心而不及性，

[1]（宋）叶适:《叶适集·水心别集》卷六《孔子家语》，中华书局1961年版，第711页。

[2]（宋）黄震:《黄震全集·黄氏日抄》卷六八《水心外集·孔子家语》，浙江大学出版社2013年版，第2046页。

[3]（宋）黄震:《黄震全集·黄氏日抄》卷六八《水心外集·敬亭后记》，浙江大学出版社2013年版，第2027页。

> 则似不满于陆；又以功利之说为卑，则似不满于二陈：至于朱则忘言焉。水心岂欲集诸儒之大成者乎？然未尝明言统绪果为何物，令人晓然易知如诸儒者。[1]

在黄震看来，叶适虽然是永嘉学派的集大成者，其思想却与朱熹、陆九渊有着不同程度的交集，说明他也尝试折中调和朱子学、象山心学、浙东学派，即便是一脉所出的陈傅良、立场接近的陈亮，叶适也试图加以改进完善。朱熹、陆九渊、陈亮、陈傅良为南宋思想学术的四大家，叶适则“混然于四者之间”，遂为五大家。当然在黄震看来，叶适“欲集诸儒之大成”的努力并不成功，却反映了永嘉学派为代表的浙东学派，仍然是试图与北宋新儒学运动一脉相承，而其与程学的关系，是“接着讲”，而非全盘否定。这一评价基本上是公允的，肯定了叶适在南宋思想史上的独特历史地位。

除了黄震以外，同时期的著名史学家马端临（1254—1340）在其制度史研究巨著《文献通考》中大量抄录、吸收了永嘉学派的制度史研究成果，其中引用内容最多的“止斋陈氏”的议论，都出自已经失传的陈傅良的《建隆编》，不过马氏没有相应按语。引用量居其次的是“水心”或“水心叶适”，大多出自今本《叶适集·水心别集》中的《进卷》《外稿》，马氏有若干按语。

---

[1]（宋）黄震：《黄震全集·黄氏日抄》卷六八《水心外集·敬亭后记》，浙江大学出版社 2013 年版，第 2027 页。

（三）《宋元学案》的永嘉学派研究

黄震之后，元明两代虽不乏对永嘉学派只言片语的评价，但谈不上深入系统的研究。直到明清之际，黄宗羲发起编著《宋元学案》，经黄百家、全祖望补充完善后成书，在这部皇皇巨著中，永嘉学派才再次得到系统研究。

在永嘉学派研究中，《宋元学案》充分发挥学案体的优势，通过生平小传、论点摘抄、编者评点、传承谱系这四大板块，全面系统地呈现了永嘉学派。首先，《宋元学案》对永嘉学派相关代表人物搜集完备，师承谱系详尽具体，学脉清晰。在黄宗羲原稿中，周行己、薛季宣、陈傅良、叶适集中在一个《永嘉学案》（分上、下两部分）中，至全祖望则将其分立成了介绍“元丰九先生”的《周许诸儒学案》、薛季宣的《艮斋学案》、陈傅良的《止斋学案》、叶适的《水心学案》（上、下两卷），不只永嘉学派的代表人物薛季宣、陈傅良、叶适得到了深入研究，他们的学术传承系统也得到了整体展现，从而大大细化了对永嘉学派的人物研究。其次，《宋元学案》对永嘉学派的思想资料选辑精当，提要钩玄。《宋元学案》从永嘉学派代表人物的作品中大段摘录原文，而且取材精当，集中地反映了永嘉学派的一系列重要主张。其中为了全面反映叶适思想，《水心学案》用了两卷篇幅摘录《习学记言序目》《水心文集》。值得注意的是，《宋元学案》编者从《习学记言序目》卷四九《皇朝文鉴三》中全文抄录了《总述讲学大旨》，提示读者此篇文字是理解叶适哲学思想的经典文献，为后世永嘉学派研究指明了方向。此外，黄百家、全祖望还加了一些简明扼要的按语，以增进读者对原文的理解。因此《宋元学案》对叶适思想的理解不仅大大超越了黄震的《黄氏日抄》，成为长期被永嘉学派研究者引用的“第一手”资料。

除以上两点外，《宋元学案》最大的价值是客观评价了永嘉学派的价值和意义，下文通过该书的三位编者黄宗羲、黄百家、全祖望略加申说。

黄宗羲把南宋唐仲友的经制之学与薛季宣、陈傅良的永嘉学派做了比较，认为：“（永嘉学派）为说不与唐氏同，其源流则同也。故虽以朱子之力，而不能使其学不传，此尚论者所当究心者也。”[1]黄宗羲认为三人都源出于二程理学，都讲究“经制之学”，而且他们的研究有一定的价值，不应该任其失传。在评价朱熹、陈亮的王霸义利之辩时，黄宗羲发现陈傅良是倾向陈亮的，而当陈傅良把论战中朱熹的观点总结为：“如此，则汉祖唐宗贤于仆区不远。”黄宗羲便明确表示，自己更加赞同朱熹：“以是而论，则言汉祖、唐宗不远于仆区，亦未始不可。”[2]在《宋元学案》之外，黄宗羲还指出：“人唯志在事功，则学无原本。”并引用叶适的《陈同甫王道甫墓志铭》批评陈亮的事功是缺乏义理的事功。[3]又说“夫事功必本于道德，节义必原于性命。”[4]而关于“义

[1]（清）黄宗羲：《黄宗羲全集》第10册《南雷诗文集·学礼质疑序》，浙江古籍出版社2005年版，第24—25页。

[2]（清）黄宗羲：《宋元学案》卷五六，陈金生、梁运华点校，中华书局1986年版，第1840页。

[3]（清）黄宗羲：《黄宗羲全集》第1册《孟子师说》卷四《人有不为章》，浙江古籍出版社2005年版，第107页。

[4]（清）黄宗羲：《黄宗羲全集》第10册《南雷诗文集·明名臣言行录序》，浙江古籍出版社2005年版，第52页。

利”的关系问题，黄宗羲的观点是：“出于公者即为义，出于私者即为私。”[1]显然，黄宗羲是把主观动机（“心术”）作为根本的前提，这与朱熹是一致的。元人黄溍《送曹顺甫序》评价叶适“盖直目水心为文士”。黄宗羲认为此一评价对叶适并不公正：“（叶适）所言不无过高，以言乎疵则有之，若云概无所闻，则亦堕于浮论矣。”[2]黄宗羲批评了《习学记言序目》中的有些观点“不假梯级”“不无过高”，但不同意黄溍认为叶适“概无所闻”的观点，可见黄宗羲对叶适的褒扬虽然高于陈亮，但也是极其节制的。

黄宗羲对永嘉学派的总体评价：

> 永嘉之学，教人就事上理会，步步着实，言之必使可行，足以开物成务。盖亦鉴一种闭眉合眼，蒙瞳精神，自附道学者，于古今事物之变，不知为何等也。夫岂不自然而驯致其道？以计较亿度之私，蔽其大中至正之则，进利害而退是非，与刑名之学殊途而同归矣。此在心术，轻重不过一铢，茫乎其难辨也。[3]

黄宗羲指出，永嘉学派致力于改造客观世界，不同于一般的

[1]（清）黄宗羲：《黄宗羲全集》第10册《南雷诗文集·国勋倪君墓志铭》，浙江古籍出版社2005年版，第499页。

[2]（清）黄宗羲：《宋元学案》卷五四，陈金生、梁运华点校，中华书局1986年版，第1794页。

[3]（清）黄宗羲：《宋元学案》卷五二，陈金生、梁运华点校，中华书局1986年版，第1696页。

功利主义思想，而且对于道学内部不知经世致用、空谈心性的末流，有救偏补弊之效，他总结的永嘉学派的“事上理会”的观点，出自绍熙二年（1191）曹叔远与朱熹的辩论。但黄宗羲也警告说，“开物成务”与“有利害、无是非”的功利主义之间仅仅是一念之差，指出了永嘉之学容易产生异端倾向，而南宋的朱熹、陆九渊都抱有同样的担忧。

再看黄百家。他评价薛季宣之学：“汝阴袁道洁溉问学于二程……季宣既得道洁之传，加以考订千载，凡夫礼乐兵农莫不该通委曲，真可施之实用。又得陈傅良继之，其徒益盛。此亦一时灿然学问之区也，然为考亭之徒所不喜，目之为功利之学。”[1]薛季宣之学虽源出于程学，但永嘉之学最终走向了朱子学的对立面，即“功利之学”。黄百家还说：“永嘉之学，薛、郑俱出自程子。……亦遂为世所忌，以为此近于功利，俱目之为浙学。”[2]黄百家指出世间广泛流传的所谓永嘉学派“近于功利”，是朱熹及其后学的主观判断，即所谓“目之为功利之学”“以为此近于功利”，至于永嘉学派到底是不是“功利”，他没有明白剖析。

全祖望将“浙学”视为一个地理概念[3]，是浙江地区曾经出现过的各种儒学流派的统称：“浙学于南宋为极盛，然自东莱卒后，则大愚守其兄之学，为一家；叶、蔡宗止斋，以绍薛、郑之学，

[1]（清）黄宗羲：《宋元学案》卷五二，陈金生、梁运华点校，中华书局 1986 年版，第 1691 页。

[2]（清）黄宗羲：《宋元学案》卷五六，陈金生、梁运华点校，中华书局 1986 年版，第 1832 页。

[3] 吴光：《试论浙学的基本精神——兼谈“浙学”与“浙东学派”的研究现状》，载万斌主编：《浙学研究集萃》，上海古籍出版社 2005 年版，第 16 页。

为一家；遂与同甫之学鼎立，皆左袒非朱，右袒非陆，而自为门庭者。”[1]在全祖望看来，“浙学”自吕祖谦以后就分化成永嘉、陈亮、吕祖俭三支，相互之间没有思想上的共通性。在这三支中，功利倾向最严重的是陈亮：“永嘉以经制言事功，皆推原以为得统于程氏。永康则专言事功而无所承，其学更粗莽抡魁，晚节尤有惭德。”[2]全祖望还说：“永嘉经制之学，其出入于汉唐之间，大略与同甫等，然止斋进退出处之节，则渺不可及矣。”[3]因为陈亮与程学没有传承的关系，故其功利倾向也最为严重，乃至节操也有瑕疵，下于“以经制言事功”的永嘉学派一等。

全祖望还在《艮斋学案》中指出薛季宣师承程颐（1033—1107）门人袁溉，因此“其学主礼乐制度，以求见之事功，然观艮斋以参前倚衡言持敬，则大本未尝不整然”[4]。陈傅良则是：“止斋最称醇恪，观其所得，似较艮斋更平实占得地步也。”[5]所谓“醇恪”是以程学为标准的。但到了《水心学案》又奇峰突起，提出了“永嘉功利之说”：

[1]（清）全祖望：《鲒埼亭集外编》卷四四《奉临川先生帖子二》，载全祖望：《全祖望集汇校集注》，朱铸禹汇校集注，上海古籍出版社2008年版，第1683—1684页。

[2]（清）黄宗羲：《宋元学案》卷五六，陈金生、梁运华点校，中华书局1986年版，第1830页。

[3]（清）全祖望：《鲒埼亭集内编》卷二九《陈同甫论》，载全祖望：《全祖望集汇校集注》，朱铸禹汇校集注，上海古籍出版社2008年版，第562页。

[4]（清）黄宗羲：《宋元学案》卷五二，陈金生、梁运华点校，中华书局1986年版，第1690页。

[5]（清）黄宗羲：《宋元学案》卷五三，陈金生、梁运华点校，中华书局1986年版，第1710页。

> 水心较止斋又稍晚出，其学始同而终异。永嘉功利之说，至水心始一洗之。然水心天资高，放言砭古人多过情，其自曾子、子思而下皆不免，不仅如象山之诋伊川也。要亦有卓然不经人道者，未可以方隅之见弃之。乾淳诸老既殁，学术之会，总为朱、陆两派，而水心龂龂其间，遂称鼎足。然水心工文，故弟子多流于辞章。[1]

全氏指出，叶适与理学的分歧，远远超过象山心学与朱子理学的分歧，是种全新的思想流派（“要亦有卓然不经人道者”）。但是全氏没有解决这样一个矛盾：何以到了叶适这一代却需要去“一洗”“永嘉功利之说”呢？显然，这种“永嘉功利之说”在薛季宣、陈傅良那里就已经存在，但在《艮斋学案》《止斋学案》的“祖望谨案”中，读者只能读到叶“大本未尝不整然”“醇恪”，只是“以经制言事功”，并无任何“功利”的措辞。总之，全祖望既承认永嘉之学基本特征是“功利”，但是又将“功利”“事功”视为永嘉之学的赘疣或者是一种不成熟的思想状态，是叶适这位集大成者要加以“一洗之”的“污垢”，这种矛盾的态度，暴露了传统学术范式下把握永嘉学派思想发展脉络的最大困难所在。

（四）四库馆臣的永嘉学派研究

清乾隆中期开馆修纂《四库全书》后，大量永嘉学派著作经遴选、校对、缮录，收入《四库全书》。按照经、史、子、集四大

[1]（清）黄宗羲：《宋元学案》卷五四，陈金生、梁运华点校，中华书局1986年版，第1738页。

类，《四库全书》所收永嘉学派著作达二十一种之多。

经部七种：郑伯熊《书说》一卷、戴溪《续吕氏家塾读诗记》三卷、郑伯谦《太平经国之书》十一卷、张淳《仪礼识误》三卷、陈傅良《春秋后传》十二卷、戴溪《春秋讲义》四卷、戴溪《石鼓论语问答》三卷。史部三种：徐自明《宋宰辅编年录》二十卷、陈傅良《历代兵制》八卷、钱文子《补汉兵志》一卷。子部四种：王开祖《儒志编》一卷、叶适《习学记言》五十卷、（题）陈傅良《永嘉八面锋》十三卷。集部七种：周行己《浮沚集》八卷、刘安上《刘给事集》五卷、刘安节《刘左史集》四卷、许景衡《横塘集》二十卷、陈傅良《止斋文集》五十一卷、薛季宣《浪语集》三十五卷、叶适《水心集》二十九卷。

其中，戴溪《续吕氏家塾读诗记》三卷、张淳《仪礼识误》三卷、戴溪《春秋讲义》四卷、周行己《浮沚集》八卷、刘安上《刘给事集》五卷、刘安节《刘左史集》四卷、许景衡《横塘集》二十卷，原书亡佚已久，都是馆臣从《永乐大典》中辑佚所得，换言之，若无此次整理辑佚，这些著作恐永远消失于天地之间。这是《四库全书》对永嘉学派研究的重大贡献。

与《四库全书》编纂同步进行的是《四库全书总目》的撰写。馆臣为上述著作都撰写了内容提要，不但介绍了基本内容、文学水准、版本源流，也涉及了思想学术的评价问题。这些《提要》完成于乾隆四十六年（1781）、乾隆四十七年（1782）之间，从中可以看出四库馆臣对永嘉学派思想的认识。

在《永嘉八面锋》提要中，馆臣指出此书虽然是为了应付科举考试而编写的，但所收各文质量较高：“宋人好持议论，亦一代之风尚，而要其大旨，不失醇正。”[1]馆臣推断此书是永嘉学派学者的作品，并对永嘉学派的“事功”与“功利”下了这样的判断：

> 永嘉之学，倡自吕祖谦，和以叶适及傅良，遂于南宋诸儒别为一派。朱子颇以涉于事功为疑。然事功主于经世，功利主于自私，二者似一而实二，未可尽斥永嘉为霸术。且圣人之道，有体有用。天下之势，有缓有急。陈亮《上孝宗疏》所谓“风痹不知痛痒者”，未尝不中薄视事功之病，亦未可尽斥永嘉为俗学也。是编虽科举之书，专言时务，亦何尝涉申、韩、商、孔之术哉！[2]

馆臣首先认为永嘉学派是二程理学的一支，定型之后的思想主旨是“事功”，“事功”与“功利”根本不同，前者的主观动机出于公心，后者出于私心，因此永嘉学派不是为“霸道”服务的权术，其目的在于经世致用。馆臣认为朱熹将“事功”等同于“功利”，是一种误解。陈亮曾批评南宋有些学者“风痹不知痛痒”，正是指那些轻视事功的学者，这也是永嘉学派纠偏补弊的思想意义所在。

在《浪语集》提要中，馆臣肯定薛季宣是永嘉学派定型的开创者：

[1]（清）永瑢等：《四库全书总目》卷一三五，中华书局1965年版，第1148页。
[2]（清）永瑢等：《四库全书总目》卷一三五，中华书局1965年版，第1148页。

> 季宣少师事袁溉，传河南程氏之学。晚复与朱子、吕祖谦等相往来，多所商榷。然朱子喜谈心性，而季宣则兼重事功，所见微异。其后陈傅良、叶适等递相祖述，而永嘉之学遂别为一派。盖周行己开其源，而季宣导其流也。其历官所至，调辑兵民，兴除利弊，皆灼有成绩。在讲学之家，可称有体有用者矣。[1]

在薛季宣之前，永嘉学派学者受吕祖谦影响较多，思想渊源上更归属于二程理学一系，从薛季宣开始“兼重事功”，所谓“兼重”指的是在朱熹等理学学者“喜谈心性”的基础上，更增加了“事功”这一翼，故称为“有体有用”。馆臣准确地发现在薛季宣这里，永嘉学派与理学派的分歧还只是“所见微异”。但陈傅良、叶适沿着薛季宣“兼重事功”的方向持续展开思想创新，最终与理学分道扬镳。

对于陈傅良，馆臣引用《宋史·陈傅良传》称赞其学问：“自周行己传程子之学，永嘉遂自为一派，而傅良及叶适尤其巨擘。……然傅良之学，终以通知成败，谙练掌故为长，不专于坐谈心性。故《本传》又称傅良为学，自三代、秦、汉以下，靡不研究。一事一物，必稽于实而后已。盖记其实也。”馆臣还回顾了陈傅良与朱熹的交往历史：陈傅良曾拒绝书行允许朱熹辞职的录黄，陈傅良与朱熹在《诗经》学方面的观点分歧，陈傅良规劝朱

[1]（清）永瑢等：《四库全书总目》卷一六〇，中华书局1965年版，第1379页。

熹不要与陆九渊等人展开书信辩论。最终的结论是:“则傅良虽与讲学者游,而不涉植党之私,曲相附和。亦不涉争名之见,显立异同。在宋儒之中,可称笃实。故集中多切于实用之文……盖有本之言,固迥不同矣。”[1]馆臣认为宋儒喜欢持门户之见,相互倾轧,但陈傅良没有染上这种不良习气,与朱熹友好但并不随声附和,坚持自己的学术观点。馆臣所指出的这一点,实际上也是永嘉学派能够在南宋思想界自成一派的前提。

叶适《习学记言序目》在南宋面世后,陈振孙《直斋书录解题》批评其“义理未得为纯明正大”,刘克庄批评其“讲学析理,多异先儒”[2]。馆臣承认《习学记言序目》中存在一些离经叛道的内容:“语皆未当,此类诚不免于骇俗。”但是很多议论极有见地,瑕不掩瑜:“皆能确有所见,足与其雄辨之才相副。至于论唐史诸条,往往为宋事而发,于治乱通变之原,言之最悉,其识尤未易及。特当宋之末世,方恪守洛、闽之言,而适独不免于同异,故振孙等不满之耳。”[3]陈振孙、刘克庄囿于程朱理学的门户之见,没有准确全面地认识此书的价值。馆臣的这一意见在某种程度上反映了叶适去世后永嘉学派受到理学正统排挤的现实。

综上所述,《四库全书总目》虽然不是专门的思想学术史专著,却能准确把握永嘉学派总体发展脉络,抛弃了宋元时代独尊朱子学、贬抑永嘉学派的门户之见,将永嘉学派视为与朱子学平

[1](清)永瑢等:《四库全书总目》卷一五九,中华书局1965年版,第1370页。
[2](宋)刘克庄:《后村先生大全集》卷九四,四部丛刊本,第17页。
[3](清)永瑢等:《四库全书总目》卷一一七,中华书局1965年版,第1012页。

等竞争的一个流派。同时馆臣还对“事功”和“功利”这一对术语进行了剖析，而指永嘉学派为“功利”“计较利害”恰恰是朱熹经常使用的标签，故这一剖析实际上回应了朱熹的曲解。

（五）孙衣言、孙诒让父子的永嘉学派研究

孙诒让（1848—1908）认为：“乾嘉以来，巨儒辈出，而性理经术，各守其家法，不相假借，汉宋之间，益断断如也。某曩在京师，与方闻之士论当时门户之弊，常以为欲综汉宋之长而通其区畛者，莫如以永嘉之学。……既而东南大乱，承学之士，日即于芜陋，而达官贵人有以武功起家者，遂奋其私臆之论，以为胜朝流寇之祸，萌蘖于姚江；道咸以来，粤匪之乱，由于乾嘉之经学。乡曲之士，眩惑其说，莫知所适从。今相国合肥李公有忧之，以为此邪诐之说而荒蔑之原也，思欲刊布先儒遗书以救其弊。”[1]旧有的汉宋二元格局的学术范式既然已经不能适应时代的要求，就应该引入永嘉学以会通汉宋，来拯救文化。

孙衣言、孙诒让父子于光绪八年（1882）完成《永嘉丛书》编刊，收书十五种，民国四年（1915）冒广生编刻《永嘉诗人祠堂丛刻》收书十四种，黄群在1915年完成编刊的《敬乡楼丛书》收书三十八种，抗战爆发前永嘉区征集乡先贤遗著委员会抄写缮录地方文献四百零二种。在这四次文献编刻过程中，叶适、陈傅良、薛季宣等永嘉学派代表人物的文集、专著，都得到了刊刻、流布，为进一步研究打下了坚实的基础。

---

[1]（清）孙诒让：《孙诒让遗文辑存》，浙江人民出版社1990年版，第335页。

不但编刻《永嘉丛书》，孙诒让还编著了《温州经籍志》三十三卷，外编两卷、辨误一卷，记载了永嘉、乐清、瑞安、平阳、泰顺、玉环自唐代至清道光年间的温州人注疏，合计一千七百五十九部。其中宋代永嘉学派著述在数量上只占了极小部分，但是搜罗完备，不仅存世著述悉数收入，亡佚和未见著述也详加著录，对作者的生平提供简明的线索，考订存世版本、相关序跋、历代书目著录信息，不惮细碎，一一载录。最为可贵的是，孙诒让为晚清经学大师，学识渊博，他的按语往往自出机杼，深中肯綮，不但纠正前代序跋和书目的错误，而且能对永嘉学派学者的学术成就给予客观中肯的评价。

譬如郑伯熊《书说》，《四库全书总目》批评其误信《书序》[1]，孙诒让则指出《书序》在两汉就已经流传，与传世的《伪古文尚书》来源不同，不宜轻易否定，"《提要》为纪文达昀所纂，文达力攻古文，复旁及《书序》，故其言如此，非笃论也。"[2]《四库全书总目》在清代具有无可比拟的权威性，孙诒让从经学专家的角度说明此条提要撰写者的学术背景，批驳了相关不实之词。同时，孙氏还在此条中对郑伯熊生平和"郑敷文"的称号进行了考辨。又如薛季宣《书古文训》，孙氏赞扬道："推阐大义，不屑屑于章句，至偶涉考证，则援据郅为该博。"接着举了五个例子："若此诸条，皆精确不刊。"他赞扬薛季宣精于地理之学，故

[1]（清）永瑢等：《四库全书总目》卷一一，中华书局1965年版，第91页。

[2]（清）孙诒让：《温州经籍志》卷二，上海社会科学院出版社2005年版，第45页。

其《尚书》研究“凡涉地学，无不剖析详核，《禹贡》山川，尤所致意”。[1]

《瓯海轶闻》是孙诒让之父孙衣言（1815—1894）所编的温州历史文化资料长编。该书合计五十八卷，约九十五万字，现有上海社会科学院出版社2005年张如元校笺本行世。本书分门别类地辑录了与温州有关的历史资料，涉及内容极其广泛，囊括政区沿革、地方治理、山川风物、民俗民情等等。但“永嘉学术”各卷占去了甲集的二十一卷，字数约三十八万字，篇幅远远超过其他门类。在《瓯海轶闻·甲集自序》中，孙衣言认为永嘉学派的渊源，不仅包括“元丰九先生”代表的二程理学（“洛学”），而且包括“通经以致用”的胡瑗之学。此后自薛季宣至叶适诸儒“皆守胡氏家法，务通经以致之用，所谓经制之学也”。[2]《瓯海轶闻》甲集前二十一卷中，卷一为“学术总略”，总述永嘉学派的基本主张、历史地位。卷二“学术之始”介绍王开祖等“皇祐三先生”，卷三至卷四“洛学之传”介绍“元丰九先生”，卷五至卷一二“经制之学”介绍自郑伯熊开始的宋元永嘉学派学者，入选的名单大致按照《宋元学案》相关学案，其中很多人与永嘉学派关系比较疏远。卷一三至卷二一为“永嘉学术”，所列学者为宋元明清四代与永嘉学派无关的学者。孙衣言广泛采集经史子集文献，摘取相关记载，并施以按语，对相关历史细节进行考证。如朱熹在《答

[1]（清）孙诒让：《温州经籍志》卷二，上海社会科学院出版社2005年版，第53页。

[2]（清）孙衣言：《瓯海轶闻·甲集自序》，张如元校笺，上海社会科学院出版社2005年版，第1页。

陈同甫》中评价了陈傅良、叶适为陈亮抱膝亭所作诗篇："所惜不曾向顶门上下一针，犹落第二义也。"孙衣言引用其他文献考证了陈亮抱膝亭的由来，陈、叶二人赠诗的经过，以及陈亮对陈、叶二诗的赞赏态度，最后结论是："当时永嘉、永康之学与朱子离合异同亦约略可见。"[1] 从一个细节反映了南宋乾淳年间思想家的分化整合大势。黄震《日抄》卷六八专论《水心文集》，而黄震对叶适的有些观点并不赞同："至水心所论建四镇、买官田，实为轻于立言，不知帝王富强之本殊不在此。"孙氏说："黄氏驳之极当，故备录之。"孙氏没有对同乡叶适曲为回护，表现出一个严肃学者的客观立场，实属难能可贵。

（六）陈黻宸、林损的永嘉学派研究

陈黻宸（1859—1917），晚清进士，教育家、政治活动家，晚年（1913—1917）任教北京大学，教授诸子哲学，著有《诸子哲学》《中国哲学史》。今人编有《陈黻宸集》。陈氏对中国哲学的研究在形式上已具备现代学术研究专著的结构，但所使用的解释框架和术语体系，仍然囿于传统范式，可以说尚处于传统学术向现代学术转型的过渡形态。

陈黻宸虽无永嘉学派的专论，但在1908年发表的《南武书院讲学录》中阐述了永嘉学派的历史定位。陈黻宸注意到张栻对薛季宣"喜事功之心"曾有"喜字上煞有病"的批评："夫事功者为天下，非一己也，出于不得已之心，而非好事之心也。天下太

[1]（清）孙衣言：《瓯海轶闻》卷八，张如元校笺，上海社会科学院出版社2005年版，第244页。

平，国家乂安，民宁其居，乐其业，亦何事功之云。……大抵士大夫心性未定，视天下事若一举手投足之劳，无不可为，一遭蹉跌，则又尽丧其勇敢之气，退然不敢复撄其锋，此皆喜事功而不知其难故也。”[1]陈黻宸的观点与黄宗羲完全一致，都是担忧“事功”在失去“性命”的价值引领后会流入异端。陈黻宸又说：“然我又闻陆象山谓宇宙内事，皆己分内事。叶正则与及门言天下事，每激切哀痛，其声动人，闻者至泣下不自禁。呜呼！是亦发于心性之自然而不能自已者矣。盖心性之学，非空言静坐之谈也，以求夫仁义礼智信之扩充施于天下，一夫不获，时予之辜，愁然终日，不敢有佚乐之心，若舍我必无人任焉。”[2]“心性之学”必须见之事功，而不能流于空谈，但反过来，事功经制之学又是基于“心性之自然而不能自已者”。在《中国通史》中，陈黻宸主要从文武才用、经世致用的角度赞扬叶适：“水心于天下事得失兴衰有先见之明，往往不差毫黍，在圣门盖由、赐之徒也。”[3]他认为叶适相当于孔子门人中的子路、子贡，叹息南宋朝廷不加重用。

林损（1890—1940），他是陈黻宸的外甥，也是学生，1914年进入北京大学，任法预科讲师、教授，并在北京其他高校（北京师范大学、中国大学）兼职任教。1927年离开北大，先后在东北大学、上海交通大学任教。1929年，重回北大任教。1934年夏去职，到西北农林专科学校任教，抗战全面爆发后回瑞安家乡。

[1] 陈德溥编：《陈黻宸集》，中华书局1995年版，第642页。

[2] 陈德溥编：《陈黻宸集》，中华书局1995年版，第643—644页。

[3] 陈德溥编：《陈黻宸集》，中华书局1995年版，第988页。

林损著有《永嘉学派述》《永嘉学派通论》两篇专论。《永嘉学派通论》是篇幅较短的论文，发表于1919年的《唯是学报》。林损开篇即指出："离心性、事功以为二，道之裂也。独以永嘉诸子之学为经济之学，斯亦学之忧也。"林损反对将永嘉学派看作事功学派："夫务实黜虚、趋赴事功之说，世之人皆以称永嘉诸子者也，而水心以之指斥尹穑、王之望，谓之小人之论，何哉？盖天下惟真经济之学，必不肯空言以自表。彼惟深通其意，知其事之至难，而行险侥幸之至危，故必持之以至慎，养之以至厚，敛之以至密之地，然后放之则弥六合，沛然莫之能阻。是皆集义所生，非可以袭取而为也。"这与章学诚在《文史通义·浙东学术》中提出的"言性命者必究于史"颇有相通之处。

在林损之前，清末学者邓实（1877—1951）已经在光绪三十二年（1906）出版的《国粹学报》上发表了同名文章《永嘉学派述》，是历史上第一次使用"永嘉学派"这一专名。林损的《永嘉学派述》是他在中国大学任教时的讲稿，文中大段引用了陈黻宸《南武书院讲录》《中国通史》中对永嘉学派的评述，也多次引用和回应了邓实的观点。邓实认为学术"有心性之学，有经制之学。心性之学，其学易涉于玄虚，归于寂灭，此无用之学也。经制之学，究心实用，坐言而可以起行，经义而即以治事，此有用之学也"。永嘉学派就是"经制之学"，而且与程朱理学并驾齐驱："一时从党之盛，卓然自成其永嘉经制之学派。……以与中原心性义理之学而道驰。……而当世拘墟无用之儒，顾以功利少之。”[1]林损认为“夫邓氏之犁事功与心性为二途，非也”，因为永嘉学派的很多主张与理学是一致的：“我谓永嘉诸子之诵法周、孔，诋排佛老，攘斥新学，与当时诸家之说大体殆不甚相远，亦皆务为治者也。”[2]并引用《宋元学案》中全祖望的论断，指出永嘉学派“皆推原以为得统于程氏”[3]，并非与其并驾齐驱。林损也反对全祖望认为陈埴代表的温州朱子学终结了永嘉学派的观点，认为永嘉学派从王开祖、元丰九先生、郑伯熊、薛季宣、陈傅良、叶适直到陈埴，是一个完整的体系：“潜室视水心稍后出，故水心所论不之及，然水心固以景行勖诸生，岂欲划其时而无望于后来者哉？”[4]即陈埴受到了叶适的影响，继承了永嘉学派。根据这一思路，林损以存世别集、《宋元学案》《四库全书总目》为思想资料，对王开祖、林石、丁昌期、周行己、刘安上、刘安节、许景衡诸儒的生平、思想观点进行了摘录和点评，但未涉及此后的代表人物（薛季宣、陈傅良、叶适）。可以说《永嘉学派述》是一个半成品。

从林损的引用看，邓实更强调永嘉学派的独立性，而陈黻宸、林损对永嘉学派的认识受到了《宋元学案》的深刻影响，仍然从学派归属、学脉传承的角度为永嘉学派做了一个合法性论证，阐明永嘉学派并非异端，而是心性与事功兼备的儒学正统。应该说，

[1] 林损：《林损集》卷二，黄山书社2010年版，第354页。

[2] 林损：《林损集》卷二，黄山书社2010年版，第355页。

[3] 林损：《林损集》卷二，黄山书社2010年版，第356页。

[4] 林损：《林损集》卷二，黄山书社2010年版，第360页。

双方的观点都有其合理性，但揆之思想史的事实，亦各有难以自圆其说之处。

二、问题意识和研究进路

对传统永嘉学派认知史的梳理，有助于揭示本书的问题意识和研究进路。同时，由于本书是我与永嘉学派相关的第三部研究专著，因此基于新的问题意识和研究进路对前两部拙作做一深入的得失检讨，似乎也是颇有必要的。

（一）“标签化”与“去标签化”

从传统的永嘉学派认知史看，功利、事功、经制是三个常见的标签，历代研究者基于不同的背景和动机，从上述三个术语中取其一二作为永嘉学派的核心主张。如果从周行己至郑伯熊一系看，永嘉学派是二程理学南传的一支，而从薛季宣开始，永嘉学派已经与二程理学分道扬镳，并且遭到朱熹的严厉批评。于是围绕“性理”与“事功”两个标签，出现了各种各样的组合：或以为永嘉学派是理学派中偏重事功的一支；或以为永嘉学派与理学彻底决裂，但仍然是儒学内部的一个流派；或以为永嘉学派所秉持的“功利”“计较利害”主张，已经超出了儒学道德伦理的藩篱。毫无疑问，上述三种观点都把握了思想史事实的某一方面，但都具有一定的片面性。

首先，“功”与“利”组合在一起后，受到“利”所具有的贬义的拖累，“功利”一语趋向于贬义。而永嘉学派没有将“功利”

写在自己的旗帜上，相反倒是它在思想上的对手朱熹热衷于以此语为永嘉学派定谳。“功”字本身较“利”更为正面，故很多研究者也以“事功”一语来描述永嘉学派。

“事功”一语最早见之于《庄子·天地》篇，孔子弟子子贡说：“吾闻之夫子，事求可，功求成。用力少，见功多者，圣人之道。”[1]意思是，从事某一事，一定要追求可行；建立某种功业，一定要追求成功；只有圣人才能用较少的努力获得成功。“事功”也是宋人常用之语，在宋代语境中基本上是正面、积极的。如宋孝宗批评有些士大夫“好为倡为清议之说”，造成弊端是“便以趋赴事功为猥俗”。[2]此处的“事功”是光明正大地为国效力，建功立业。薛季宣使用“事功”一词，也是指官员建立工作业绩。[3]但叶适曾批评士大夫中的“小人”：“更为务实黜虚，破坏朋党，趋赴事功之说。”这些“小人”打着“趋赴事功”的旗号，以道德伦理为“虚”，以功利为“实”，“破坏朋党”即瓦解道学集团。而士大夫中的“君子之论”，则流于清谈，高谈者远述性命，而以功业为可略；精论者妄推天意，而以夷夏为无辨。[4]可见叶适既反对“以功业为可略”，专注于道德性命之学，也反对“小人”将“事

[1]（战国）庄周：《庄子译诂》，杨柳桥译诂，上海古籍出版社1991年版，第229页。

[2]（宋）李心传：《建炎以来朝野杂记》乙集卷三，徐规点校，中华书局2000年版，第541页。

[3]（宋）薛季宣：《薛季宣集》卷一六，张良权点校，上海社会科学院出版社2003年版，第199—200页。

[4]（宋）叶适：《叶适集·水心别集》卷一五，中华书局1961年版，第832页。

功”作为唯一的追求，从而毁弃道德标准。朱熹在作品中多次使用“事功”一语，基本上都是正面意义的，但有一处例外：

> 譬如今时士子，或有不知天分初无不足游泳乎天理之中，大小大快活，反以穷居隐处为未足以自乐，切切然要做官，建立事功，方是得志，岂可谓之乐而得其所也？[1]

这里的“建立事功”变成了令士子不能“游泳乎天理之中”的某种妨碍。但朱熹从来没有把“事功”当作一种特定的错误思想加以批判。吕祖谦曾向朱熹描述薛季宣的状态：“薛士龙归途道此，留半月，向来喜事功之意颇锐，今经历一番，却甚知难。”[2]无独有偶，张栻也致信吕祖谦指出：“薛士龙及陆、徐、薛叔似诸君，比恨未及识。士龙正欲详闻其为人，但所举两说甚偏，恐如此执害事。事功固有所当为。若曰喜事功，则喜字上煞有病。”[3]所谓“所举两说”到底是薛季宣的什么观点、何以张栻认为“甚偏”，现在已经不得而知。对于薛季宣的“喜事功之意”，张栻承认事功是必要的，但不能混淆主次，过分投入“则喜字上煞有病”。因此，程朱理学对事功本身并不反感。接近朱熹、吕祖谦的程学人士吴儆写道：“近来学伊洛者无如朱南康，吕东莱……

[1]（宋）朱熹：《晦庵先生朱文公文集》卷六一，载朱杰人、严佐之、刘永翔主编《朱子全书》第 23 册，上海古籍出版社、安徽教育出版社 2002 年版，第 2967 页。

[2]（宋）吕祖谦：《吕祖谦全集》第 1 册，浙江古籍出版 2008 年版，第 412 页。

[3]（宋）张栻：《张栻集》第 4 册，杨世文点校，中华书局 2015 年版，第 1134 页。

二公近来大段作实用事业，自三代圣人制田治兵，以至制礼作乐，皆穷其本，可以措而行之天下，不然，伊洛之学遂流而为禅家矣。”[1]吴儆指出了二程理学应该注意研究“三代圣人制田治兵，以至制礼作乐”等与现实问题密切相关的学问，从而“措而行之天下”，发挥儒学改造现实社会、实现经世外王的功能。

由此可见，“事功”之“事”，外延非常广泛，小到“洒扫应对”的生活细节，大到治国理政的“礼仪三千、威仪三百”，总之，主体在道德修养过程中与外部世界发生的一切互动都可以称之为“事”。但是在整个乾道年间至淳熙初年的气氛中，“事”就特指为“措而行之天下”的“实用事业”，宋元之际的学者刘埙谈及陈亮学说兴起的原因时说：“当是时，性命之说盛，鼓动一世，皆为微言高论，而以事功为不足道，独龙川俊豪开扩，务建实绩。”[2]在这一语境下，“事功”与“性命之说盛”形成了一对矛盾，“事功”成了针对“微言高论”流于空谈之弊的对症之药。用《易传·系辞上传》的话说就是：“举而措之天下之民，谓之事业。”

在宋代，“经制”有名词和动词两种用法。作为名词，“经制”义为“经久常行之制度”，此种制度与儒家经典并不存在必然联系。[3]如叶适评价陈傅良：“至古人经制、三代治法又与薛公反

[1]（宋）吴儆：《竹洲集》卷九，文渊阁四库全书本。

[2]（宋）刘埙：《隐居通议》卷二，文渊阁四库全书本。

[3] 孙邦金：《晚清温州儒家文化与地方社会》，人民出版社 2017 年版，第 165 页。

复论之。"[1]又说："而房、魏值其君，自定经制。"[2]可以说，"经制"是关于各个具体学科领域（财政学、地理学、历史学、水利、军事学等）的知识集成。但是，作为动词，"经制"又指通过整顿、管理确立法度，使某事有条理经久可行。如叶适说："昔李宪经始熙河，始有所谓经制中财用者；其后童贯继之，亦曰经制。盖其所措画，以足一方之用而已，非今之所谓经制也。"[3]"经制财用"即整顿财政之义。可能是因为"经制"一语在宋代过于常见，永嘉学派的三位代表人物从来没有用"经制"来概括自己的思想主张。但是，经制的名词用法和动词用法，都契合了永嘉学派对"道器"问题的思考，永嘉学派的制度新学就是"道"，而通过建设长治久安的制度来改造南宋社会的主张，则是动词用法的"经制"。

由上所述，功利、事功和经制都能够代表永嘉学派的部分思想主张，但都不是永嘉学派思想体系的核心问题，永嘉学派甚至极力回避与"功利"一语发生关系。虽然朱熹屡屡用"功利"批判永嘉学派，但他也深悉双方分歧的根本问题并不在于"经制""事功"这些标签本身。解除它们的标签性质，还原其在整个永嘉儒学思想体系中的地位和角色，尤为重要。

（二）对两部前作的检讨

在现代学术研究范式中，随着学科分化日趋严重，永嘉学派

[1]（宋）叶适：《叶适集·水心文集》卷一六，中华书局 1961 年版，第 299 页。

[2]（宋）叶适：《习学记言序目》卷四八，中华书局 1977 年版，第 716 页。

[3]（宋）叶适：《叶适集·水心别集》卷一五，中华书局 1961 年版，第 774 页。

研究成了中国哲学史与中国古代史研究中的一个交叉学科。在一般中国哲学的通论性著作中，由于总体篇幅的详略不一，永嘉学派的论述基本上能占到“半章”或独立的一章的地位。所谓“半章”，是指永嘉学派与陈亮（或称“永康学派”）共享一章，譬如陈钟凡的《两宋思想述评》第十六章《金华及永嘉永康诸学派》[1]，任继愈主编的四卷本《中国哲学史》[2]也将陈亮和叶适放在同章中，完成于二十世纪八十年代的冯友兰的《中国哲学史新编》第五册第五十六章名为《道学外的思想家——陈亮和叶适》，韦政通的《中国思想史》第三十八章则名为《陈亮与叶适》[3]。专章讨论永嘉学派思想的则有侯外庐主编的《中国思想通史》和牟宗三的《心体与性体》。这种研究现状大体反映了学术界认为永嘉学派不仅仅是一个区域性的学术团体，而且在南宋思想领域具有重要地位。

可是，提出现代学科分类体系意义上的“哲学”观点，仅仅是永嘉学派各位代表人物贡献中的一小部分。还原到历史时空中，这些人兼多重角色于一身：他们是从地方到中央各个层级上开展政治活动的实践主体，他们是区域文化乃至区域利益的代言人，他们还是涉猎广泛的具体学科（经学、史学、地理、军事、政治等）的研究者。如果不能多角度地理解这些“非哲学”的内容，就无法全面地把握永嘉学派的特点和贡献。反过来说，高度分化

[1] 陈钟凡：《两宋思想述评》，东方出版社1996年版，第259页。

[2] 任继愈主编：《中国哲学史》第3册，人民出版社1964年版，第269—270页。

[3] 韦政通：《中国思想史》，水牛出版社1980年版，第1209页。

的现代学科体系对这种研究视野可能会造成某种遮蔽。

我于2000年拜入业师何俊教授门下，蒙何师指示，以永嘉学派研究为博士论文主题，2005年4月，《永嘉学派与南宋温州区域文化的进展》顺利通过学位论文答辩。2007年，我以博士学位论文为主体出版第一部专著《永嘉学派与温州区域文化》（社会科学文献出版社2007年版）。正是有感于中国哲学史视野的局限性，我在这本书中考察了外部制度变迁（北宋中期太学法改革、南宋科场制度）对温州区域文化的影响，揭示了永嘉学派是如何利用科举制度传播其思想，研究了温州官僚集团从北宋后期到南宋的成长轨迹，以及这种成长对永嘉学派形成和崛起的支撑作用。永嘉学派是温州区域文化成长的产物，永嘉学派的异军突起也是宋代温州区域文化软实力的体现。

但此书付梓后，我即对永嘉学派研究产生了巨大的倦怠感和畏难情绪。个中原因，我直到若干年后才意识到，这本书虽然在薛季宣、陈傅良思想研究方面提供了一些新的视角，但在总体上回避了对永嘉学派思想逻辑本身的研究，而把重心完全置于永嘉学派成长的外部条件的研究上。作为区域文化史研究的个案，这样处理的新意是显而易见的，但从中国哲学史研究的方法和范畴看，这样的研究在事实上加剧了永嘉学派的“自我放逐”乃至“边缘化”的趋势。书中对温州籍士大夫集团政治运作、争取科举优势的细节刻画，使得“标签化”的问题非但没有解决，反而更加强化了永嘉学派汲汲于“功利”的刻板印象。

2008年，浙江省社会科学院哲学所启动了“浙江思想流派系列研究”系列。我受命承担其中的《永嘉学派永康学派研究》一种。意识到对外部条件的考察已无剩义可发，本书完全抛弃了对思想与制度环境互动的考察，而专注于审视永嘉学派和永康学派内在思想逻辑的联系，以此为起点，又追溯到吕祖谦，追溯到“浙东学术”这一概念在清代的成立以及对宋元明思想史解释的重大影响，再结合朱熹“（吕伯恭）其学合陈君举、陈同甫二人之学而一之”，“浙学”这一界定的独立意义乃得以豁显。于是我将叙述的主轴确定为南宋浙东学派崛起的共同的问题意识，以及由此引起的思想创见和学术实践，并于末章将其与朱学、陆学横向比较，试图勾勒出朱学、陆学、南宋浙东学派三足鼎立的南宋思想图景。2012年，此书以《道行天地：南宋浙东学派论品》（下文简称“《道行天地》”）为名在中国社会科学文献出版社出版。受区域文化史研究路径的影响，《道行天地》只是从温州这一下级地域范围跳脱出来，钻入了两浙这一较大的地域范围，但《永嘉学派与温州区域文化》轻视永嘉学派思想观点研究的重大缺憾总算得到了一定程度的弥补（特别是该书的第二章、第五章、第六章）。

可是，通过《道行天地》的写作和思考，我更加强烈地意识到永嘉学派的思想全貌也许仅仅显露出了冰山一角。2012年至今陆续发现的新的思想资料使我更加深切地意识到永嘉学派的思想体系是相当完整的，而其真正的思想价值尚未得到充分的揭示。以下对这两点分别略加论述。

第一，永嘉学派在哲学构建方面已经形成了相对独立的体系，而尚未得到全面研究。在以往的认知史中，永嘉学派被定位为程朱理学的批判者和质问者，这种定位当然与思想史的实际情况并不冲突，但在客观上也给人永嘉学派缺乏思想体系构建、“破大于立”“只破不立”的刻板印象，从而遮蔽了永嘉学派已经形成独立的思想学术体系这一事实。在《永嘉学派与温州区域文化》一书中，我直接以黄震的“其说不能自白”概括叶适思想，即反映了这种偏见。然而，通过更加深入全面地研究永嘉学派代表人物的作品（特别是经部和史部作品），并从程朱理学这一方面挖掘新的线索和资料，这种观点是不能成立的。永嘉学派在心性问题、宇宙论、工夫论（认识论）、义利观等一系列宋代新儒学的核心议题上，都已经形成了自己独特的思想观点。与此同时，永嘉学派还以细致深入的学术研究（尤其是经学研究和史学研究）论证了这一系列理论观点，并以自己的政治活动实践了这些思想主张。因此，永嘉学派的思想观点、学术实践、政治实践，是一个三位一体的完整体系。哲学是抽象的，后二者则是具体的，三方相互支撑，骨肉相连。从纵向的历史视野看，完整地理解永嘉学派的萌芽、成熟、定型的过程，就必须追溯到北宋王开祖《儒志编》、“皇祐三先生”和二程理学的温州传播。而在《道行天地》中，永嘉学派虽然占了不小的篇幅，但终究只是南宋浙东学派的一个子集，因此无法展开这一溯源工作。

第二，由于对永嘉学派很多重要观点的阐释尚存在空白，其思想创新的内在价值仍未得到正确的认识。吕祖谦虽然是“浙学宗主”，但其基本思想背景仍然是理学。他一方面致力于在理学内部改造理学、提升理学的思想冒险，另一方面又与朱熹通力合作，弘扬推广理学。理学的改造者与弘扬者的双重身份决定了他的思想具有很强的局限性和保守性。永嘉学派，尤其叶适，经过长达三十年的探索最终意识到了与朱熹在理论上的难以调和，南宋浙东学派的历史使命既不是从理学内部发掘经世致用的因素，也不是补齐理学所缺失的经世致用的本领，而是要在理论层面上驳正理学思想体系中最核心的心性论思想。薛季宣在《知性辨示君举》中提出了“性不可知论”，反对将“天命之谓性”作为儒学的认识对象，陈傅良在继承“性不可知论”的基础上，提出“道法不相离”，并批评理学视为圭臬的《尚书·大禹谟》“十六字箴”受到了老庄思想的污染，认为其谬误在于否定以制度建设改造客观世界是“道”的主要实践形式。叶适在《习学记言序目·总述讲学大旨》中否定了理学“心包万理”的预设，指出“心”并不先天具有真理，而只是有一种认识真理、探索真理的能力。叶适批评理学以《太极图说》为中心所构建的宇宙论体系是一个超出人的感官经验、违背常识、超越历史时空的形而上学的体系，在某种程度上已经被佛教思想所“污染”。他断然否认了理学道统论谱系中曾子的传道者地位。这些批判和反思都直击理学思想体系的核心和要害，引起了理学派的不满。

在理论创新方面，陈亮显然远较吕祖谦激进，他与朱熹展开的“王霸义利之辩”，恰恰是永嘉学派所缺乏的。但陈亮对经典阐释的路径兴趣淡薄，因此也没有能够将南宋浙东学派的基本立场用学术研究的形式加以论证和固定下来。这一伟大的工作，是由永嘉学派尤其是叶适完成的。从薛季宣开始，永嘉学派就高度重视通过经典阐释传播、论证自己的思想主张。薛季宣对《尚书》《论语》《春秋》《礼记·中庸》等经典都有训释，并在《中庸解》中旗帜鲜明地强调学习客观知识的“自明诚”，否定了“自诚明”的直观顿悟的认识方式，陈傅良更是通过《周礼说》系统阐明了南宋浙东学派改造南宋各种制度所要实现的“三代”制度典范，还通过《左传》研究提出了自己的史学思想。叶适的《习学记言序目》更是一部涵盖经史子集四部的百科全书式的学术专著，他通过对儒家经典、历史要籍、诸子百家的评点，提出了批评程朱理学心性思想、解构理学道统论的一系列全新观点。这些观点在理论锐气和原创性方面与陈亮不相上下，在学理阐释和经典引证方面更胜一筹。

简言之，两本前作留下的遗憾以及2012年以来新发现的思想资料所引发的新思考，促使我再写一本永嘉学派研究专著。

三、本书的任务和写法

本书的主要篇幅聚焦于永嘉学派哲学思想的体系性和创新性。此所谓“哲学”，主要是指宋代新儒学的核心议题本体论、工夫论、义利观等。所谓“体系性”，即不仅讨论其哲学思想，而且要呈现出永嘉学派的学术实践（经学、史学、政治学等领域的研究）对哲学思想的支撑作用和论证作用。而所谓“创新性”，意味着重点讨论永嘉学派与程朱理学的思想冲突和观点碰撞。至于面面俱到地介绍永嘉学派的人物、事件、著作和历史背景，不是本书的

任务。

（一）研究对象的确定

顾名思义，永嘉学派的代表人物的籍贯都隶属宋代温州，但并非所有宋代温州学者都是永嘉学派的成员。因此《宋元学案》相关四个学案的《学案表》固然是基本线索，具体对象的思想特征则是更加重要的标准，考虑到朱熹是永嘉学派最重要的批判者，他对永嘉学派的定性形塑了宋、元、明、清六百多年的永嘉学派认识史，因此本书不仅考察永嘉学派代表人物自己说了什么，还要研究朱熹对这些观点的回应和批判，从而挖掘出永嘉学派思想的独特价值。

这样一来，根据朱熹的指认，本书所讨论的永嘉学派特指活跃于南宋中期（1155—1223），具有鲜明“事功”特点、具有“经制之学”实践的儒家学派。以这一活跃期为起点，向上追溯到北宋王开祖为代表的“皇祐三先生”和周行己为代表的温州程学弟子“元丰九先生”，向下则探讨永嘉学派在传播中逐渐异化失传，同时融入近世儒学思想潮流的轨迹。永嘉学派在三位代表人物薛季宣、陈傅良、叶适的努力下完成了思想构建，而受此三人影响，一批重要学者联袂而起，如曹叔远、戴溪、陈武、徐元德、钱文子、朱黼等等。至于活跃于宋代温州的其他学者，如郑伯熊之后的二程理学学者（许及之）、朱熹的温州门人（叶味道、陈埴、徐寓等）、陆九渊的温州门人（如徐谊、胡崇礼）以及其他没有明确思想学术特点的士大夫，则不纳入讨论范围。

（二）在历史脉络中把握永嘉学派的思想逻辑

自绪论到第九章，本书共由十个部分组成。其中，本书的第一章到第五章是一个连续发展的思想逻辑轨迹，揭示了永嘉学派是如何从北宋新儒学、二程理学逐渐脱胎而成为以制度新学为重点的全新思想流派。本书根据叶适在《温州新修学记》中的叙述，从第一章到第五章大致按照时间顺序，勾勒了从薛季宣、陈傅良到叶适的永嘉学派的思想逻辑，在这一过程中薛季宣、陈傅良、叶适三人之间构成了复杂的继承、发展、修正关系。下面对永嘉学派的发展分期与代表人物做一简单介绍。

1. 准备期（1049—1155）

在北宋前期，温州是一个文化上颇为落后的偏远州郡，永嘉学派在崭露头角之前，进行了长时间的文化资本、社会资本和经济资本的交换和积累，形成了一个漫长的准备期。从仁宗朝“皇祐三先生”（王开祖、林石、丁昌期）开始，中经服膺二程理学的“元丰九先生”（1079—1127）最后在南宋高宗朝温州出现了一个庞大而有力量的官僚群体，分别属于赵鼎集团和秦桧集团，从而为永嘉学派的萌芽积累了社会资本。绍兴二十五年（1155），乐清王十朋（1112—1171）中状元，成了温州士大夫的楷模，永嘉学派定型期的领袖薛季宣、郑伯熊也开始活跃，准备期到此结束。

2. 定型期（1155—1173）

从绍兴二十五年（1155）秦桧去世，一直到孝宗乾道九年（1173）薛季宣去世为止，由于获得了有利其发展的全新政治环境，二程理学在朱熹、张栻、吕祖谦三人的带领下蓬勃发展。但以吕祖谦、郑伯熊、薛季宣为代表的程学人士开始担心二程理学“不能涉事耦变”，缺乏经世致用的本领。其中，郑伯熊继承了“元丰九先生”的二程理学传统的同时，也显现出某些关心制度之学的倾向。薛季宣则提出了永嘉学派与二程理学分道扬镳的一系列重要命题：他批判程学人士中“高者沦入虚无”的错误倾向，他反对《中庸》“自诚明”的功夫，认为孟子“尽心、知性”之说不确，“知性”不但不是一种功夫，而且“性不可知”。永嘉学派学者陈武秉持这一思想，在朱熹弟子徐寓面前正面批评了朱熹的“心统性情”说。薛季宣展现出的理论锋芒和大胆的思想冒险，导致吕祖谦与朱熹围绕他的身后评价发生了分歧。

3. 鼎盛期（1173—1195）

自乾道九年（1173）薛季宣去世至宁宗庆元元年（1195）庆元党禁开始二十二年间，永嘉学派进入了鼎盛期。陈傅良是这一时期永嘉学派的旗手和领袖，陈傅良在道器观、制度新学、天理分数论等问题上多有创新，将其熔铸为“道无内外，学则内外交相明”的理论体系。在光宗绍熙年间（1190—1194），陈傅良的学术声望一度与朱熹相颉颃，叶适、蔡幼学（1154—1217）、徐元德（1139—1201）、陈武、曹叔远也崭露头角，永嘉学派人才济济。在宁宗庆元五年（1199）陈傅良去世前，朱熹已经将永嘉学派视为与象山心学同样危险的论敌。

4. 总结期（1195—1223）

持续十年（1195—1205）的庆元党禁打断了永嘉学派持续上升的势头。嘉泰三年（1203）陈傅良去世，加之此前吕祖谦

（1181）、陈亮（1195）相继去世，使得叶适不仅接过了永嘉学派领袖的接力棒，也成为南宋浙东学派的最后一位大师。他在晚年潜心治学，将平生学问和思考总结为《习学记言序目》，此书的写作时间长达十六年（1207—1223），以读书笔记的形式横跨经史子集四部文献，提出了一系列真知灼见，确立了永嘉学派的思想特点，也使得叶适成为永嘉学派乃至南宋浙东学派的集大成者。但与此同时，程朱理学的官学化进程也已启动，永嘉学派面临的外部环境逐渐恶化，叶适已经无力加以改变。

5. 衰落期（1223—1276）

南宋的最后五十多年中，永嘉学派进入了漫长的衰落期，一方面陈傅良、叶适的门人不能继承永嘉学派的思想学术，另一方面程朱理学成为官学正统的步伐无法阻挡，永嘉学派则群龙无首，一度鲜活且与时俱进的“永嘉学派”逐渐固化为“永嘉学术”，人与人之间的代际传授逐渐消失。同时，程朱理学在批判永嘉学派的同时，也吸收借鉴了其学术长处，使得永嘉学派融入了近世儒学思潮，获得了新的生命力。

三、思想创新与学术实践相互支撑

虽然本书不会展开讨论永嘉学派人物的政治实践，但力图凸显思想观点与学术实践的一体贯通，使永嘉学派的哲学思想、政治思想、经济思想立体化、全面化。永嘉学派在哲学思想领域的创新，贯穿于政治学、经济学、经学研究、史学研究中。

具体而言，经学和历史学的学术实践支撑了他们的思想观点和对理学的批评。政治思想是改造现实社会、经世致用的具体举措，也是永嘉学派用力较深的领域。经济思想则直接关联到永嘉学派的义利关系论、富民思想，是理解永嘉学派“功利”特征的重中之重。

在此之外，永嘉学派还提出了一系列文学思想、军事思想教育思想、人才思想等，本书将尽可能地融入相关章节中加以介绍。文学思想内容较为丰富，本书在讨论永嘉学派通过科举传播思想时有所涉及，更为深入全面的研究有俟相关专著。军事问题则结合政治思想和史学研究的历代兵制研究加以讨论。教育和人才思想则结合工夫论问题讨论。

《面圣：宋代奏对活动研究》序论

王化雨

一、问题的提出

本书希望以宋代的奏对活动为切入点，分析宋代君臣之间信息交流的途径以及制定决策的方式，从而加深对两宋皇权政治的理解。这里所说的“奏对”，指君臣之间进行的面对面交流活动。书面信息交流不在笔者所讨论的“奏对”定义之内，但在实际政治运作中，书面信息交流与面对面交流往往难以切割，故文中也会涉及宋代的一些君臣之间书面信息交流。

宋代政治史研究的核心问题之一是如何认识宋代的皇权。中国宋史学界以往对皇权的研究，往往有三种方式：一是从权力结构入手，考察宋代皇帝的权力在整个权力体系中究竟占有怎样的比重；二是分析宋代与皇权相关的各种政治制度，以此了解皇权的特性；三是对各个皇帝进行研究，分析不同特点的君主如何影响政治走向。

宋代皇帝与官僚，尤其是宰辅大臣，谁拥有更多的权力，曾是学界讨论的焦点。比较有代表性的研究成果，是钱穆先生的《论宋代相权》[1]。在这篇论文中，作者指出，宋代皇权较之唐代大为增强，相权却明显被削弱。这一观点得到了很多研究者的认同。如邓广铭先生在《北宋的政治改革运动与祖宗家法》[2]一文中就有相似的论述。

二十世纪八十年代之后，学术界出现了对这种观点的质疑。王瑞来先后发表了《论宋代相权》《论宋代皇权》两篇论文，认为宋代的实际情况与钱穆的看法恰恰相反，相权不仅没有削弱，反而有所强化，而皇权则因相权的增强而弱化，甚至出现"皇权虚化"的现象。张邦炜教授则认为，宋代皇权较之唐代明显增强，而相权也不弱。二者不是互相排斥，而是互相依存、"共治天下"的关系。张其凡通过对北宋初期政治的研究，也认为宰相的权力并不像以往认为的那样弱，皇权并不如以往认为的那样强，二者互相制约。

上述研究，深化了我们对宋代皇权特性的理解，但也存在着不足。首先，学者们用以度量皇权与相权的基本概念，如"大""小""强""弱"等，内涵并不清晰。何谓"大"？何谓"强"？既不容易予以严格界定，也不容易形成共识。在分析一些比较复杂的宋代政治现象时，这样的分析方法更显得难以适用。

[1] 钱穆：《论宋代相权》，《中国文化研究汇刊》1942年第二卷。

[2] 邓广铭：《北宋的政治改革运动与祖宗家法》，《中华文史论丛》1986年第3辑。

例如，从《续资治通鉴长编》（以下简称“《长编》”）等文献中，我们经常可以看到，宋代政策的出台，往往是经由以下过程：皇帝先将相关的文书降付宰辅，宰辅看详文书，加以分析讨论，然后上殿覆奏。皇帝在宰辅覆奏后，参考宰辅的意见，提出决策方案，宰辅再对此加以评述，双方经过反复讨论，达成共识，最后颁旨施行。在这一过程中，究竟哪些环节属于皇权，哪些环节属于相权？是皇帝还是宰辅发挥着更“大”的作用？恐怕是难以说清的。

其次，上述讨论在研究方法上也不免存在缺陷。李伯重曾经批评宋代经济史研究中“选精”“集萃”的方法。在关于宋代皇权的研究中，同样也存在着“选精”“集萃”的现象。一些研究论文，将许多与自己观点相符的事例，从纷繁复杂的政治过程中抽离出来，再加以拼合，却没有顾及大量与之相异、相反的事例存在。表面上证据充足，实则难以令人信服。在这样的背景下，宋代皇权的争论看似十分激烈，参与者却不免有自说自话，难以形成确切的结论。

从深层次上看，宋史研究者关于皇权与相权孰强孰弱的争论，似乎受到西方政治学的影响。在西方学者看来，政治的关键之处，就在于主权究竟为谁所有，并由此引发出权力分配和权力制衡等问题。但中国传统政治却未必与西方雷同。如钱穆等学者所言，中国传统政治，重点不在于主权属于谁，而在于政治上的责任该谁负。研究者常常将宋代官僚对皇帝言行加以规正视为制衡皇权，但在宋人看来，对皇帝的言行加以引导和规谏，其实是协助皇帝更好地行使权力，是尊君权的表现。进而言之，何谓“权力”，中国传统政治观念与西方观念恐怕都不完全相同。[1]如果完全站在西方的立场上，以“分配”和“制衡”为视角来进行讨论，未必能使我们对宋代皇权政治的实际情况形成切实的了解。要真正把握宋代皇权，我们的讨论重点，似乎应从皇帝究竟拥有多大的权力，转到皇帝究竟通过怎样的方式来行使权力上；从宰辅等官员是否能制衡皇权，转到官僚士大夫究竟通过怎样的途径，参与到政治过程中，从而辅佐皇帝行使权力上。

皇帝统治，离不开相应的政治制度。在宋代皇权制度的研究方面，学界已然取得了丰硕的成果。例如张邦炜、朱瑞熙对于宋代皇帝制度、宫廷制度的研究，梁天锡对于宰辅制度的考述，虞云国、贾玉英、刁忠民对于宋代台谏制度的分析等，皆为其例。[2]通过对政治制度的分析，我们既可以了解皇帝能调度的各种政治资源，也能明白皇帝处理政务时需要遵循的种种言行规范。

不过，既有的制度史研究中，也存在着一些问题。其一，研究者往往就制度而论制度，没有将制度的演变、运行，与其他因素结合起来考察。只要对史实加以考察，我们就不难发现，在不同的君主统治时期，各种政治制度往往会有差异。即便是制度的条文规定没有变，其运行的实态，也常常会因为时代背景、政治环境的不同而有差异。对此，既存的研究尚有欠缺。

[1] 甘怀真：《皇权、礼仪与经典诠释：中国古代政治史研究》，华东师范大学出版社2008年版。

[2] 朱瑞熙：《宋代政治制度史研究述评》，载包伟民主编《宋代制度史研究百年》，商务印书馆2004年版。

其二，在研究方法上，既存的制度史研究常常采用“剪贴史学”的方法，先罗列制度规定，再填充若干事例，证明制度确是如此运行的。或者是列举一些与规定不符的事例，以证明制度没有得到很好的遵循。对于为什么某些制度规定会得到落实，为什么某些制度规定在实施中出现了偏差，偏差是如何出现的等问题，虽有说明，却往往较为浮泛。事实上，制度由条文规定，到付诸实施、产生效果，往往经历了一个复杂的过程。而“剪贴史学”的研究方法则将这一过程忽略了，其结果是我们无法弄清历史的原貌，丧失了大量有用的信息。

其三，现有的制度史研究，有时没有完全跳出宋元学者的认识模式。在选择题目时，学者常常是以某一个机构或某一类官职，如中书门下、御史台为研究对象，渐次分析其沿革、建制、职能等，这在很大程度上没有脱离《宋会要》《文献通考》《宋史·职官志》等文献的叙述框架。而制度史研究的一些结论，如宋代制度“重屋叠架”、宋代官僚“冗官冗员”以及宋代政治文化“重文轻武”等，也往往都是宋元学者论述过的。宋元学者的认识对于我们了解宋代政治具有不可替代的参考价值，但如果不能超出这种认识，研究恐怕难以形成真正的突破。

研究者对于宋代的诸位皇帝也做了不少分析。两宋历朝皇帝，均已有人为其撰写传记。对于某些重要的皇帝，学者也撰写了一些相当有分量的论文，如邓广铭《论宋太祖》、张其凡《论宋太宗》、柳立言《南宋政治初探——高宗阴影下的孝宗》、胡昭曦《宋理宗的“能”与“庸”》等。对于宋代一些无皇帝之名，有君主之实的女主，张邦炜等研究者也进行过深入讨论。

通过研究各个皇帝的个人性格、功过得失及其与臣僚的关系，我们不难窥见各时段的政治特点。不过研究者在分析宋代帝王时，往往带有强烈的价值判断和道德判断。而这类主观判断，不免会“引导”着研究者，有意无意地突出某些史实，同时又忽视某些史实，结果使得历史的全貌不能得到呈现。

学者们在研究帝王时，对于与其相关的一些“大事”以及重要决策，往往予以高度关注，而对于一些日常性的事务，以及较为具体的细节，则往往重视不够。例如，陈国灿、方如金所著《宋孝宗》，在正文中用不少篇幅描述孝宗时期隆兴北伐、宰执任免等事务，而关于孝宗的日常施政、生活细节，则仅仅简单地附录于书末。之所以会这样，是因为研究者觉得日常小事与大事相比不太重要，不需详细分析。事实上，何为“重要”，全在于研究者所面对的问题是什么。事实上日常细节之中，体现着很多隐而不显，却在深层次上影响着政治演进的因素。例如，一段时期内政治人物所共有的行为习惯、被政治人物所共同接受的理念、影响决策过程的不成文惯例等，均需要通过更多地通过各种“小事”来进行分析。

总而言之，既有的宋代皇权政治研究，在各个方面，都有不小的成绩，但也存在有待加强之处。尤其是一些认识，似已进入瓶颈。如讨论宋代皇权的特点，不外“强化”与“弱化”两种结论，讨论君臣关系，则不出“相互制约”的认识框架。而要有所突破，不仅需要在史料上进一步挖掘，更需要在研究的视角、方法上有所突破。

有鉴于此，笔者认为，应将注意力集中在皇权的运行方式上。所谓皇权运行方式，即皇帝如何在臣僚的协助与制约下，采取不同策略，调度不同的政治资源，解决各种政治问题，从而实现自己对国家的掌控。在这一过程中，我们既可以看到皇帝制度的动态表现，也可以看到制度运行过程中皇帝的行为，以及种种复杂的政治关系。通过对皇权运行方式的分析，我们可以真正地发现不同层面、不同领域的各因素之间的实在联系，从而重建宋代政治场景。

当视角转向“皇权的运行方式”之后，以往政治史、制度史研究中惯常选取的种种切入点，如机构建制、条文规定、事件始末、人物生平等，便显得不再完全适用。我们需要找到的是一个能将多种不同层面因素贯穿在一起的线索。在这样的考虑下，“信息渠道”“信息交流”是比较合适的切入点。

政务的运行，在很大程度上就是政务信息在不同机构、人员之间流动的过程。信息被收集、传递、处理的方式，直接影响着政策的制定和实施。不同人员、机构在各个环节上对于信息的掌控能力，体现着实际政治中的权力格局，而连接政府不同层级之间的信息渠道的运行实态，体现着政府内部的种种关系。所以，只有对信息交流活动和信息渠道的运行形成深入理解，才能真正对当时的政治形成切实理解。同时，信息交流活动往往牵涉面极广，制度规定、政治人物的态度、政治势力的消长、政治环境的变化，都会直接或间接地与其发生互相影响。因此，如果我们能对信息渠道、信息交流进行深入分析，可以从中发现影响政治的诸多因素究竟是怎样连接在一起的。

信息交流，不外文书交流与面对面交流两种方式。就目前的研究来看，文书交流得到的关注较多，成果也比较丰富，而对于面对面交流，则缺乏足够的细致分析。之所以如此，一方面，中国古代史领域素有文书研究的传统，提供了不少成熟的研究方法，比较容易为后人借鉴；另一方面，古人留下的文书资料十分丰富，面对面交流的记载则相对单薄一些，而且比较分散，不容易整理。不过，面对面交流毕竟也是信息交流的重要方式，如果不进行深入研究，恐怕不足以弄清宋代政治运作的全面情况。

面对面奏对，相对于章奏文书交流，在某种程度上可能更为重要。首先，宋代皇帝每日面临大量的章奏，绝不可能一一阅读，因此大部分章奏中所含的信息是不会传至帝王的耳目之中的。但在奏对中，由于是面对面直接接触，故臣僚所言，必定会被帝王知晓。其次，章奏的传递，往往需要经过多次中转，保密性有限，故臣僚经常不会在章奏中陈述过于敏感和机密的事件。而奏对的保密性相对较高，臣僚在面奏时顾忌较少，所以涉及的内容往往较章奏更具实质性意义。

对于讨论皇权运行方式而言，奏对活动也具有很高的研究价值。奏对活动，是皇帝听取政务汇报、进行决策的舞台，每一位君主的个性，都会在奏对中得到充分展示，通过奏对，我们可以对不同君主的特点有更多了解；同时，奏对也是皇帝与臣僚直接接触的场合，这对于二者关系的形成、维系、演变，都会产生直接影响，考察奏对活动，有利于我们对宋代的君臣关系形成立体的认识；此外，奏对中君臣双方的言行举止都受相应的制度制约，我们可以通过奏对看到“人”是如何与“制度”形成互动的。因此，笔者选取宋代奏对活动为研究对象，以补充既有研究的不足，同时希望以此对宋代的皇权政治形成更多的认识。

二、前人研究成果述略

宋史学界较早涉及宋代奏对活动研究的是朱瑞熙先生《中国政治制度通史》之《宋代》卷。在这一专著中，朱先生也用一定的篇幅讨论了各种奏对活动，如“皇帝坐殿视朝听政”“两府分班或合班奏事”“臣僚上殿奏事”“大臣留身奏事”“经筵官的议论”等。朱先生的研究，对宋代奏对活动的整体状况、各种奏对相关的制度规定以及奏对活动的演变过程等均做了鸟瞰式的叙述，这使得我能对宋代奏对活动的基本面貌形成比较清晰的认识，并在此基础上展开进一步的研究。

作为开创性研究，朱先生著作的贡献是毋庸置疑的。但不足之处亦有。在一些制度细节上，朱先生未免有疏漏之处。如在讨论两府宰执的分班与合班奏事时，朱先生认为，北宋前期，两府一直是分班奏事，至仁宗时期，开始合议相关的军务。此后，屡有合议之现象。而到了南宋时期，大致宰相兼领枢密院事时，两府合班奏事较多，而不兼领时，分班奏事较多。但据《长编》可知，在真宗时期，两府已经较多地合班议事，而据《建炎以来系年要录》(以下简称“《系年要录》”)，在建炎至绍兴的一段时间中，宋廷曾明确规定无论宰臣是否兼枢密院长官，两府皆须合班奏事，而不再分班。可见，在制度细节上，我们还是可以对朱先生的研究有所补充的。

虞云国在《宋代台谏制度研究》[1]中，讨论了台谏官员上殿奏事的制度和基本情况。对于宋代台谏的奏事，虞云国有“直前奏事”“集体奏事”“伏閤言事”等分类，并讨论了这些奏事类型之间的差异，皇帝对其的态度，以及台谏官员如何利用不同的奏事方式来达到自己政治目的等情况。对于我们了解台谏官员的政治活动有很大帮助，对于研究奏对活动也很有启发。不过，在叙述台谏的奏事类型时，虞云国也有遗漏，南宋时期，“每除台谏，必兼经筵”，台谏官兼任讲读官的情况比较普遍，因此，经筵讲读和讲读后的问对，实际上也成了台谏官员面君奏事的重要契机，甚至在一些时候，如权相当政时，经筵对于台谏官的意义，比其他奏事活动更为重要。对于这种情况，我们应予以重视。

地方官员的见、谢、辞奏事，是宋代奏对活动的重要构成部分，对于这一问题，苗书梅撰有《朝见与朝赐——宋朝知州与皇帝直接交流的方式初探》[2]。文章对于宋代“朝见”与“朝辞”的含义、见谢辞制度在宋代的演变、皇帝和官僚在见谢辞中所具有的期待和愿望、见谢辞的影响和作用做了较为全面的概括，使我

[1] 虞云国：《宋代台谏制度研究》，上海书店出版社2009年版。

[2] 苗书梅：《朝见与朝赐——宋朝知州与皇帝直接交流的方式初探》，《首都师范大学学报》2007年第5期。

们对见谢辞这一奏对活动的整体面貌有了比较清晰的认识。然而就制度的运行实态而论，苗文依然具有进一步拓展的余地。

转对、轮对是宋代中低级官员面君奏事的主要渠道。徐东升、陈晔对此做了初步的论述。这两篇专论，为我们勾勒出宋代转对、轮对的大体样貌，同时也指出了转对制度与政风等因素之间的紧密联系，具有较高的学术价值。然而对于一些制度细节，两文似乎没有完全予以厘清。此外，对于北宋、南宋之间的制度差异，两文也关注得不够。

经筵是宋代君臣进行面对面交流的又一场合。朱瑞熙先生于二十世纪九十年代，开全面研究宋代经筵制度之先河。进入 21 世纪后，邹贺又在其基础上做了更为深入的分析。就相关制度而言，既有研究已经论述得相当全面。对于经筵的政治功能，目前的研究者也把握得比较到位。但对于君臣双方究竟是如何在经筵这一场合中进行互动的，哪些因素影响着经筵交流的进行等细致问题，似乎还有继续讨论的必要。

赵冬梅《试论通进视角下的唐宋閤门司》《试论宋代的閤门官员》两篇论文分析了宋代负责赞导官员朝见、通进奏章的閤门司官员所具有的职任。通过这两篇论文，我们对于宋代官员入朝奏对的一些基本制度，尤其是赞导、排班等较为具体的规定，有了较之以往更为清晰的认识。同时，对官僚入朝奏对过程中所可能遭遇到的障碍，也有了更多的了解。

赵冬梅论文的涉及閤门官员在赞导官僚入朝奏对以及提醒皇帝掌握视朝的时间和节奏这两大功能。但在具体论述时，往往更多的是依据相关的制度条文，对相关实例分析得较少。其实在宋代文献中，相关的记载虽然不多，但绝非没有。例如周必大在《思陵录》中，就细致地描写了孝宗淳熙时，沈清臣轮对，奏事逾时，两次遭到知閤门事张嶷的干预，而沈清臣却始终不为所动，最后在孝宗的首肯下，完成奏事。这一事例不仅形象地反映出閤门官员是如何履行其协助皇帝掌握视朝时间的功能，更提醒我们閤门官员在行使职权时也可能受到官僚士大夫的抵制。此外，对于閤门官员排班的依据，也应加以考述。

日本学者平田茂树经过对日本“唐宋变革论”研究视角的反思后，提出以“政治过程”“政治空间”为切入点，对宋代政治做微观分析。他在《宋代政治构造试论——以议与对为中心》《周必大〈思陵录〉〈奉诏录〉所见之南宋初期政治构造》《宋代的政治空间：皇帝与臣僚交流方式的变化》等论文中，较为详细地阐述了自己关于宋代“政治过程”“政治空间”等问题的看法。这些研究整体上加强了我们对于宋代皇帝与臣僚交流方式、决策制定过程的认识。就奏对制度而言，平田茂树根据相关文献记载，进行了鸟瞰性的概括，并对不同奏对活动的差别，做了简明扼要的分析。

平田的研究，在方法论上，无疑是发人深省的，他提示我们对以往政治制度史的视角、选题、史料运用等进行深入反思。但在实证研究的层面，平田的一系列论文似乎尚有缺陷。从整体上看，虽然平田努力要突破以往政治制度史研究中过于宏观的“类型论”的缺点。但他的论文，仍有着宏观论述过多、细致具体分析不足的弱点，在奏对的时间、空间、制度细节等方面有不少讨论的余地。

平田在其论文中，曾强调过两个基本的论点。一是唐代的政治空间，以宰相之间的“议”为主，而宋代尤其是北宋则以君主和臣僚之间的“对”为主。这一观点，明显是内藤湖南关于唐宋时期政治体制由“贵族协议制”向“君主独裁制”转变看法的延续。从大体上讲，是没有问题的。但对于宋代“议”与“对”之间的关系，似乎处理得稍显简单。二是北宋时期，皇帝与臣僚之间的交流，主要以面对面的奏对为主，而在南宋时期，则转为以御笔手诏等文书形式的交流为主。这一看法，很有新意，但能否成立，似还可以进一步讨论。就《长编》等文献的记载来看，北宋皇帝与大部分臣僚之间的交流，仍是以章奏、诏敕等文书为媒介进行的，虽然按制度规定，能够面见皇帝奏事的人很多，但最终真正能够得到奏事机会的臣僚毕竟只占少数。而在南宋时期，虽然正如平田所说，因各种原因，常规奏对活动的开展，不如北宋时有效，但很多处于常规行政制度之外的奏对活动，例如内引奏事、经筵、夜对等，却较北宋有所发展。能够利用这些奏事机会与皇帝进行交流的臣僚范围也较北宋有所扩大。所以，不宜对两宋时期君臣交流方式的变化做出过于简单的判定。对宋代奏对活动，我们应该在平田的基础上做出更为细致的分析。

总而言之，据现有的研究，我们基本可以对宋代奏对活动，形成一个大体完整的概括性了解，但是，对于不少细节性问题，如各种制度的具体演变过程等，还有很多不明确的地方。此外，研究者在分析奏对活动这一“新”问题时，所具有的眼光却常常不是很“新”。如同研究其他问题时那样，他们多将注意力集中在与奏对活动相关的条文规定上，对于更复杂的因素，却往往不太重视。这使得在很多时候，我们只能就奏对看奏对，无法通过奏对活动，去看宋代政治更深层次的问题。因此，在视角和方法上，也还有很大的提高余地。

除了直接研究奏对活动的论著外，近年来，宋史学界还涌现出一些以信息渠道、日常政务运行为主题的研究成果。例如邓小南主编的论文集《政绩考察与信息渠道——以宋代为重心》、邓小南、曹家齐、平田茂树主编的论文集《文书·政令·信息沟通：以唐宋时期为主》，可以说是研究者在唐宋政务信息传递问题上的阶段性成果。这两部论文集的创新之处，不仅体现在议题的新颖，更体现在视角的转换上。如邓小南所言：“讨论的重点，不在于制度的设计，而在于实际的运作”[1]。换言之，作者所注意的，不再是唐宋时期存在哪些信息渠道，以及有哪些与之相关的机构和条文规定，而是不同的信息渠道是以怎样的方式和过程运行的，以及位于不同信息传递环节中的各社会人群，是如何对信息进行收集、理解、处理的。这种思路，对笔者有很大的启发。此外，周佳《北宋中央日常政务运行研究》、田志光《北宋宰辅政务决策与运作研究》，也涉及宋代的君臣奏对，具有借鉴价值。

除了宋史研究者外，其他断代史的学者也曾对中国古代的奏

[1] 邓小南主编：《政绩考察与信息渠道——以宋代为重心》，北京大学出版社2008年版，第16页。

对制度进行过研究。这些成果，同样值得借鉴。

秦汉史方面，廖伯源著有《秦汉朝廷之论议制度》一文，详细梳理了秦汉时期朝廷进行的各种“论”与“议”，廖文中所述“皇帝在场之议论”，实际就是笔者所说的奏对。此文分析了各类议论的基本程序、进行方式、参加者、内容以及在决策中所发挥的作用等，对我们了解中国早期帝制时代的皇权运行和政务决策有所助益。

唐史方面，谢元鲁在《唐代中央政府决策研究》一书中，专门讨论过唐代的君臣奏对，例如仗下后会议、延英殿奏事等。袁刚在《隋唐中枢体制的演变》中，也用了较大篇幅讨论唐代后期的延英殿决策会议。前者比较全面，对于相关的制度规定、参加者身份、讨论内容等均做了分析，但在深度上有所不足；后者将延英殿决策会议与唐代后期政治体制的演变结合在一起分析，很有新意。这启发笔者，奏对制度本身与中央政治体制之间是紧密相连的，要讨论奏对制度，必须时刻注意当时整个政治体制的状况。

日本学者松本保宣也对唐代后期的奏对活动进行了较为深入的研究，有《关于延英殿在唐后半期的职能》《关于唐代的侧门论事》《唐王朝的宫城和御前会——唐代听政制度的展开》等论著。松本的研究，有一个很突出的特点，就是将宫廷的建筑布局与君臣之间的交流活动结合在一起分析，从而使我们对当时君臣采取不同方式进行面对面交流的原因、实际效果等形成了更为切实的理解。在宋史研究中，这样的分析还很少见，值得借鉴。

五代时期，奏对制度较为混乱，相关文献记载也不多，故研究相对薄弱。比较重要的延究成果，有杜文玉的《五代十国制度研究》第六章“起居制度”，对于五代时期的内殿起居，以及起居之后的臣僚奏事进行了初步讨论。宋代的很多制度，直接渊源于五代，故研究五代制度，可以使我们对宋代制度形成更为全面的认识。例如，在以往的认识中，学者往往认为“转对”“轮对”是宋代特有的奏对活动，但经杜文玉的分析，可以看到，其实在晚唐五代时，就已经有了“轮对”。这不仅提醒我们在研究制度时，不能忘记其源流，更提醒我们，在总结宋代制度的“特点”时，一定要与前代比较，看看我们所谓的“特点”，是否真是宋代独有、前代所无的。

一般认为，元代没有较为制度化的奏对活动，对于这一时期的君臣奏对，学界的研究并不多。李志安著有《元代“常朝”与御前奏闻》一文，对元代的御前奏闻做了分析。指出，虽然元代没有唐宋时期那样制度化的“常朝”，但君臣之间，仍能通过“御前奏闻”这样一种较为特殊的奏对方式进行政务交流。而“御前奏闻”所表现出的在一般学者看来似乎不伦不类的特点，其实正是元代中央政治体制特殊性的体现。由此可见，在研究奏对活动时，不能仅仅将注意力放在相关的制度条文上，而应放宽视野，注意奏对活动的实质性内容，以及其与整个政治体制之间的关系。

三、内容及章节安排

除序论和附录外，本书分为上、下两篇。

上篇四章主要侧重分析皇帝与除宰辅之外的臣僚是如何通过奏对进行信息交流的。

第一章“御殿视朝：宋代君臣的日常面对面交流”主要讨论宋代的视朝活动，着重分析构成视朝活动的各种奏对形式：如在京机构的日常奏事，地方官员的见、谢、辞，中下级官僚的转对、轮对。此外，视朝活动所进行的场所、时间、方式等也在考察之列。皇帝关于大部分日常政务的信息和建议，是通过这一活动得到的，而很多日常性的决策，也与这一活动中进行的各种奏对密不可分。因此，考察御殿视朝，可以对宋代日常政务的运行方式形成更加深入地认识。此外，视朝活动的实际成效、弊病也是本章要讨论的问题。

第二章“内殿引对：视朝活动的重要补充”。自北宋开始，皇帝往往会在每日视朝结束后，于内廷中引见文武臣僚，是为“内殿引对”。南渡之后，内殿引对进行得更加频繁，在政治生活中所具有的重要性也更加突出。相比于视朝，内殿引对在不少制度细节上有所不同。它为君臣提供了一个更加便利的交流场合。本章将着重分析这一交流途径。

第三章“经筵问答：御前讲席中的政治讨论”。经筵是中国古代为皇帝特设的御前经史讲席，宋代是经筵制度逐渐定型的时期。在宋代，很多大臣身兼经筵官，并利用经筵讲读的机会，向皇帝提出自己对于时政的看法和建议。可以说，宋代的经筵已经逐渐成了一个重要的政务交流场合。本章即以经筵为对象，分析身兼“君臣”“师友”双重身份的皇帝和讲筵官，是如何利用这一特定场合进行奏对的。

第四章《禁中夜对：私密性质的面对面交流》。夜对，指的是宋代君主在入夜之后，于宫城之中，召见某些文臣，与自己讨论各方面事务的活动。夜对是一个十分特殊的君臣交流场合，它的时间、内容、形式等都没有太多约束，君臣双方夜对时的关系也较为近密平等。君臣双方都在利用夜对来实现自己的意图。通过夜对，我们可以对宋代奏对活动形成更加全面的认识。

下篇包括三章，重点分析皇帝与宰辅大臣如何经由面对面讨论对已经获得的信息加以处理，最终做出决策。

第一章“宋代宰辅奏对制度演变：以班次为中心”。两宋时期，宰辅与皇帝的决策讨论制度，发生过多次变化。在这一系列变化中，上殿班次的分合，最为引人瞩目。班次的变化，影响着宰辅与皇帝进行决策讨论的程序和中枢决策权的分配。本章以制度梳理为基础，结合不同时期的班次变化，分析宋代最高御前决策会议的变化状况，以便读者从宏观上把握宋代御前决策。

第二章“宋代宰辅奏对的过程与环节”。宋代宰辅上殿奏事，大致包括上殿前的准备工作，上殿后的“进呈取旨”，以及下殿后的后续事宜三个环节。每个环节，都直接影响最终的事务处理。每个环节中，也常常充满着诡谲的权力博弈。本章以上述三个环节为重点，讨论宋代皇帝与宰辅是如何通过奏对来处理政务，并进而分析二者在政治活动中所扮演的实际角色，可以对“皇权”“相权”问题形成更新颖的认识。

第三章“个案研究：从一次政争看宋代宰辅奏事”。本章结合《曾公遗录》的记载，以北宋晚期的一次政争为切入点，用个案分析的形式，讨论在某个特定背景下，君主与宰辅是如何利用各种奏事渠道，以达成其各自的政治目的的。

本书会对各种奏对制度进行考述，但重点并不在于对制度条文进行整理和梳理，而是希望从制度考述出发，考察更深层次的政治过程。人物、制度、政治环境等多层面因素，都将是笔者考虑的对象，而这些因素是如何相互联系、彼此互动的，以及这种联系互动对政治的影响，则更将成为笔者注意的重点。此外，如前所述，以往对宋代皇权的研究，在思路、方法上有不足之处，那么，这些不足导致了那些具体观点、看法上的偏差？又应以怎样的新看法加以修正？

史料方面，本文运用的，仍是诸如《长编》《宋史》《宋会要辑稿》、宋人文集、笔记等研究宋代政治史所常用的文献。这些文献，对于宋代的君臣奏对，都有记载，但比较分散，需要进行系统整理。另一方面，在记载奏对时，这些文献常常有所删减，只留下史家认为重要的部分。如在《长编》中，我们经常看到一种关于奏对活动的模式化叙述，即“某年某月某日，某某向皇帝陈述了某事，皇帝对其意见表示赞同或反对”。这样的记述，概括了奏对的时间、人物、内容、结果，就史书编撰而言，无疑是合理且适用的。但对于今天的研究来说，则无疑具有很大的局限，因为它遗漏了大量的细节，诸如进奏者是以怎样的语气和态度陈述事情的？皇帝对他所陈述事务的态度，在整个奏对活动中是否有所变化？皇帝与臣僚是如何进行商量乃至争论的？此外，进奏者和皇帝，往往会在奏对的前后，围绕着奏对进行一系列的活动，如进奏者会像他人请教进言的内容和技巧，会探听皇帝的好恶，皇帝会就进言者的情况以及进奏的事务咨询其他人的看法等，均会对奏对的结果产生直接影响，但史书往往忽略不提。因此，在论述时，必须收集大量不同类型的史料，加以整理排比，以求重建史实。

与既有研究相比，本书将更注意《司马光日记》《曾公遗录》《思陵录》《经筵进读手记》等日记史料加以运用。宋人留下的政治日记，具体形象地描绘出当时的政治场景，使我们能对宋代政治运作的实态，形成更立体的认识。但也应指出政治日记较之其他史料，往往会更多地受其记载者主观态度的影响。评人论事，时有偏颇之处。甚至某些作者，在预期其日记将被他人阅读的情况下，会刻意地修改，或是隐去部分史实。这些均是在对其加以利用时需要注意的。

本书最后附有两篇书评，涉及两部中日学界关于宋代政务信息交流的重要著作。这两部书，对笔者的研究有很大的启发，其内容也与本书息息相关。附上这两篇书评，有助于本书读者对相关问题的讨论，形成更为全面的了解。

信息渠道的通塞：从宋代“言路”看制度文化

邓小南

信息是历朝历代决策的依据，在国家政治事务中更是如此。对于信息的搜集、处理、掌控、传布，统治者从来不曾掉以轻心在历代史料中，我们都会注意到相关的制度化举措以及君臣之间长期持续的若干“热点”议题。其中，有关防范壅蔽、穷尽实情、言路通塞等话题，始终处于聚焦的中心。

所谓“言路”，广义上是指传统社会实现下情上达的制度化渠道，狭义则特指官员上呈消息、意见的途径。就宋代朝廷而言，获取信息并在此基础上决策，进而下达、反馈，是一复杂系统，牵涉到整体的层叠式布局、内外机构的设置、相关人员的选用、政务文书的运行、多途消息的汇总核验、文牍邸报的散发、上下之间的互动沟通等等。种种表象背后，关系到施政者的意图、官僚体系运转的内在机制，制度运作的实态也让观察者注意到当时的“制度文化”氛围。

宋人将制度视为“纲纪”。应该说，在章奏、面奏等历代类似的制度安排下，宋代对于信息的搜集汇聚方式有其独特之处。例如百司官员的“转对”“轮对”，对地方官员在任表现的巡视“按察”，强调实地调查的“察访”闻奏，鼓励多方询访体问的“访闻”，专人专项覆实事由的“体量”，比对核验信息的“会问”“照勘”等等。此外，君主御用的渠道及伺察手段愈益广泛，诸如扼守信息沟通要路的通进司与閤门司，亲从近臣掌控、在京师侦伺讥察的皇城司，宦官任职、传递内廷信息的御药院，作为“廉访使者”、按刺物情的走马承受，博访外事的军校、密探，登闻鼓检院的设置，亦有帝王出行时偶然兴起与民庶的接触……诸如此类，无不反映出帝王面对政事民情的渴求与焦虑。

对于上述内容，学界已经有所研究。本文主要关注三方面的内容：一是作为重要信息通进渠道的宋代“言路”建设，二是“言路”上的活动与滞碍，三是“言路”通塞与制度文化的关联。

一、信息与言路：防范壅蔽的努力

（一）中古时期的“信息”

中古时期的“信息沟通”，发生于当时各类人际交往活动中，包括君臣之间、朝廷与地方、官方与民间、敌对势力之间、各类关系网络内部及相互之间的往复传达，消息探访、递送与交换。可以说，信息是时人思考的依据和产物，也是一切政务决策的基础。

说到“信息”，需要注意的至少有两层含义：首先是指音信，指命令、消息数据、符号等传递的内容与包含的知识；其次信息大多具有时效性、流动性，凡提及“信息”，大多与“通”“塞”“传递”“隔绝”相关联，显示出其沟通传播的本性及渠道途径的重要。[1]

在中古时期，“信息”一词作为音信、消息的概括语，至少在唐代已经频频出现。类似的说法，宋代则更为常见。臣僚章奏、官府文书、私人信函诗作中，常有“信息浓”“信息稀”“信息疏”“无信息”一类表述。[2]时人对于信息的渴盼，予人以深刻印象。信息承载的既是音讯，也是周边畅通与隔绝的表征。信息的沟通对于民情抚慰具有重要意义，而渠道的封闭阻断，则是人身禁锢或环境动荡的体现。学界通常讨论的社会网络，正是由有形的人群、观察可见的人际关系和无形的信息流动脉络组合而成。网络中的活动，既有物品人情的往来，也有大量消息、言论、品评的交流。网络中心，往往就是信息漩涡议论场。

对于国家政治而言，信息更具有特殊重要的意义，历代朝廷

[1] 邓小南：《宋代信息渠道举隅：以宋廷对地方政绩的考察为例》，《历史研究》2008年第3期。

[2]（宋）苏轼：《苏轼文集》卷五三《与王元直二首（黄州）》，孔凡礼点校，中华书局1986年版，第1587页；（宋）赵彦卫撰：《云麓漫钞》卷14引李清照：《上韩公枢密诗》“只乞乡关新信息”，傅根清点校，中华书局1996年版，第246页；（宋）王庭珪：《卢溪先生文集》卷16《辰州僻远乙亥十二月方闻秦太师病忽蒙恩自便始知其死作诗悲之》，四川大学古籍整理研究所编《宋集珍本丛刊》第34册，线装书局2004年版，第593—594页；（宋）杨万里：《杨万里集笺校》卷36《寄陆务观》，辛更儒笺校，中华书局2007年版，第1866页。

对于军政信息、社情民意动向都十分关注。[1]熙宁十年（1077）五月，宋神宗亲笔批示，令前线指挥战事的李宪“候董毡有信息，及措置鬼章见得次第，发来赴阙”[2]。元丰七年（1084）正月辛亥，神宗手诏李宪，再度流露出对于前方“信息不通”的深切担忧。[3]靖康年间，东京“信息不通”，内外困敝，人心惶惑。[4]凡此种种，都证明了军政活动中信息通塞关系攸重。

宋代的疆域，是中国历史上主要王朝中最为拘狭的，而其统治所达到的纵深程度，却是前朝所难于比拟的。宋人在颂扬本朝集权成就时，称道“本朝之法，上下相维，轻重相制，如身之使臂，臂之使指”[5]，而连结这“身”“臂”“指”的脉络神经，显然包括流淌在其中的信息。朝廷对于实际权力的把握，对于地方官员的监督，对于民间动态的掌控，都是围绕着对信息的控制而展开的。[6]

渠道通塞，包括上下双向甚至多向流通的顺畅或阻滞。本文

---

[1] 朱瑞熙：《决策的依据和信息传递渠道》，《中国政治制度通史·宋代卷》，社会科学文献出版社 2011 年版，第 102—121 页。

[2]（宋）李焘：《续资治通鉴长编》卷二八二，熙宁十年五月辛未条，中华书局 2004 年版，第 6918 页。

[3]（宋）李焘：《续资治通鉴长编》卷二八二，元丰七年正月辛亥条，中华书局 2004 年版，第 8222—8223 页。

[4]（宋）徐梦莘：《三朝北盟会编》卷八一，靖康二年二月十八日条，上海古籍出版社 1987 年版，第 609 页。

[5]（宋）范祖禹：《太史范公文集》卷二二《转对条上四事状》，四川大学古籍整理研究所编《宋集珍本丛刊》第 24 册，第 276 页。

[6] 邓小南：《关于宋代政绩考察中的“实迹”：要求与现实》，《李埏教授九十华诞纪念文集》，云南大学出版社 2003 年版，第 118—132 页。

关注的“言路”主要指信息的向上汇聚渠道，尤其是官员的进言途径。

（二）戒惕壅蔽的“言路”

中国古代文献中，无论政书会要、编年史籍还是人物传记，对于臣僚“言事”的记载史不绝书。宋人向有“好谏纳言者，自是宋家家法”[1]之说。好谏纳言，历来被认为是君主政治开明的反映，而其背后的深层关切，则在于防范壅蔽。所谓“防范壅蔽”，不仅是防范基层信息收集不及时不畅通，更是戒备高层臣僚的选择性报告或揽权阻塞。唐初魏徵向唐太宗解释“兼听”意义时，明确地说：“人君兼听纳下，则贵臣不得壅蔽，而下情必得上通也。”[2]话语中所指的戒惕对象，应该说十分清楚。

宋王朝生于忧患，长于忧患，始终承受着来自北方的沉重压力。从培根植本、防患未然的意义出发，宋人对于开广言路尤为重视。孝宗朝名臣罗点曾说：

> 祖宗立国以来，言兵不如前代之强，言财不如前代之富；惟有开广言路，涵养士气，人物议论足以折奸枉于未萌，建基本于不拔，则非前代所及。[3]

---

[1]（宋）晁说之：《嵩山文集》卷一《元符三年应诏封事》，四部丛刊续编本。

[2]（唐）吴兢：《贞观政要》卷一《君道》，上海师范大学古籍整理组点校，上海古籍出版社1978年版，第2页。

[3]（宋）袁燮：《絜斋集》卷一二《签书枢密院事罗公（点）行状》，丛书集成初编本。

南宋后期，张端义曾比较历代治政特点，称“周隋尚族望，唐尚制度文华，本朝尚法令议论”。[1]相对而言，宽容议论、鼓励进言，确实是宋代治国特点之一。欧阳修在其《镇阳读书》诗作中，自称“平生事笔砚，自可娱文章。开口揽时事，论议争煌煌”[2]。“言路之通塞，系乎人材之消长”[3]，这样的意见成为朝野共识。尽管后世有“（宋之）儒者论议多于事功”[4]之讥，而在当时，这既是士大夫报效社稷、建树风采的途径，也是君主宣导下情、补益聪明的方式。吕中在《类编皇朝大事记讲义》中说：

> 祖宗纪纲之所寄，大略有四：大臣总之，给舍正之，台谏察内，监司察外。[5]

这种纪纲，很大程度上是靠言责来维持的。从执政臣僚、给舍、台谏到各路监司，对于朝政得失、官员臧否、内外物情，无疑都负有言责，这具有监察意义，也是朝廷信息来源所在。民意的把握、政策的制订、制度的调整，正应以此为据。

尽管历代都强调官员言责，但“言路”一说的集中出现，是

[1]（宋）张端义：《贵耳集》卷中，丛书集成初编本。

[2]（宋）欧阳修：《欧阳修全集》卷二《古诗·镇阳读书》，李逸安点校，中华书局2001年版，第35页。

[3]（宋）楼钥：《攻媿集》卷三一《荐沈端叔王度札子》，丛书集成初编本。

[4]（元）脱脱等：《宋史》卷一七三《食货志·总序》，中华书局1977年版，第4157页。

[5]（宋）吕中：《类编皇朝大事记讲义》卷二二《徽宗皇帝》，张其凡、白晓霞整理，上海：上海人民出版社2014年版，第372页。

在宋代。宋代的进言渠道应该说是多层多途的，也有各类临时性、加急性的特别处置。南宋后期魏了翁曾回顾说：

> 所谓宰辅宣召、侍从论思、经筵留身、翰苑夜对、二史直前、群臣召归、百官转对轮对、监司帅守见辞、三馆封章、小臣特引、臣民扣匦、太学生伏阙、外臣附驿、京局发马递铺，盖无一日而不可对，无一人而不可言。[1]

这段话常被学者用来证明宋代君臣沟通的途径、所列举的方式，在历史上确实都能寻得例证。诸如御前会议、近臣宣召、官员入对、书疏章奏、经筵咨询、私下访谈，都提供了君主了解外情的机会，也都曾行之有效；但这并不意味着“无一日而不可对，无一人而不可言”。魏了翁这一说法，即便在宋人引以为傲的“祖宗朝”，也是“非常”的现象，他出于对下情不通的忧虑，才以集萃的方式将“祖宗旧典”合并托出。

进言渠道中，首当其冲的言事者，应该是宰辅、侍从等，也就是吕中所说“大臣”。正因为如此，真宗朝的“圣相”李沆，才因其寡言而被批评为“无口匏”。[2]一般来说，宰辅进言与皇帝对话，会有当时的记录，像王安石的熙宁奏对《日录》、曾布的《遗录》、李纲的《建炎时政记》、史浩所记《圣语》、周必大的《思陵

[1]（宋）魏了翁：《重校鹤山先生大全文集》卷一八《应诏封事》，四川大学古籍整理研究所编《宋集珍本丛刊》第76册，第758页。

[2]（元）脱脱等：《宋史》卷二八二《李沆传》，中华书局1977年版，第9540页。

录》《奉诏录》等，都是宰辅近臣对于政务对话情境、往复进言及皇帝旨意的笔录。“论思献纳，侍从之职”，[1]侍从臣僚亦“于事无不可言”。[2]我们在宋代史册中看到，每逢重要的人、事调整，政策变更之际，往往有这些大臣的若干章疏及连篇累牍的君臣对谈。

不过在宋代，“言路”一说有其特指。所谓“言路”，是指官员向皇帝进言的专有途径，也是指担负言职的机构及官员。时人通常会说，“言路，台谏给舍也”[3]，这可以说是狭义或曰严格意义上的言路官职。所谓“台谏”，是宋代监察部门御史台、谏诤部门谏院的合称。有关二者的职任区分与关联，学界已有许多研究，今不赘。就其突出的“言事”功能来说，二者责任有所区分，谏官职在论奏谏正，而台官则是弹举纠正。[4]所谓“给舍”，则是指从属于宰相机构中书省、门下省，担当草拟诏旨与审覆封驳职责的中书舍人与给事中。北宋元丰年间官制改革之后，二者分处两省，职事既有分工合作，亦有先后程序中相互防察处。中书舍人“掌行命令为制词……事有失当及除授非其人则论奏，封还词头”[5]，给事中“掌读内外出纳之事，若政令有失当，则论奏而驳

[1]（元）脱脱等：《宋史》卷三四八《赵遹传》，中华书局1977年版，第11045页。

[2]（宋）苏轼：《苏轼文集》卷三六《司马温公行状》，孔凡礼点校，中华书局1986年版，第487页

[3]（宋）赵升编：《朝野类要》卷二《称谓》，王瑞来点校，中华书局2007年版，第48页。

[4]（清）徐松辑：《宋会要辑稿》职官三，刘琳等点校，上海古籍出版社2014年版，第3074页。

[5]（元）脱脱等：《宋史》卷一六一《职官志一》，中华书局1977年版，第3785页。

正之”[1]。给舍的缴驳通常伴随进言，“先其未行而救正其失”[2]，给舍之言常被视为“公论之气”的代表。[3]

元丰后即常见给舍、台谏并提：“朝廷者命令之所自出也。设为给舍、台谏之官，以封驳、论列为职，所以弥缝其阙，纠正其非，归于至当也。”[4]也就是说，给舍掌管封驳，台谏职在论列。就时人心目中的理想状态而言，给舍、台谏在言路上发挥着前赴后继的接力递补作用：“政事归于庙堂，而言路通于天下。庙堂之有所失，给舍得言；给舍之有所不及，台谏得言；台谏之有所不能言，天下能言之矣。”[5]给舍与台谏是性质不同的两类官员：前者位于行政体制之中，后者则属于监察规谏体系。二者得以并提，与宋代“言路”的运行机制相关，既反映出二者在政治运作过程中的职能互补，也凸显出这些部门共有的进言作用，强调在其位者针对朝政发表意见的权利。朝廷重大事务的运行链条离不开出令、审覆、执行、监督的关键环节。中枢决策形成过程中，给舍若有不同意见，或封还词头，或封驳诏令，是其进言机会。颁出的政策内容失当或朝政措置疏舛，台谏可以规谏廷辩。这些做法，既是为减少决策过程失误，也对居于庙堂之高的君王宰执构成某种牵制。

[1]（宋）谢维新编：《古今合璧事类备要》后集卷二〇，文渊阁四库全书本。

[2]（清）徐松辑：《宋会要辑稿》职官一，刘琳等点校，上海古籍出版社2014年版，第2981页。

[3]（宋）高斯得：《耻堂存稿》卷二，丛书集成初编本。

[4]（宋）袁燮：《絜斋集》卷六，丛书集成初编本。

[5]（清）林駉编：《古今源流至论》别集卷二，新兴书局1970年版，第994页。

我们经常看到官员“极言时政”“极论阙失”之类说法，一般是指不惮风险竭力陈说。宋人常说：“任言责者，知无不言，言无不尽。”[1]事实上，位于言路之上的官员，有刚劲者，亦有猥懦者。[2]谏说之难，自古以然。[3]司马光曾经比较裴矩在隋炀帝、唐太宗时期的表现，评议说：

> 古人有言，君明臣直。裴矩佞于隋而忠于唐，非其性之有变也。君恶闻其过，则忠化为佞；君乐闻直言，则佞化为忠。是知君者表也，臣者景也，表动则景随矣。[4]

总体上讲，宋代朝野风气相对开放，士人意识到对于国家社会的责任，亦追求清誉，当时“虽庸庸琐琐之流，亦为挺挺敢言之气”，以致“失在谏垣，救在缙绅”。[5]即便不在言路的官员，像翰林学士、六曹长贰，也是“职在论思”，“虽非言责，亦未尝不因事献言也”。[6]其他官员也会利用朝廷求言、轮对等机会进言。士人间的清议评骘，亦是朝廷得知外情的途径。

为防范来自“在位者”之壅蔽，宋代帝王容忍甚至鼓励朝廷

[1]（清）林駉编：《古今源流至论》续集卷六，新兴书局1970年版，第814—815页。

[2]（宋）司马光：《资治通鉴》卷二三七，中华书局2011年版，第7768页。

[3]（宋）洪迈：《容斋随笔》，孔凡礼点校，中华书局2005年版，第165页。

[4]（宋）司马光：《资治通鉴》卷一九二，中华书局2011年版，第6142页。

[5]（清）林駉编：《古今源流至论》续集卷六，新兴书局1970年版，第815页。

[6]（宋）魏了翁：《重校鹤山先生大全文集》卷一八《应诏封事·贴黄》，四川大学古籍整理研究所编《宋集珍本丛刊》第76册，第754页。

上“异论相搅”[1]。绍圣四年（1097）五月，枢密院奏事时，亲政数年却仍涉世不深的哲宗，询问知枢密院事曾布：“大臣所见，岂可不言？言之何害？”老于官场世故的曾布，顺势谈起先帝神宗皇帝的御臣之术：

> 臣自初秉政即尝奏陈，以谓先帝听用王安石，近世罕比。然当时大臣异论者不一，终不斥逐者，盖恐上下之人与安石为一，则人主于民事有所不得闻矣。此何可忽也……愿陛下以先帝御安石之术为意。[2]

按照这一逻辑允许上下之人持有“异论”，是为避免“人主于民事有所不得闻”。尽管如此，广开言路在宋代并非自然而然、顺理成章。政争中控制言路，封锁消息：灾伤时“递相蒙蔽，不以上闻”[3]；日常事务中大事化小，敷衍应对……利益驱动使得官员们瞒报虚报的动力从来不曾缺乏；君王态度的好恶，更成为群僚窥伺的焦点。围绕言路通塞问题，朝廷之上始终呈现着拉锯战般的状态。元符三年（1100），面对登极伊始的徽宗，目睹多年朝政翻覆的晁说之带有几分激愤地说：

[1]（宋）李焘：《续资治通鉴长编》卷二一三，熙宁三年七月壬辰条，中华书局2004年版，第5169页。

[2]（宋）李焘：《续资治通鉴长编》卷四八八，绍圣四年五月条，中华书局2004年版，第11581—11582页。

[3]（宋）张田编：《包拯集》卷七《请差灾伤路分安抚》，中华书局1963年版，第84页。

言路之通塞，岂一夫独鸣之力哉！臣愿陛下询诸廷之臣，其由谏诤而进者几人，其以面折庭诤称者几人，其博古今、达治体、善议论者几人，其骨鲠谅直、不反覆变改者又几人？[1]

南宋初建，被召为宰相的李纲回顾北宋末年的情形也指出：“靖康间虽号开言路，然议论鲠峭者皆远贬，其实塞之也。”[2]

（三）广植“耳目”的努力

信息征集背后，是控制效力的问题。无论从君主还是朝廷的角度，掌控信息来源都是严峻的挑战。以朝廷君王为体，“耳目”作为视听的器官与途径，成为与信息沟通分不开的关键词。广植耳目成为“明目达聪”的重要方式，即仁宗所说“善治之主不自任其聪明，以天下耳目为视听”[3]。

不仅“台谏给舍皆耳目之任”[4]，执政、侍从讲读官与京都长官等，都被视为帝王耳目。元祐三年（1088），时任翰林学士兼侍读的苏轼，苦口婆心地提醒太皇太后与哲宗：

自祖宗以来，除委任执政外，仍以侍从近臣为耳目，请

[1]（宋）晁说之：《嵩山文集》卷一《元符三年应诏封事》，四部丛刊续编本。

[2]（宋）李心传：《建炎以来系年要录》卷六，建炎元年六月甲子条，胡坤点校，中华书局2013年版，第172页。

[3]《宋大诏令集》卷一九四，司义祖整理，中华书局1962年版，第712页。

[4]（宋）李焘：《续资治通鉴长编》卷四八九，绍圣四年七月甲寅条，中华书局2004年版，第11609页。

间论事殆无虚日。今自垂帘以来，除执政、台谏、开封尹外，更无人得对。惟有迩英讲读，犹获亲近清光，若复瘖默不言，则是耳目殆废。[1]

两年之后，苏辙陈诉本朝故事说：

每当视朝，上有丞弼朝夕奏事，下有台谏更迭进见，内有两省、侍从诸司官长以事奏禀，外有监司、郡守、走马承受辞见入奏。凡所以为上耳目者，其众如此。然至于事有壅蔽，犹或不免。[2]

除台谏外，兄弟二人先后列举了宰执、在内两省、侍从、诸司官长，在外监司、郡守、走马承受等众多的君主耳目。这些耳目，遍布朝廷、地方。

“耳目”服务的对象不言而喻。当政者都利用耳目，也控制耳目。宋人会在章奏中提醒皇帝，言路乃圣上耳目之官，不能作执政鹰犬之用。实际上，言路不仅可能是执政鹰犬，更是君主鹰犬，挟主上之势纵威逞虐，攻击不肯驯顺之人。宋代党禁等政治整肃中，此类事例颇多。君主不愿意直接出面罢斥臣下时，也会诱使台谏官上言。英宗授意傅尧俞弹劾蔡襄、哲宗授意陈次升再

[1]（宋）李焘：《续资治通鉴长编》卷四一四，元祐三年九月戊申条，中华书局2004年版，第10057页。

[2]（宋）苏辙：《栾城集》卷四五《论用台谏札子》，曾枣庄、马德富点校，上海古籍出版社2009年版，第995页。

劾章惇，尽管并未如愿，仍可看出，言路的作用绝非限止于“耳目”，帝王意欲用作喉舌、鹰犬。而此类作用的强化，必然会打破君主、行政体制、监察体制之间的制衡关系，使制度沦为权势意志的附庸。

南宋蔡戡曾经说：“夫监司者，号为外台，耳目之寄。”[1]其沟通内外的功能不仅在于入奏之际。来自地方路级监司、州郡长贰的上报讯息，对于地方事务、地方官员“访察”“体量”的消息呈递，都是事实上的言路。官方的民政系统、巡视、探报、邮递进奏，都围绕信息上传下达而有所建设。

帝王御用的“耳目”，并不限于体制之内、“言路”之上的正规职任。“掌宫城出入之禁令”[2]的皇城司，“每遣人伺察公事，民间细务一例以闻”[3]，以致被呼为“察子”。[4]仁宗年间，臣僚进奏称：“皇城司在内中最为繁剧，祖宗任为耳目之司。”[5]宦官入内侍省“通侍禁中，役服亵近”[6]，亦会通进讯息。仁宗曾问入内内侍省都知王守忠：

[1]（宋）蔡戡：《定斋集》卷二《乞选择监司奏状》，丛书集成续编本。

[2]（元）脱脱等：《宋史》卷一六六《职官志六》，中华书局1977年版，第3932页。

[3]（清）徐松辑：《宋会要辑稿》职官三四，刘琳等点校，上海古籍出版社2014年版，第3860页。

[4]（宋）吴曾：《能改斋漫录》卷二《事始》，上海古籍出版社1979年版，第21页。

[5]（宋）李焘：《续资治通鉴长编》卷一六二，庆历八年正月条，中华书局2004年版，第3913页。

[6]（元）脱脱等：《宋史》卷一六六《职官志六》，中华书局1977年版，第3939页。

“卿出入中外，闻有甚议论？”守忠曰：“皆言陛下仁慈圣德，但朝廷好官美职及清要差遣，皆是两府亲旧方得进用，陛下不曾拔擢一孤寒之臣置于清近。又曰天下事皆由宰相，陛下不得自专。”上默然良久。[1]

在宫廷中“掌按验秘方，以时剂和药品以进御及供奉禁中之用”[2]的御药院，搜讨进呈消息、沟通内外，“素号最亲密者”[3]。此外，太祖太宗朝信用的史珪、丁德裕、柴禹锡、赵镕等军校亲随、藩府旧僚，伺察外事，侦人阴私，也被用作耳目之职、鹰犬之任。孝宗朝，士大夫曾强烈批评皇帝对侧近佞臣的宠遇，事实上，这正与他对此类私人消息渠道的倚信有关。

历代都有许多敏感信息是靠正式体制之外的方式，靠皇帝“私人”打探传递的。貌似繁复重叠的信息来源各有其特殊意义。这些讯息通常不经正式途径，不公之于众，类似清代的秘密奏折，是皇帝个人的“直通”信息渠道。这类情形之所以在宋代被视为正常，如苏辙所说：“盖人君居高宅深，其势易与臣下隔绝。若不务广耳目，则不闻外事，无以豫知祸福之原。”[4]“广耳目”以“闻

[1]（宋）张纲：《华阳集》卷二二《进故事》，文渊阁四库全书本。

[2]（清）徐松辑：《宋会要辑稿》职官一九，刘琳等点校，上海古籍出版社2014年版，第3553页。

[3]（宋）李心传：《建炎以来系年要录》卷一四六，绍兴十二年八月丙子条，胡坤点校，中华书局2013年版，第2755页。

[4]（宋）李焘：《续资治通鉴长编》卷四四八，元祐五年丁卯条，中华书局2004年版，第10767页。

外事”，随其意旨拓宽信息来源，看上去是人君特有的地位优势，实际上“居高宅深”决定着他们在信息获取中根本性的劣势，也迫使他们多方寻求获得外情的机会。

（四）召对咨访与经筵赐坐

从面对面“询访”与“进言”的角度来看，宋代的百官转对轮对无疑是富有特色的制度。参与转对轮对者并非严格意义上的“言官”，这种进言的途径在宋代亦不被直接归为“言路”，但其议政意义却不容小觑。学界对此已有不少研究，本文不赘。在常程制度之外，宋代君王与臣僚的面谈，也是值得注意的现象。

就帝王而言，侍从近臣皆系亲擢，“时赐召对，从容讲论，以尽下情”[1]理应是常态，时间、场合亦不受限制。但君臣之间“从容讲论”的情形，显然并非普遍。从留至目前的材料来看，北宋的太祖、太宗、神宗，南宋的孝宗、理宗等，与臣僚直接讲论较多，谈话的对象包括宰辅之外的切近臣僚。政事得失、外廷是非、民间情伪……凡皇帝牵念系怀而在庙堂之上未便公开从容议论之事，往往利用各类机会探询。宰辅重臣无不关注这些对话内容，对话者通常也有所记录，以便留此存照。

孝宗赵昚是南宋历史上最为注意君臣沟通的帝王。不仅正式上朝理政与臣属直接对话，晚间也会个别宣召咨访。胡铨绍兴年间因力主抗金被贬，孝宗即位后召回。在其《经筵玉音问答》中，

[1]（宋）魏了翁：《重校鹤山先生大全文集》卷一七《封事奏体八卦往来之用玩上下交济之理以尽下情（七月二日）》，四川大学古籍整理研究所编《宋集珍本丛刊》第76册，第748页。

详悉记载了隆兴元年（1163）五月三日晚“侍上于后殿之内閤”的情形。孝宗优渥礼遇，嘱其修订答金人书稿，当晚赐酒宴唱曲词，谈话直至凌晨。次日胡铨对朋友称，有“归自天上”[1]之感。乾道年间，胡铨再以侍讲夜对，孝宗嘱咐他说：“卿直谅，四海所知，且留经筵。事无大小，皆以告朕。”[2]反复叮咛，让人感觉到君王心中难以排解的隐忧。翰林侍读学士刘章夜对时，上（孝宗）从容问曰：“闻卿监中有人笑朕所为者。”公初不知端倪，徐对曰：“圣主所为，人安敢笑！若议论不同，则恐有之。”上意顿解，亦曰：“止是议论不同耳。”[3]对于信息阻滞的警惕，对于外朝讥笑的担心成为孝宗“访问不倦”的动力。楼钥在为其舅父汪大猷写的行状中记述了汪大猷乾道年间兼权给事中时君臣间“造膝启沃”的情形：

> 孝宗厉精民事，访问不倦。宿直玉堂，夜宣对选德殿，赐坐，从容导公使言。……公首以一言移主意。自尔每遇夜对，上多访以时事。尝曰：“卿为侍从，天下之事无所不当论。朕每厌宦官女子之言，思与卿等款语，正欲知朝政阙失、民情利病，苟有所闻，可极论之。”公悉进所欲陈者，奏对明白，曲尽情伪，上多耸听而行之。[4]

[1]（宋）胡铨：《澹庵文集》卷二《经筵玉音问答》，文渊阁四库全书本。

[2]（宋）周必大：《文忠集》卷三〇《资政殿学士赠通奉大夫胡忠简公神道碑》，文渊阁四库全书本。

[3]（宋）楼钥：《攻媿集》卷七七《跋刘资政游县学留题》，丛书集成初编本。

[4]（宋）楼钥：《攻媿集》卷八八《汪公行状》，丛书集成初编本。

君王对于政务的急切，对于臣僚的赏识及笼络，产生了明显的回馈效应。理宗朝，吴泳曾经回顾孝宗“故事”，不无渲染地说：

> 故事禁从讲读官及掌制学士更直递宿，以备咨访。或问经史，或谈时事，或访人才，或及宰执所奏，凡所蕴蓄靡不倾尽。……恩意浃密则就澄碧殿锡燕，职业修饬则上清华阁赐诗，从容造膝过于南衙面陈，先事献言加于路朝显谏。[1]

当时的兵部尚书宇文价、中书舍人陈骙、直学士倪思、侍讲金安节、马骐、侍御史周操等人，都曾经在夜对时就朝政提出建议。由于君王特示宠渥，场合比较随意，彼此态度放松，对话也相对从容深入。当时即有人援引李贺的诗句，称进言者“帝前动笏移南山”[2]。尽管如此，对话中的引导者显然是君主，君主意旨所向，常在臣僚观察揣摩之中。

宋代的经筵讲读，也是君臣沟通的机会。讲读官并非严格意义上的“言官”，但经筵进读完毕后，通常“复坐赐汤而从容焉”[3]，真宗咸平时，置翰林侍读侍讲学士，“日给尚食珍馔，夜则迭宿，多召对询访，或至中夕焉”[4]，利用此类机会“亲近老成”。

[1]（宋）吴泳：《鹤林集》卷一九《论今日未及于孝宗者六事札子》，文渊阁四库全书本。

[2]（宋）楼钥：《攻媿集》卷七七《跋刘资政游县学留题》，丛书集成初编本。

[3]（宋）邹浩：《道乡集》卷三九《苏公行状》，文渊阁四库全书本。

[4]（宋）陈均编：《皇朝编年纲目备要》卷六，许沛藻等点校，中华书局2006年版，第120页。

杨亿在杨徽之的行状中描述讲读时的情景，说："执经待问，前席畴咨。上从容言天下事甚众，借箸之画莫非沃心，更仆之谈或至移晷。然奏稿多削，温树不言，其慎密也如此。"[1]看来君臣之间的谈话内容既深且广，有涉机密者。

其后的君主也经常利用经筵之机询访讲读官员的意见。宝元年间，李淑在经筵，仁宗皇帝即"访以进士诗赋策论先后，俾以故事对"[2]。南宋建炎时，高宗接受翰林学士朱胜非的建议，允许侍读官"读毕具札子奏陈"[3]。光宗时，黄度进言，"乞令侍从讲读官反覆议论治忽所系"[4]。淳祐年间徐元杰在经筵讲读《论语》，赐茶之后，理宗与其一番对话，君臣之间的问答往复达 47 次之多。

司马光的《手录》中，保留着他与宋神宗谈话的原始记录。熙宁元年（1068）至熙宁三年（1070），司马光任翰林学士兼侍读学士、知审官院，在迩英阁为神宗讲授《资治通鉴》。课后，神宗经常征询他对于朝廷事务的意见，不仅问及擢用台谏州县官、赈灾、郊赉等事，也常问及对于新法乃至对当政诸臣的意见，甚至"历问群臣"，询问"朝廷每更一事，举朝汹汹，何也"，司马光应对无所顾忌，甚至当面指教皇帝说："此等细事皆有司之职所当讲

[1]（宋）杨亿：《武夷新集》卷一一《杨徽之行状》，四川大学古籍整理研究所编《宋集珍本丛刊》第 2 册，第 300 页。

[2]（元）脱脱等：《宋史》卷一五五《选举志一》，中华书局 1977 年版，第 3612 页。

[3]（宋）李心传：《建炎以来系年要录》卷一一，建炎元年十二月丙子条，胡坤点校，中华书局 2013 年版，第 292 页。

[4]（宋）袁燮：《絜斋集》卷一三《龙图阁学士通奉大夫尚书黄公行状》，丛书集成初编本。

求，不足以烦圣虑。陛下但当择人而任之，有功则赏，有罪则罚，此乃陛下职耳。”[1]有学者认为他们之间的谈话十分坦率、诚恳，简直像朋友一样。

南宋后期留至今日的相关材料更多，目前存世的曹彦约《昌谷集》、真德秀《西山集》、魏了翁《鹤山集》、刘克庄《后村集》、徐元杰《梅野集》、姚勉《雪坡集》等，记录了大量的君臣对话，场景栩栩如生。即如真德秀文集中，不仅有任职地方时的章奏，有应诏所上封事，也有面对君主直接上呈的上殿奏札、轮对奏札、内引札子、直前奏事札子、朝辞奏事札子、召还上殿奏札，更有与皇帝对话的记录（如“得圣语申省状”“得圣语申后省状”“奏对手记”等）。对话时，包括前线战事、敌使礼仪、地方安危、官员选任、财用窘困、军籍虚额、福建盐法、楮币得失，乃至诚意正心等等，都在君臣议题之中。端平初，真德秀在讲筵进读四书章句并进呈故事，随后理宗问及与蒙古议和事：

赐茶毕，上问“虏人议和未可轻信”，奏曰：“臣适尝言之矣。”李侍御奏：“臣得杨恢书，云在襄阳闻虏酋元不晓‘和’字，只是要人投拜，而其臣下乃将投拜之语改为讲和。”其说颇详。上然之。奏云：“朝见一节如何？”上曰：“且候使人到来商量，待从吉后引见。”李奏：“虏兵已取蔡了，忽然都去；攻息方急，亦忽然都去，其情叵测。”奏云：“此臣

[1]（宋）罗从彦：《罗豫章集》卷七，丛书集成初编本。

所谓鸷鸟将击之形也。”遂退。[1]

这些对话，明显体现出身居九重的帝王之深切忧虑。当时的经筵讲读，似乎并非君臣着意的重点，反而读毕之后的赐茶对谈才反映出皇帝关注的重心，也是讲读臣僚期待进言的时分。

二、端点与关节：滞碍的关键

在帝制社会中，帝王显然高居于权力顶端，制度设计、人事安排、官员驱策，无不围绕这一核心构成。而正因其处于“顶端”，相对明智的帝王自有“高处不胜寒”的感觉。政治上的独尊，并不能保证充分的知情。信息通进的路径不断增加，技术手段愈益多样，投注的心思缜密繁复，但沟通中阻滞仍旧，渠道通塞不常。

进言渠道的延展卯合方式，大体上契合于帝国时期的行政与信息网络。网络中的次第关节控御着开闭的可能，位于不同位置的言者，有活动有顾忌，从中亦可观察到当时的政治秩序与权力格局。南宋程珌曾说：“今天下利害，所当施置罢行者，人皆能言之，所患者在于其言未必上闻，闻之未必下行耳。”[2]前一“未必”，滞碍出在言路关节，九重之内的君主最终获取的信息，实际上是次第筛选的结果；而后一“未必”，则显示出君主的态度与抉

[1]（宋）真德秀：《西山先生真文忠公文集》卷一八《讲筵进读手记（二十六日）》，四川大学古籍整理研究所编《宋集珍本丛刊》第76册，第94页。

[2]（宋）程珌：《洺水集》卷一三《上执政书》，文渊阁四库全书本。

择。这里需要关注的是，这“筛选”与君主态度是否相关，渠道自下向上的滞碍究竟如何形成。

（一）制度与人事

王安石在为《周礼义》所作序言中，说“制而用之存乎法，推而行之存乎人”[1]。也就是说，制度规定与人事操作二者密不可分。这里的“人事”，是指人的主观作用，包括君主的意向，官员对君主旨意的领略、对朝廷趋向的忖测，以及官场交际网络对于制度的影响。进言制度是否能够按照设想实施，除去必要的机会安排与技术手段外，起作用的重要因素是官员面对可能的效果与风险之考虑。更有许多情况下的制度变异失灵，并非由于贪鄙者作弊、怠惰者失职，而是朝廷政治取向、官僚层级操控下的必然结果。

朝廷能够得到的信息并非完全，在很多情形下也并非真实。考虑到信息上达带来的效应，各层官署、官僚从来不乏欺瞒的动力。例如，财物账目稽违侵隐，“内外之官虽有课历，率无实状”[2]，“法出奸生，令下诈起”[3]，各级官员利害相关，上司巡视，下级“刷牒”，因而检按失实。军机要事，同样有此类情形。韩侂胄北伐前派陈景俊使金，本为审敌虚实，金人强硬告诫“不宜败

[1]（宋）王安石：《临川先生文集》卷八四《周礼义序》，四川大学古籍整理研究所编《宋集珍本丛刊》第13册，第695页。

[2]（宋）赵汝愚编：《宋朝诸臣奏议》卷一四六庞籍《上仁宗答诏论时政》，北京大学中国中古史研究中心整理，上海古籍出版社1999年版，第1666页。

[3]（宋）张方平：《乐全先生文集》卷二二《论点选河北强壮事》，四川大学古籍整理研究所编《宋集珍本丛刊》第5册，第498页。

好”，陈自强却窥探上峰意志，“戒使勿言”。[1]

平田茂树在《宋代的言路》一文中，曾经讨论以言路官为中心形成的政治势力作为政治促进者的作用，他认为几乎可以明确以宰相、言路官为政治之两极，以二者的结合为核心形成了元祐时代政治结构。这两极之间的互动，确实是值得关注的问题。研究者通常注意到宋代台谏对于宰相的牵制，而所谓牵制，从来都不是单方向的。宋人对庆历、元祐的言路评价甚高，回顾本朝故事会说“本朝给舍、台谏，庆历、元祐时实赖其力”[2]。而求诸史事，欧阳修庆历时批评“朝廷欲人不知以塞言路”，“聋瞽群听，杜塞人口”[3]，元祐年间苏辙更说“今陛下深处帷幄，耳目至少”，“惟有台谏数人”却“又听执政得自选择，不公选正人而用之”。[4]如此看来，言路官得以独立进言的机会，即便庆历、元祐也非寻常。言路受到干预限制、政治运行“不正常”的状态反而属于常态。

南宋淳熙十一年（1184），时任敕令所删定官的陆九渊在轮对时，精心准备了五份奏札，阐述个人建议，其中直截了当地批评孝宗：“（陛下）临御二十余年，未有（唐）太宗数年之效。版图

[1]（元）脱脱等：《宋史》卷三九四《陈自强传》，中华书局1977年版，第12035页。

[2]（宋）袁燮：《絜斋集》卷一三《黄公（度）行状》，丛书集成初编本。

[3]（宋）赵汝愚编：《宋朝诸臣奏议》卷五一《百官门》，北京大学中国中古史研究中心整理，上海古籍出版社1999年版，第561页。

[4]（宋）苏辙：《栾城集》卷四五《论用台谏札子》，曾枣庄、马德富点校，上海古籍出版社2009年版，第996页。

未归，仇耻未复，生聚教训之实可为寒心。”[1]进言之时，君臣之间有从容的对话，陆九渊感觉甚好。后来他对友人说：“去腊面对，颇得尽所怀。天语甚详，反复之间不敢不自尽。至于遇合，所不敢必，是有天命，非人所能与也。”[2]两年之后的十一月，陆九渊又近转对之日，忽被改命为将作监丞，因而失去了面奏的机会。对于此事，陆九渊自己后来说：“某去冬距对班数日，忽有匠丞之除。王给事遂见缴。既而闻之，有谓吾将发其为首相爪牙者，故皇惧为此，抑可怜也。”[3]预先将可能不利于己的进言者调离，恰恰是当政者密切关注既往信息予以及时反应的结果，通向君主的信息链条由此阻断。正如南宋史家李心传在其《建炎以来朝野杂记》“百官转对”条所说：

士大夫不为大臣所喜者，往往俟其对班将至，预徙它官。至有立朝逾年而不得见上者。盖轮其官而不轮其人，此立法之弊。[4]

执掌朝政“大臣”的这种做法，利用了制度法规的漏洞，手

[1]（宋）陆九渊：《陆九渊集》卷一八《删定官轮对札子》，钟哲点校，中华书局1980年版，第221页。

[2]（宋）陆九渊：《陆九渊集》卷七《与詹子南》，钟哲点校，中华书局1980年版，第96页。

[3]（宋）陆九渊：《陆九渊集》卷十《与李成之》，钟哲点校，中华书局1980年版，第129页。

[4]（宋）李心传：《建炎以来朝野杂记》甲集卷九，徐规点校，中华书局2000年版，第170页。

段颇为高明。某些骨鲠敢言的臣僚因此失去了面奏机会，而当政者刻意壅蔽的努力，却被遮掩在制度如常、轮对依旧的表象背后。

（二）“玉音”与“玉色”

谈及信息的壅蔽，不能只将问题归咎于逐级官僚。“防范壅蔽”说法的潜在前提，显然预设君主和朝廷是真正希望了解各类实情的——无论信息带来的是喜是忧。但事实上，君主与朝廷的执政倾向，可能助成或者说导致了某些实情的滞碍乃至隐瞒。宋人文集、笔记中，有大量关于君主言谈（“玉音”“圣语”）、神情（“玉色”）的细致描述，反映出臣僚的小心观望。

早在建隆三年（962）二月，太祖就曾表示“渴听谠言，庶臻治道”，要求百官“无以逆鳞为惧”[1]。真宗天禧元年（1017）二月的诏书中，也明确表示，谏官奏论、宪臣弹举时，“虽言有过当，必示曲全”，并且安抚群僚说：“是为不讳之朝，岂有犯颜之虑？”[2]这样的说法，被包拯、刘随、陈次升等人多次征引，称颂的同时，是希望“圣朝广开言路，激昂士气，不以人言失当为虑，而患在人之不言也”[3]。

“言路通塞，天下治乱系焉。”[4]多数情况下，君主出于对信息

[1]（清）徐松辑：《宋会要辑稿》职官六〇，刘琳等点校，上海古籍出版社2014年版，第4665页。

[2]（清）徐松辑：《宋会要辑稿》职官三，刘琳等点校，上海古籍出版社2014年版，第3068页。

[3]（宋）陈次升：《谠论集》卷一《上哲宗乞留正言孙谔疏》，文渊阁四库全书本。

[4]（宋）彭龟年：《止堂集》卷一《论优迁台谏沮抑忠直之弊疏》，丛书集成初编本。

的关注、对舆论风向的在意，会表示容受意见的姿态，但对臣僚影响更为直接的，显然是姿态背后君主对于进言的实际态度。征诸史实，即便勤政如太宗者，当田锡任职谏垣时，也在其章奏《上太宗论军国要机朝廷大体》中批评今来谏官寂无声影，御史不敢弹奏，给事中不敢封还，"给谏既不敢违上旨，遗补又不敢贡直言"，中书舍人于起居之日"但见其随班而进，拜舞而回，未尝见陛下召之与言，未尝闻陛下访之以事"[1]。仁宗朝的谏官也曾批评"陛下虽喜闻谏争，然考其施用，其实无几"[2]。

君主初政或是政策调整之际，常有"诏求直言"之举。元符末年（1100），徽宗即位，下诏求言，而"时上书及廷试直言者俱得罪。京师有谑词云：'当初亲下求言诏，引得都来胡道。人人招是骆宾王，并洛阳年少。'"[3]政治取向逆转导致的高层态度翻覆，不仅在当时直接阻塞了言路，而且示后来者以忌讳。

军政情势紧张时，君王对于信息的焦虑更为突出。但这种渴求并不等于对进言内容、通进渠道的真正重视。靖康年间，金军围困开封，钦宗"屡下求言之诏，事稍缓，则复沮抑言者。故当时有'城门闭，言路开；城门开，言路闭'之谚"[4]。一"开"一

[1]（宋）田锡：《咸平集》卷一《上太宗论军国要机朝廷大体》，罗国威点校，巴蜀书社 2008 年版，第 12 页。

[2]（清）徐松辑：《宋会要辑稿》职官五五，刘琳等点校，上海古籍出版社 2014 年版，第 4500 页。

[3]（宋）龚明之：《中吴纪闻》卷五，孙菊园校点，上海古籍出版社 1986 年版，第 112 页。

[4]（宋）陈均编：《皇朝编年纲目备要》卷三〇，许沛藻等点校，中华书局 2006 年版，第 771—772 页。

“闭”的状态，活脱勾勒出君王面对言路的复杂抉择。

孝宗朝是政治相对清明的阶段。乾道初，针对中书舍人洪适的缴奏，孝宗明确表示：“如有出自朕意，事不可行者，卿但缴来。”[1]而时至淳熙，罗点还是痛切地指出：“国无尽心瘁力之臣则事不济，今皆悦夫背公营私者矣；国无危言极论之臣则德不进，今皆悦夫偷合苟容者矣；国无仗节死义之臣则势不强，今皆悦夫全身远害者矣。”[2]光宗朝，秘书省著作郎卫泾批评“言路尚壅”，“听纳虽广，诚意不加，始悦而终违，面从而心拒”。[3]理宗时的殿中侍御史杜范批评皇帝“外有好谏之名，内有拒谏之实”[4]，表面崇奖台谏，实际阻抑直言。这正如刘子健先生在《南宋君主和言官》一文中指出的，南宋君主对于言官，除去控制之外，常用拖延敷衍的手段，或是调护、抑言奖身，虚伪应付，意欲利用言官名望，却不听从合理主张，结果是上下相蒙，人心涣散。[5]

帝制时期，尽管有信息渠道的建设，有纲纪制度的强调，但归根结底，纪纲“总于人主之威权”[6]。言路为人主所需，其建设

[1]（清）徐松辑：《宋会要辑稿》职官三，刘琳等点校，上海古籍出版社2014年版，第3037页。

[2]（宋）袁燮：《絜斋集》卷一二《签书枢密院事罗公（点）行状》，丛书集成初编本。

[3]（宋）卫泾：《后乐集》卷一〇《辛亥岁春雷雪应诏上封事》，文渊阁四库全书本。

[4]（元）脱脱等：《宋史》卷四〇七《杜范传》，中华书局1977年版，第12282页。

[5] 刘子健：《两宋史研究汇编·南宋君主和言官》，联经出版事业公司1987年版，第11—19页。

[6]（宋）吕中：《类编皇朝大事记讲义》卷八《仁宗皇帝》，张其凡、白晓霞整理，上海人民出版社2014年版，第171页。

必定要服从人主与官方的期待。言路无法超越君主威权，“独立”言事、“开广”范围，必定有其限制。南宋后期，吕中在讨论台谏职任轻重时，指出差异的关键在于“以天下之威权为纪纲”，还是“以言者之风采为纪纲”。[1]

统治者历来警惕言路批评“过度”，更不容其站到君王意志的对立面。台谏官员常有畏葸避事者，不敢“论天下第一事”，而“姑言其次”，借以塞责。[2]言官“沽名”“陵犯”，皆涉大忌。仁宗亲口告诫御史中丞王拱辰说：“言事官第自举职，勿以朝廷未行为沮己，而轻去以沽名。”[3]绍兴八年（1138）宋金议和，枢密院编修官胡铨等人出面抗议，朝廷下诏严厉指责：

> 初投匦而未出，已誊稿而四传。导倡陵犯之风，阴怀劫持之计。倘诚心于体国，但合输忠；惟专意于取名，故兹眩众。[4]

引惹高宗、秦桧不满的原因，既是胡铨对和议的抵制，也是由于文稿四传，导致“陵犯之风”，触犯了朝廷忌讳。孝宗历来被认为是励精图治的君主，但他对于“议论群起”的警惕，与高宗如

[1]（宋）吕中：《类编皇朝大事记讲义》卷九《仁宗皇帝》，张其凡、白晓霞整理，上海人民出版社2014年版，第189页。

[2]（元）脱脱等：《宋史》卷三八七《杜莘老传》，中华书局1977年版，第11894页。

[3]（元）脱脱等：《宋史》卷三一八《王拱辰传》，中华书局1977年版，第10360页。

[4]（宋）罗大经：《鹤林玉露》丙编卷五，王瑞来点校，中华书局1983年版，第327页。

出一辙。隆兴元年（1163），时任中书舍人的周必大、给事中金安节，因论列近臣龙大渊、曾觌等，被宰相呼召至都堂，“宣示御札，大略谓给舍论大渊等，并为人鼓惑，议论群起，在太上时岂敢如此”[1]。就统治者看来，即便需要“言路”，这进言的路径也只能是通向他们一端，若有溢出，则被认为是鼓惑眩众。这种戒惕较之“壅蔽”，毋宁说更为切近肌肤，刻骨铭心。

言事秉承上司意图、人主风旨，本是台谏之戒忌。宋高宗曾经告诫张九成，台谏不可承宰相风旨，九成回答说：“以臣观之，非特不可承宰相风旨，亦不可承人主风旨。”[2]而事实上，御史“承望要人风指，阴为之用”[3]的情形十分普遍，台谏往往“取旨言事”[4]。在宋代史料中，常会看到官员由于“领会”上意、“体恤”上情而刻意迎合，乃至隐瞒实情的做法。朱熹曾经说：“今日言事官欲论一事一人，皆先探上意如何，方进文字。”[5]逢迎谄佞、畏缩不言之例皆非鲜见。更可喟叹的是，一些忠于职守的官员，也会出于避免朝廷困扰的立场，倾向于回避实情。哲宗元祐中地方财政吃紧，朝廷派员调查，范祖禹出面反对：

[1]（宋）周必大：《文忠集》卷一六五《归庐陵日记》、卷九九《同金给事待罪状》，文渊阁四库全书本。

[2]（宋）谢采伯：《密斋笔记》卷一，丛书集成初编本。

[3]（宋）司马光：《司马光集》卷七六《太子太保庞公墓志铭》，李文泽、霞绍晖校点整理，四川大学出版社2010年版，第1542页。

[4]（元）脱脱等：《宋史》卷二四七《宗室·赵子崧传》，中华书局1977年版，第8744页。

[5]（宋）黎靖德编：《朱子语类》卷一一二《论官》，王星贤点校，中华书局1986年版，第2733页。

臣伏见近遣户部郎官往京西会计转运司财用出入之数。自来诸路每告乏，朝廷详酌应副，其余则责办于外计。今既遣郎官会计，必见阙少实数。若其数不多，则朝廷可以应副；若其数浩大，不知朝廷能尽应副邪？[1]

他主张让地方自行处理，朝廷不宜过问“实数”，以免面对实际窘困带来尴尬。乾道时江西水灾，孝宗全不知情，事后追问，参政蒋芾解释说：“州县所以不敢申，恐朝廷或不乐闻，闻今陛下询访民间疾苦，焦劳形于玉色，谁敢隐匿？”[2]这就是说，在众多消息之中，地方官员选择上传的内容取决于他们对君主“玉色”及朝廷态度的揣摩。这种对于“玉色”“玉音”的小心观察与测度，记载中比比皆是。凡当奏闻之事引惹“上变色不悦”时，通常“同列皆止之”。[3]真德秀在《讲筵进读手记》中曾经记录下他读“汉成帝荒淫一节”时理宗的态度：“敷陈之间语颇峻切，仰瞻玉色略无少忤。”[4]而遇到皇帝玉音峻厉、玉色怫然之际，则少有敢于坚持进言的官员。

这种情形不能简单归结为官员的个人素质问题，这是由制度

[1]（宋）范祖禹：《太史范公文集》卷一五《论封桩札子》，四川大学古籍整理研究所编《宋集珍本丛刊》第24册，第237页。

[2]（清）徐松辑：《宋会要辑稿》食货六八，刘琳等点校，上海古籍出版社2014年版，第8030页。

[3]（宋）高斯得：《耻堂存稿》卷二，丛书集成初编本。

[4]（宋）真德秀：《西山先生真文忠公文集》卷一八《讲筵进读手记（初八日）》，四川大学古籍整理研究所编《宋集珍本丛刊》第76册，第95页。

周边的整体氛围、由深入脊髓的“奉上”“唯上”文化所导致。尽管说“天视自我民视，天听自我民听”，制度设计的核心、官员取舍的依据、冲突周旋的落脚，却是效忠君主，顺从上峰。这是官僚文化根深蒂固的选择倾向。

三、余论：信息通塞与“制度文化”

信息渠道的路向、制度的针对性及运作形式，显然受到政治局势左右。宋代日常治理体系下有百官转对轮对，有给舍台谏进言、监司郡守禀报，庆历、熙宁等变法活动期间则会集中出现成规模的按察巡视，不同方式并存互补。而信息的通达与否，并不仅仅在于是否有相应的输送呈递渠道。即使渠道设置周全，也不意味着信息沟通流畅。[1]

一般说来，高踞于臣民之上的“人君”，明白居高宅深的不利，开广言路是其延展视听的重要手段。当政宰辅亦须了解内外信息以便施政。有关“直言朝廷阙失”的表态及相应规定，正是在这种背景下出台。但从现实中，我们看到宋代既有“养臣下敢言之气”[2]的呼吁，又有对言者沽名卖直的反感；既有敢批逆鳞而得青睐的事例，又有言事忤旨遣谪贬斥的情形；既有“谏官御史为陛下耳目，执政为股肱，股肱耳目必相为用”的说法，又有

[1] 周雪光：《运动型治理机制：中国国家治理的制度逻辑再思考》，《开放时代》2012年第9期。

[2]（宋）楼钥：《攻媿集》卷二七《缴林大中辞免权吏部侍郎除直宝文阁与郡》，丛书集成初编本。

“言事者数与大臣异议去”[1]的状况；既有明目张胆的危言正论，又有专意迎合的欺瞒诞谩。帝王与朝廷既为信息焦虑，又惧怕面对“不乐闻”的现实。凡此种种，构成了一幅幅盘根错节的万象图。

信息渠道本身无所谓通塞，造成通塞的是其中发挥作用的“人事”。渠道不畅、信息不实当然与国家的实际能力有关。其中既有技术层面的原因，例如交通条件差、讯息收集传递不便等，也有措置安排的原因，例如言者得知讯息的途径有限、处理信息的人手不足等。更值得注意的是在纵横交错的等级体制下，渠道层级的接卯处或曰权力枢纽处，都是信息的筛选流失处。

本文讨论的“言路”活动，涉及各层级官员对态势消息的解读、对政策方针的建议。其中传递的信息通常经过筛选提炼加工以供决策。构成这一路径的诸多环节上，少有原始消息，多是经由处理的信息。既有信息收集迟滞片面、缺漏模糊带来的影响，又是特定制度环境下官员主观抉择造成的结果。言路的阻滞、信息的扭曲，往往并非出于忽视，反而出于官员对其重要性的体认。庸散不职者、作伪蒙蔽者、奉承逢迎者，无不在信息申报选择上下功夫。判断抉择与官员追求相关，仕途生涯的选拔任免虽有规矩准绳，而长官举荐、君相赏识无疑起着关键作用，前程既然操控在上，规避个人风险自然要向上窥伺。

有关言路的规定，提供着施行的可能性，一定程度上制约着

[1]（元）脱脱等：《宋史》卷三一一《吕公弼传》，中华书局1977年版，第10213页。

事态的走势，而施行的实态则受到多种因素的影响。设计者通常希望制度便于把控，而任何制度一经推出，其弹性空间，其内在罅隙，都会在施行过程中逐次显现，其溢出效应与潜在风险可能是制度推出者始料不及的。史籍记载所呈现的，往往是被当作“国家之典法”被记录的应然状态，希望以此“垂劝戒、示后世”[1]。我们不能仅依据条目规定及二三范例就认为制度实施有效，同时也不能因为制度变形扭曲，就以“具文”一语草率交代。制度实施的万象应该说与环绕制度的政治文化氛围直接相关。

环绕制度的政治文化氛围，或可径称为“制度文化”[2]。笔者所谓“制度文化”，不是单纯指特定时代创制的规范体系，而是指影响制度实施的环境，指多种因素互动积淀产生的综合状态。观察制度文化不能忽视制度设计者、执行者、干预者、漠视者、抵制者的意识、态度、行为与周旋互动。朝廷意志并非唯一的决定因素，围绕言路有着不同的认知与多方实践。张力与转圜的结果，可能深化制度的影响力，可能消解制度的权威性和执行力，也可能导致制度的更新。从这一角度，或许能观察到影响制度走向的多种因素。一方面，特定制度的实施会影响到文化的趋向，制度上包容言者台谏才会养成“元气”：另一方面，制度也为“制度文化”所包裹，例如对于进言利害的认知、进言者的声望、纳言者的公信力、以往进言的影响等因素，都左右着制度的预期和运行

[1]（宋）欧阳修：《欧阳修全集》卷一一一《论史馆日历状》，李逸安点校，中华书局2001年版，第1687页。

[2] 柳立言：《宋代的社会流动与法律文化：中产之家的法律?》，《唐研究》第11卷，北京大学出版社2005年版。

的结果。制度文化可以说是一种弥漫性的政治生态环境，浸润渗透于制度之中，影响着制度的生成及其活动方式。纵观历史上的各个时期，几乎没有任何制度按照其设计模式原样施行，调整修正甚至于变异走形大致是其常态。或许可以说制度面临的生态环境决定着制度实施的基本前景。真正有意义的问题不在于当时是否制订过相关的制度，而是被称作“制度”的那套规则和程序在现实中如何实践并且发挥作用，当时的官僚体系如何执行（或曰对待）这套制度，当时的社会人群如何感知这套“制度”。

中国古代的制度文化显然是与官场文化交叉叠合的。“官场”是制度相关者集中活动的场合，是官僚文化存在的载体和基本空间。与官僚制度、官僚生存状态相关的惯例习俗、潜在规则，其特有的能量、气息、风气的浸染与传播方式，都体现出官场作为“场”的辐射及感应特征。

信息制度的建设，无疑是政治权衡的结果，利害取舍、轻重缓急，取决于判断与抉择。即便被认为成功的制度，其路径中亦可能有诸多变形，可能端点与初衷形似，也可能勉强达致表面目标或伤及深层。有些看似被制度“防范”的做法，事实上可能是体制习用而不可或缺的运行方式。对于某些制度的“空转”，观察者批评其“空”，体制内注重其“转”，今天的研究者批评其渠道不畅，当年的操控者在意这系统格套俱在，可供驱使。

官方“言路”的节点留有层级式的阀门，掌握开关者，既有不肯尽职甚至刻意壅蔽者，也有忠于体制小心行事者。即便是后者，对于节门启闭的方式程度无疑也需要斟酌，除去触逆鳞带来的风险之外，上下之间失察不报是风险，打破安宁平衡同样是风险。其间深层的考虑往往在于预期的“政治秩序”（尽管实际上可能带来民情不安甚至社会动荡），而这些判断与抉择，正与抉择者身处的制度文化环境相关。

进言事，从来被认为是“朝政之大者”[1]。宋廷有关言路建设的意向不乏清晰表述，但作为加强专制皇权的手段，这“建设”的指向性十分明显。言路承载着言论开放与意见进呈的特定方式，是士大夫政治参与的重要途径，但根本上讲，其运行从属于政权的需求。研究者会注意到，宋代官员的进言活动及其效应，有明显的运行曲线，其波峰高下与政治生态环境密切相关。当轴者关切的，主要是控御的维系及朝政的安宁，作为言路及其延展，如给舍台谏之封驳进言，轮对、经筵等君臣对话机会，按察、体量等信息搜讨途径，节门启闭、开放程度，都被制约在这一限度之内。有制有度，这正是“制度”一语的另一方面意义所在。

[1]（宋）楼钥：《攻媿集》卷九九《端明殿学士致仕赠资政殿学士黄公墓志铭》，丛书集成初编本。

南宋中后期的土地清查和地籍攒造

戴建国

南宋在与金缔结和议的第二年，即绍兴十二年（1142），便开始大规模实施经界法，清查核实土地占有情况，均定赋税，以解决兵燹之后版籍散失、赋税混乱的问题。经界法历经周折，取得实效，为稳定当时社会政治经济秩序发挥了积极作用。[1]然而随着南宋社会发展，军事战争侵扰，加之吏治不修，作为经界主要成果的版籍簿书逐渐毁失，田赋问题再度出现。距绍兴经界不到三十年，袁采就指出："官中虽有经界图籍，坏烂不存者多矣。"[2]图籍不存严重影响基于土地财产制定的各项制度的正常实施，差役、身丁税、和籴、和买、支移、折变无一不受阻碍。为此，南

[1]（宋）李心传：《建炎以来朝野杂记》甲集卷五《经界法》，《全宋笔记》第69册，大象出版社2019年版，第99页。相关研究参见汪圣铎：《两宋财政史》，中华书局1995年版，第213—214页；何忠礼、徐吉军：《南宋史稿》，杭州大学出版社1999年版，第171—172页。

[2]（宋）袁采：《袁氏世范》卷三《田产界至宜分明》，商务印书馆2017年版，第152页。

宋中后期大力推行土地清查和地籍攒造，强化赋税征收，有效缓解了财政困难、维系了社会秩序、巩固了国家政权。特别是“端平入洛”后，土地清查的成果在经济上为抵御蒙古铁骑的凌厉攻势提供了有力支撑，使处在风雨飘摇中的南宋朝廷得以继续维系四十余年之久。

南宋中后期开展的土地清查和地籍攒造是绍兴开创经界法及鱼鳞图簿制度以后的完善和发展，进一步促进了地籍体系的优化和成熟，使之更具管理效能。这是土地资产为宗的新赋役体制下南宋政府改革簿籍制度、调整监管重心、加强土地管理取得的重要成果，对元明清诸王朝的田赋制度产生了深远影响。不少学者对此做过探讨，但因宋代国史、会要只修至宁宗朝，宁宗以降的传世文献相当匮乏，至今仍有不少问题尚未达成一致认识。[1]为此，本文试在已有成果基础上，就南宋中后期土地清查和地籍攒造再做探讨，旨在厘清以下几个问题：南宋中后期有无较大规模的土地清查？清查的田亩数字如何获得？土地簿籍又怎样攒造？清查举措有何特点和历史作用？

[1] 主要成果参见梁庚尧：《南宋的农村经济》，联经出版事业公司1984年版，第267—271页；何炳棣：《南宋至今土地数字的考释和评价（上）》，《中国社会科学》1985年第2期；苗书梅等：《南宋全史·典章制度卷》下册，上海古籍出版社2012年，第51—63页；周曲洋：《量田计户：宋代二税计征相关文书研究》，中国人民大学历史学院博士学位论文，2017年；《“结甲自实”与“打量画图”：南宋经界法推行的两种路径》，《学术研究》2021年第7期。

一、南宋中后期的土地清查

南宋中后期的土地清查名称不一，有“经界”“经量”“推排”“自实”等多种说法。土地清查的总体思路参照绍兴经界法原则，由地方官员组织施行，根据当地实际情况或对原有经界成果加以修复缀补或予以改进创造。因相关文献记载残缺不全，以致现有研究成果对该时期土地清查的叙述较为散乱，未能理出清晰的脉络。一般认为，南宋经界是区域性的、由地方官员断断续续实施的，朝廷似乎没有统一安排。其实不然。南宋中后期较大规模的土地清查主要有两次，分别为始于嘉定十五年（1222）的经界和始于景定五年（1264）的经界推排。在这两次大规模土地清查之间，还夹杂着数次小规模的清查活动。

（一）始于嘉定的南宋中期经界

嘉定十五年（1222）南宋朝廷开始实施的经界，起于两浙东路婺州兰溪。《宋史·食货志上一》载：

> 知婺州赵㶏夫行经界于其州，整有伦绪，而㶏夫报罢。士民相率请于朝，乃命赵师岩继之。后二年，魏豹文代师岩为守，行之益力……历三年而后上其事于朝。[1]

此段纪事承上文嘉定八年（1215）之后，似说婺州经界始于

[1]（元）脱脱等：《宋史》卷一七三《食货志上一》，中华书局1977年版，第4179页。

嘉定八年（1215），完成于嘉定十年（1217）。然何炳棣据明人苏伯衡所撰《核田记》指出，此次经界实际完成于嘉定十七年（1224）。[1]但何时开始仍不甚清楚。《宋会要辑稿》载有嘉定十四年（1221）臣僚关于婺州推行经界的奏言，云知州赵懋夫“经界兰溪，颇见端绪”，然遭势家豪右阻挠驱逐，继任者陷于困境，故建议“本州所宜精选一二公明谨厚之吏，置局是邑，日与知县重加审订……则自来年为始，先行之诸邑”。奏言被朝廷采纳。[2]据此可知，“来年”即指嘉定十五年（1222），是为朝廷诏令婺州正式推行经界之时间。

据万历《金华府志》载，赵懋夫于嘉定十年（1217）知婺州，嘉定十二年（1219）三月由俞应符接替。赵师岩嘉定十四年（1221）知婺州，魏豹文十六年（1223）继任。也就是说，早在嘉定十年（1217）赵懋夫已开始在婺州兰溪自主推行经界，但遇阻受挫。到嘉定十五年（1222），朝廷下诏支持婺州经界，复经赵师岩、魏豹文等不懈努力，取得了一定成果。《宋史·食货志》所谓“历三年而后上其事于朝”，实际是从嘉定十五年（1222）朝廷下诏开始算，至嘉定十七年（1224）完成。《金华府志》云：“义乌县，宋嘉定十七年经界，官民田土共三千九百八十六顷二十亩一

[1] 何炳棣：《南宋至今土地数字的考释和评价（上）》，《中国社会科学》1985年第2期，第150页。

[2]（清）徐松辑：《宋会要辑稿》食货七〇，刘琳等点校，上海古籍出版社2014年版，第8179—8180页。

角三十三步。”[1]亦可证实之。

不过值得注意的是，“历三年而后上其事于朝”，乃指婺州大部分地区完成经界，而非全部。婺州下属金华、义乌、浦江、东阳、兰溪、武义和永康由于阻力较大，至嘉定十七年（1224）经界尚未完毕，如最早推行经界的兰溪延迟四年方才完成。[2]又如东阳，嘉泰初至开禧元年（1205）曾推行过经界，此番经界延迟至绍定二年（1229）方才完成。[3]此外，受各方面客观条件影响，婺州各地区经界的开始时间也有先后，如金华“嘉定十六年诏修复经界”。[4]实际推行的时间晚于朝廷诏令的嘉定十五年（1222）。

无论是《宋史·食货志》还是《宋会要辑稿》的记载，反映的都是婺州经界，这容易使人产生误解，以为嘉定经界只在婺州推行。事实上，在诏令婺州经界的同一年，南宋朝廷即下令在更大范围内推行经界。《宋史·宁宗纪四》云嘉定十六年（1223）“秋八月辛巳，诏州县经界毋增绍兴税额”。此诏令旨在告诫州县不得借行经界之名妄增税额。细绎其意，不难看出经界在嘉定十六年（1223）之前已经开始。此诏令并未提及推行区域，推测应是针对所有行经界州县的。咸淳元年（1265），监察御史赵顺孙

---

[1] 万历《金华府志》卷一一《官师·宋知婺州军事》、卷六《田土》，《四库全书存目丛书》史部第176册。

[2] 万历《金华府志》卷六《田土》，《四库全书存目丛书》史部第176册。

[3]（宋）孙德之：《东阳县推排纪要序》，曾枣庄、刘琳主编《全宋文》第334册，上海辞书出版社、安徽教育出版社2006年版，第163页。

[4]（宋）魏了翁：《鹤山先生大全文集》卷八〇《从义郎胡君墓志铭》，四部丛刊初编本。

在回顾经界历程时，远举绍兴经界，近据嘉定为例，言“嘉定以来之经界，时至近也，官有正籍，乡都有副籍”。[1]由于未言特定地区，故其所指当非区域性的。

当时距绍兴经界已过七十余年，原先制定的簿籍不堪为用。虽有零星州县推行过经界，但缺乏统一举措，南宋朝廷若要维护正常赋税征收秩序，则必须再进行一次有统一部署的大范围土地清查。《嘉定赤城志》载：“按绍兴十八年李侍郎椿年建行经界……今七十有五载，猾胥豪民相倚仗为蠹，赋役庞乱，遂有举行前说者焉。”赤城即两浙东路台州，此地自绍兴经界以来首次开展土地清查，所见“猾胥豪民相倚仗为蠹，赋役庞乱”颇能说明推行经界的原因。该志又云“往岁宁海、黄岩尝行之矣，临海、仙居则方行而未备也”，并记黄岩“经界田九十三万九千一百六十三亩一角三十步”，宁海“经界田三十八万五千三十二亩三角七步”。[2]宁海、黄岩当在嘉定十六年（1223）实施并完成了经界，其他地区经界则在实施中。

南宋《名公书判清明集》所载范应铨的两份判词提供了两浙路以外推行经界的实证。其中《章明与袁安互诉田产》曰：

> 准使、州行下，经量田产，明示约束，各以见佃为主，不得以远年干照，辄因经量，妄行争占。王文去年买入袁安

[1]（元）脱脱等：《宋史》卷四〇《宁宗纪四》，卷一七三《食货志上一》，中华书局1977年版，第780页，第4181页。

[2]（宋）陈耆卿：《嘉定赤城志》卷一三《版籍门》，中国文史出版社2004年版，第233—235页。

户田，虽是见行投印，而袁安上手为业已久。近因经量，章明乃赍出乾道八年契书，欲行占护，且契后即无印梢，莫知投印是何年月。契要不明，已更五十年以上，何可照使？[1]

其中提到，范应铃根据上级路、州指示，“经量”田产。从契书投印时间推断，应为嘉定十六年（1223）事。该判词未提及在哪些地区推行经界，但另一件涉及“经量”的判词却载有明确地点：

照对颍秀乡二十三都有周通直、赵少傅两户，官物连年不纳，无可追催……使、州见行经量约束，应有冒耕，许人陈告，从条给佃。[2]

所见颍秀“经量”应发生在嘉定十六年（1223）前后。范应铃于嘉定十三年（1220）至嘉定十六年（1223）任崇仁知县，[3]史载其“校版籍之欺弊，不数月省簿成”[4]。据此可知，崇仁县所属之江南西路于嘉定末年亦实行经界法。

[1]《名公书判清明集》卷四《章明与袁安互诉田产》，中华书局1987年版，第111页。

[2]《名公书判清明集》卷四《胡楠周春互争黄义方起立周通直田产》，中华书局1987年版，第113—114页。

[3] 弘治《抚州府志》卷一七《名官》载范应铃“嘉定十三年以宣教郎知崇仁县”。(《天一阁藏明代方志选刊续编》第48册，上海书店出版社1990年版，第252页)。谢旻等撰《江西通志》卷一七《学校·崇仁县儒学》载嘉定十六年（1223）崇仁县令为范应铃。

[4]（元）脱脱等:《宋史》卷四一〇《范应铃传》，中华书局1977年版，第12345页。

除江南西路外，与其毗邻的永丰，亦于嘉定末推行过经界法。[1]嘉定十七年（1224），大理评事胡梦昱轮对札子云：

> 以江东、西诸县推之，他处未必皆然。今日之经界，借使无弊，而书手之害未去焉，不数年间其弊又将如故矣……不特经界之已行者不至于弊，经界之未行者亦可许之首正而革其弊矣。[2]

胡梦昱所论，可佐证嘉定十七年（1224）前后江南东路、江南西路皆在推行经界。《宋会要辑稿》《宋史·食货志》所载嘉定经界，只提婺州而不言其他地区，显然存在疏失。

始于嘉定末的经界法，由于各地实际情况不同，开始推行和最终完成时间不一，所以容易使人产生该次经界不连贯、朝廷也未做统一部署的错觉。事实上，推行经界的程序十分复杂，遇到的阻力和困难相当大，对此已有学者做过分析。[3]由于地方既得利益者的阻挠，部分地区经界进展缓慢，延迟到理宗宝庆、绍定年间者有之，至端平二年（1235）才告完成者亦有之。如潜敷《宝

[1]（宋）徐元杰:《梅野集》卷一《进讲日记·四月十二日进讲》，文渊阁四库全书本。

[2]（宋）胡知柔:《象台首末》卷二《嘉定甲申正月二十二日轮对第一札·贴黄》，文渊阁四库全书本。

[3] 苗书梅等:《南宋全史·典章制度卷》下册，上海古籍出版社2012年版，第56—69页。

庆修复经界记》载："经始于丙戌之仲冬，竣事于戊子之孟秋。"[1]金溪经界始于丙戌年（宝庆二年，1226），竣于戊子年（绍定元年，1228）。

杜范所撰《常熟县版籍记》云："绍兴经界逮今未百年，田额仅存，籍之在官者漫不可考。"[2]袁甫所撰《华亭县修复经界记》载："盖自绍兴经界，迄今百年，官无版籍，吏缘为奸。"[3]两处记载只提绍兴经界，丝毫未提嘉定末推行的经界，因此可将常熟、华亭完成于端平二年（1235）的经界，连同绍定年间完成的多地经界，一并看作南宋嘉定末统一推行的经界活动。面对支离破碎的文献记载，只有将始于嘉定十五年（1222）、终于端平二年（1235）的经界连为整体看待，才能厘清南宋中期推行经界的脉络，明了各地陆续实施的经界活动并非各行其是，而是从属于嘉定末开始的统一经界安排。

另值得注意的是，四川利州路的土地清查，因吴曦事件，早在嘉定初期就已经推行。[4]荆湖南路在南宋中期动乱不定，"蛮夷叛服不常，深为边患"[5]。史载"嘉定元年，郴州黑风峒徭人罗世

[1] 弘治《抚州府志》卷一二潜敷《宝庆修复经界记》，《天一阁藏明代方志选刊续编》第47册，上海书店出版社1990年版，第730页。

[2]（宋）杜范：《清献集》卷一六《常熟县版籍记》，文渊阁四库全书本。

[3]（宋）袁甫：《蒙斋集》卷一四《华亭县修复经界记》，文渊阁四库全书本。

[4]（宋）李心传：《建炎以来朝野杂记》乙集卷一六《关外经量》，《全宋笔记》第70册，大象出版社2019年版，第251—252页。

[5]（元）脱脱等：《宋史》卷四九四《蛮夷传》，中华书局1977年版，第14194页。

传寇边，飞虎统制边宁战没，江西、湖南惊扰”[1]，“时盗罗世传、李元砺、李新等相继窃发，桂阳、茶陵、安仁三县皆破，环地千里，莽为盗区”[2]。其影响一直延续到绍定时期，“时湖南被兵，列城震恐”[3]。在此局势下，荆湖南路乃至广南东、西路很难推行经界。

南宋政权建立之后，与金冲突不断，有些地区因战事持续，不便推行经界。据史书记载，淮南东路、淮南西路、京西南路、荆湖北路沿边四路地区及贫瘠州，绍兴年间都没有推行经界。[4]南宋自宁宗嘉定十年（1217）颁布伐金之诏后，战事频仍，因此嘉定末经界推行区域不会超过绍兴经界的范围，主要集中在两浙东、西路和江南东、西路。

（二）始于景定的南宋末经界推排

南宋朝廷于嘉定末推行的经界对纾解国家财政问题起到一定作用。约三十年后，各地又出现版籍不明、税收失调的现象，迫使朝廷不得不再次考虑行经界法。淳祐十一年（1251），宋理宗下诏，令“信、常、饶州嘉兴府举行经界”[5]。不过此举遭到大臣反

[1]（清）徐松辑：《宋会要辑稿》蕃夷五，刘琳等点校，上海古籍出版社2014年版，第9902页。

[2]（元）脱脱等：《宋史》卷四一〇《曹彦约传》，中华书局1977年版，第12341页。

[3]（清）谢旻等：《江西通志》卷六七《人物·南昌府二·李登》，文渊阁四库全书本。

[4]（元）马端临：《文献通考》卷五《田赋考五》，中华书局2011年版，第120页。

[5]（元）脱脱等：《宋史》卷一七三《食货志上一》，中华书局1977年版，第4180页。

对。[1] 第二年五月，“罢诸郡经界……初，故相清之奏行经界于六郡，会玉山饥民啸哄，言者归咎焉”。因此，财赋问题未能获得妥善解决。两年后的宝祐二年（1254）十二月，殿中侍御史吴燧言：“州县财赋版籍不明，近行经界既已中辍，欲令州县下属县排定保甲，行手实法。”理宗遂下诏：“先令两浙，江东、西，湖南州军行之。”[2] 所谓“手实法”，即经界手实法。然而，因有人将其与敛财苛政挂钩而抨击之，故很快又被罢止。[3] 宋理宗两次下诏经界皆乍行旋罢，反映了南宋朝廷持续面临财政压力，推行经界困难重重。虽然如此，仍有部分地区陆续落实了土地清查，如宝祐六年（1258）两浙西路严州知州谢奕中奏请行经界。《景定严州续志》载：“宝祐乙卯行手实，不及境。戊午知州谢奕中奏请修明经界之旧，有旨谕之。”[4] 此外，两浙西路的常州也推行了经界。《咸淳毗陵志》载宝祐年间，常州“前政知郡赵屯田重行修明经界”。[5] 景定四年（1263），理宗“诏知宁国府赵汝梅推行经界，不扰而办，职事修举，升直华文阁，依旧任”[6]。赵汝梅在江南东路宁国府推

[1]（明）黄淮、杨士奇编：《历代名臣奏议》卷三一二《灾祥》，上海古籍出版社 1989 年版，第 4037 页。

[2]《宋史全文》卷三四《宋理宗四》、卷三五《宋理宗五》，中华书局 2016 年版，第 2814、2839 页。

[3]（元）脱脱等：《宋史》卷四〇九《高斯得传》，中华书局 1977 年版，第 12326 页。

[4]（宋）钱可则等修：景定《严州续志》卷二《税赋》，《宋元方志丛刊》，中华书局 1990 年版，第 4366 页。

[5]（宋）史能之纂修：《咸淳毗陵志》卷二四《财赋·夏租》，《宋元方志丛刊》，中华书局 1990 年版，第 3168 页。

[6]（元）脱脱等：《宋史》卷四五《理宗纪五》，中华书局 1977 年版，第 884 页。

行经界属于自发式的举措，为缓和当地社会矛盾、增加地方财政收入奠定了基础。

随着宋蒙战争日趋紧张，财政压力持续加重，引发了南宋最后一轮土地清查活动，史称“经界推排”。关于这次经界始于何时，未见宋人明确记载。《宋史·食货志上一》谓咸淳元年（1265）监察御史赵顺孙奏言经界法，云“今之所谓推排，非昔之所谓自实也”[1]。透露出当时经界已在实施。咸淳三年（1267），司农卿兼户部侍郎季镛奏言行推排法：“臣守吴门，已尝见之施行。今闻绍兴亦渐就绪，湖南漕臣亦以一路告成。窃谓东南诸郡皆奉行惟谨。”同样反映出当时多地正在积极推行经界。季镛于咸淳元年（1265）任平江知府，“三年正月迁司农卿权户部侍郎”[2]，他称在任职平江府时看到实行推排法，也就是说在咸淳元年（1265）当地已经开始经界。咸淳四年（1268）二月右正言刘黻上《论经界自实疏》曰：“朝廷有令于郡县，亦既阅三载矣。”[3]由此上溯三年，知朝廷经界之令当为景定五年（1264）出台。明吕邦耀《续宋宰辅编年录》谓景定五年（1264）九月“贾似道请行经界推排法于诸路，由是江南之地尺寸皆有税”[4]。《续文献通考》载：“景

[1]（元）脱脱等：《宋史》卷一七三《食货志上一》，中华书局1977年版，第4181页。

[2] 同治《苏州府志》卷五二《职官》，《中国地方志集成·江苏府县志辑》第8册，江苏古籍出版社1991年版，第494页。

[3]（宋）刘黻：《论经界自实疏》，曾枣庄、刘琳主编《全宋文》第352册，上海辞书出版社、安徽教育出版社2006年版，第398页。

[4]（明）吕邦耀：《续宋宰辅编年录》卷一八《理宗》，王瑞来校补，中华书局1986年版，第1673页。

定五年行经界推排法。始行于平江、绍兴及湖南路，遂命诸路漕帅皆施行焉。”[1]这两则记载亦可佐证之。此次经界推排法于翌年（咸淳元年，1265）次第施行。新发现的徽州富溪程氏《高岭祖茔渊源录》所抄咸淳元年（1265）《开化县给付坟仆自承由帖》曰：

照对本县准使、府帖，备恭奉朝省指挥，举行推排。[2]

“朝省指挥”为宋代公文习语，指朝廷命令，这里指景定五年（1264）经界推排令。由此可知，隶属两浙西路衢州的开化于咸淳元年实施此令。

除开化外，江南西路建昌军南丰也在咸淳年间实行土地清查，“宋咸淳中，南丰行自实法，凡有田者各书其户之顷亩、租收实数悉上于官，以为版籍。”[3]所行“自实法”即为经界推排法。此外，江南东路建康府也在推行经界推排，“咸淳元年，上元、江宁两县推排和买比旧额各有增数”[4]。又元代《丽水县学归田残碑》有“查照本都亡宋咸淳二年推排核实田亩”[5]之文，证明丽水于咸淳

[1]《续文献通考》卷一《田赋考·历代田赋之制》，商务印书馆1936年版，第2773页。

[2]（清）程超宗编：《富溪程氏祖训家规、封邱渊源合编》，上海图书馆家谱馆藏本。

[3]（元）刘埙：《南丰郡志序目》，《全元文》第10册，江苏古籍出版社1997年版，第312页。

[4]（宋）马光祖等纂修：景定《建康志》卷四〇《田赋》，《宋元方志丛刊》第2册，第1994页。

[5]国家图书馆善本金石组编：《辽金元石刻文献全编》第2册，北京图书馆出版社2003年版，第1048页。

二年（1266）同样在进行经界推排。明人苏伯衡记述，金华于咸淳丙寅（咸淳二年，1266）有推排核田的举措。[1]上述季镛奏言亦云，咸淳年间绍兴、湖南等地区曾积极实施经界推排法。度宗咸淳六年（1270）八月诏曰："郡县行推排法，虚加寡弱户田租，害民为甚，其令各路监司询访，亟除其弊。"[2]考其问题指向，应是全局性的。易言之，咸淳年间推行经界是大范围的。

景定、咸淳时期实施的经界推排是南宋最后一次大范围土地清查。通过土地清查，朝廷纠正兼并之家和贪吏影占田土、走弄税钱的混乱局面，重新确立了土地管理秩序。徐元杰回答理宗问询"经界可行否"时言："此非一手一足之力，上要朝廷主盟，次要监司郡守推行，下则县令与僚佐身亲履亩，日夜究心，又得乡井士民协力为之，庶几积日可成。"[3]纵观南宋中后期土地清查活动，可知该论切中肯綮。不仅如此，南宋中后期推行的土地清查活动还对后世产生深远影响，其清查成果成为元代江南地区土地登记和税收征缴的依据。

二、南宋中后期土地清查数字的来源

关于南宋土地清查数字的来源，何炳棣认为"经界数字并非得自履亩勘丈"，而是"一贯地实行田主自行陈报亩角并自行绘制

[1]（明）苏伯衡：《苏平仲文集》卷六《核田记》，四部丛刊初编本。

[2]（元）脱脱等：《宋史》卷四六《度宗纪》，中华书局1977年版，第905页。

[3]（宋）徐元杰：《梅野集》卷一《进讲日记·四月十二日进讲》，文渊阁四库全书本。

丘块示意图”。该论断包括南宋中后期经界法，认为端平年间常熟经界乃“一切根据传统的自实原则”完成的。[1]栾成显对此提出不同看法，认为绍兴经界的土地数字源于实地丈量。[2]那么，南宋嘉定、景定两次土地清查的数字来源究竟为何？

先看嘉定末经界。嘉定十五年（1222）臣僚奏请婺州行经界法，云：

> 今日经界当以绍兴为法，申敕守臣行下属县，各令乡里公举老成之人，勉率都保打量，不得妄有需索。所至地段，仰管佃人先立牌号，委是何人产业……所有量到亩步帐数，类申州郡，差官点覆。[3]

朝廷从之。据此奏请，可以判断婺州经界是通过与业主配合，用丈量法清查土地的。孙德之《东阳县推排纪要序》云：“嘉泰初……有司修复经界，胥一郡之人执牙步、相土毛，蒲伏阡陌陇亩中，历数年，更两太守，而仅于成。”[4]所执“牙步”为丈量工具，可见“有司”需参与丈量土地的工作。又，抚州金溪《宝庆修复经界记》载：

[1] 何炳棣：《南宋至今土地数字的考释和评价（上）》，《中国社会科学》1985年第2期，第138、140、150页。

[2] 栾成显：《鱼鳞图册起源考辨》，《中国史研究》2020年第2期，第91—98页。

[3]（清）徐松辑：《宋会要辑稿》食货七〇，刘琳等点校，上海古籍出版社2014年版，第8180页。

[4] 孙德之：《东阳县推排纪要序》，曾枣庄、刘琳主编《全宋文》第334册，上海辞书出版社、安徽教育出版社2006年版，第163页。

> 未几推排令下，乃进耆老而诹焉，咸曰："非经量不可。"亟请命于庙堂，于是稽绍兴之故规，参婺、台之近例，僚友叶心，乡官效力，周行畎浍，亲展尺度，揆量既定，簿正一新。[1]

金溪接到实施推排法命令后，征求当地耆老意见。认为仅实施推排不足以解决问题，而须丈量土地，因此向朝廷请示后推行。"周行畎浍，亲展尺度"，反映了金溪清查土地乃遵循绍兴经界规制，到田头沟边实地丈量亩步。这与上述婺州所行经界法的情形相同。

《常熟县版籍记》云："按绍兴成法、参以朱文公漳州所著条目，随土俗损益之……田若地标氏名、亩步于塍间，验而实者，因而书之，否则量而会之……其履亩而书也。"[2]"履亩"者谓丈量田亩。对此，徐元杰在淳祐四年（1244）与宋理宗讨论经界法时言：

> 近日南剑守臣黄自然陈便宜事状，内一项请修正砧基簿，此却简要易行，省得履亩，无变更走弄。上曰："履亩如何变更？"奏云："谓如每乡都经量后，难得税钱恰恰如数，或多或欠，必须改正，才改正便奸弊，此其所以难成。"[3]

---

[1] 弘治《抚州府志》卷一二，《天一阁藏明代方志选刊续编》第47册，上海书店出版社1990年版，第730页。

[2]（宋）杜范：《清献集》卷一六《常熟县版籍记》，文渊阁四库全书本。

[3]（宋）徐元杰：《梅野集》卷一《进讲日记·四月十二日进讲》，文渊阁四库全书本。

徐元杰解释称，履亩须经量，复杂难成。常熟经界与朱熹在漳州行经界的方法类似，朱熹所撰《晓示经界差甲头榜》载："打量纽算，置立土封，桩摽界至，分方造帐，画鱼鳞图、砧基簿及供报官司文字应干式样。"[1]标识田土业主姓名和亩步是经界的必要步骤，可提高勘验效率，与丈量并不矛盾。由于官府所藏簿籍漫漶不可考，故所谓"验而实者"之"验"，唯有实地丈量，别无他途。丈量之法计算麻烦，这是论者怀疑南宋经界数字并非源自丈量的理由。不过朱熹在漳州经界时创造了一种简便方法："乡在临漳，访问打量算法，得书数种，比此加详。然乡民卒乍不能通晓，反成费力。后得一法，只于田段中间先取正方步数，却计其外尖斜屈曲处，约凑成方，却自省事。"[2]依此法丈量，效率大为增加。常熟经界参照了朱熹之法，又有所改进，若再加以推广，丈量成效势必显著。

经界除丈量土地，还需绘制鱼鳞图，即根据田地形状，画出田形图。鱼鳞图所示土地鳞次栉比，[3]如果单取散户田块图，恐怕无法完成，因此绘制鱼鳞图必须掌握整个保的田土情况。朱熹在《经界申诸司状》中谈到鱼鳞图的制作："图帐之法，始于一保。大则山川道路，小则人户田宅，必要东西相连，南北相照，以至

[1]（宋）朱熹：《晦庵先生朱文公文集》卷一〇〇《晓示经界差甲头榜》，《朱子全书》第25册，上海古籍出版社、安徽教育出版社2002年版，第4624页。

[2]（宋）朱熹：《晦庵先生朱文公文集》卷五一《答黄子耕》，《朱子全书》第22册，上海古籍出版社、安徽教育出版社2002年版，第2384页。

[3] 汪庆元：《明清鱼鳞总图汇考——以徽州鱼鳞图册为中心》，《历史研究》2015年第6期。

顷亩之阔狭、水土之高低，亦须当众共定，各得其实。”[1]何炳棣认为，南宋经界先由业主自行陈报画图，都保等参考原有图籍，核对当时丘亩，最后编成鱼鳞图册。殊不知，业主自行陈报之画图乃一户之田图，零散不成片，加之百姓所绘不规范、不准确，很难将其整合成一幅四至方位紧密相连、鳞次栉比的鱼鳞图。唯有按保实地勘察丈量，才能绘成鱼鳞图。总之，嘉定末常熟经界主要是通过丈量土地获得数据来攒造版籍的。

当然，因各地情况不同，土地登记不全采用丈量清查法，也有自行呈报的情况。如《华亭县修复经界记》载：

> 置围田局，募甲首，给清册，命之曰抄撩。匿者露，虚者实……则以礼属乡官，分任其责，不履亩，不立限，不任吏。每都甲首，乡官择之；每围清册，甲首笔之。田之顷亩，昭然可观。[2]

华亭“不履亩”而用募甲首之法清查土地、并给清册，命甲首抄写整理。所谓募用“甲首凡八千八百八十有一”，[3]即采取民户自陈和甲首核查相结合的方法。此外，如杜正贞所指出的，对于一些亩数较大的山林，因丈量技术有限，“其实是没有经过丈量的估

[1]（宋）朱熹：《晦庵先生朱文公文集》卷二一《经界申诸司状》，《朱子全书》第21册，上海古籍出版社、安徽教育出版社2002年版，第959页。

[2]（宋）袁甫：《蒙斋集》卷一四《华亭县修复经界记》，文渊阁四库全书本。

[3] 嘉庆《松江府志》卷二〇杨瑾《经界始末序略》，续修四库全书本。

算数字，或者至少这种丈量并不是用弓尺度量的方式完成的。”[1]然总体而言，南宋中期经界以丈量为主，少数采取业主自实法。

再来讨论景定经界的土地清查方式。南宋末的经界推排与一般意义上的核查财产、升降户等有所不同，是朝廷为解决宋蒙战争造成的财政税赋紧缺问题而特别下令推行的以土地清查为核心的核田定税法。正如梁庚尧所言，此次推排“为简易的经界法”。[2]另有学者认为，推排是介于经界和自实之间的一种折中办法。[3]《宋史·食货志》载有咸淳年间监察御史赵顺孙、司农卿兼户部侍郎季镛对经界的认识，赵顺孙言：

> 经界将以便民……且今之所谓推排，非昔之所谓自实也。推排者，委之乡都，则径捷而易行；自实者，责之于人户，则散漫而难集。嘉定以来之经界，时至近也，官有正籍，乡都有副籍，彪列昈分，莫不具在，为乡都者不过按成牍而更业主之姓名。若夫绍兴之经界，其时则远矣，其籍之存者寡矣。因其鳞差栉比而求焉，由一而至百，由百而至千，由千而至万，稽其亩步，订其主佃，亦莫如乡都之便也。[4]

[1] 杜正贞：《明清以前东南山林的定界与确权》，《浙江社会科学》2020年第6期，第122页。

[2] 梁庚尧：《南宋的农村经济》，联经出版事业公司1984年版，第269页。

[3] 苗书梅等：《南宋全史·典章制度卷》下册，上海古籍出版社2012年版，第62页。

[4]（元）脱脱等：《宋史》卷一七三《食货志上一》，中华书局1977年版，第4181页。

季镛认为，以往经界、自实不行的原因在于官吏不任事，同时肯定了推排法“委之乡都”的价值：“不过以县统都，以都统保，选任才富公平者，订田亩税色，载之图册，使民有定产，产有定税，税有定籍而已。”[1]

据赵、季两人所言，似乎南宋末推排采用的是介于经界与自实之间的乡都核实法。周曲洋认为，赵顺孙之所以舍自实法而强调推排法，是因为基层联户组织层层上报的效率更高。[2]实际上，赵顺孙的主张还有另外一项重要内容，即认为嘉定以来的经界簿籍“莫不具在”，“为乡都者不过按成牍而更业主之姓名”。由于自实法被诟为敛财苛政，遭到朝野人士抨击，景定五年（1264）遂改用推排之名。不过，正如宝祐二年（1254）殿中侍御史吴燧所说，当时“州县财赋版籍不明”[3]，圆所以赵顺孙的想法实施起来相当困难。他不了解州县所存版籍成牍制定于三十多年前，已与民户实际占有田产及承担赋税的状况不相符，不能用作核实田土情况的依据。因此，赵顺孙和季镛主张的乡都核实，只不过是南宋末期土地清查的辅助程序。各地推行经界法时限于财力，不得不依靠自实法。宝祐六年（1258），两浙西路严州建德县推行经界，知县潜说友“遂询佥谋宾，乡望严选任。曾不期月，而九

[1]（元）脱脱等：《宋史》卷一七三《食货志上一》，中华书局1977年版，第4181—4182页。

[2] 周曲洋：《“结甲自实”与“打量画图”：南宋经界法推行的两种路径》，《学术研究》2021年第7期，第150页。

[3]《宋史全文》卷三五《宋理宗五》，中华书局2016年版，第2839页。

乡二十一都各以其籍来上”。[1]开庆元年（1259），福建路汀州知州胡太初奏行经界云：“臣谓经界之法未易轻议，自实之令委为可行，欲望朝廷持赐札下令，照两浙体例奏行自实，仍以其式颁下。”[2]从潜说友所言建德经界法及胡太初所言“照两浙体例奏行自实”，不难看出当时所谓经界采取的就是自实法。除两浙西路外，其他路分亦不例外。前引刘埙《南丰郡志序目》载：“宋咸淳中，南丰行自实法，凡有田者各书其户之顷亩、租收实数悉上于官，以为版籍。”南丰属江南西路建昌军，也推行自实法。咸淳四年（1268）右正言刘黻所上《论经界自实疏》曰：

> 申经界之政，以整齐天下，顾何所不可？而归之于推排者，虑经界之行，不可以不察，察则扰；不可以不要之于久，久则玩；于是求其易简而可行者，有推排之法在。实而田产，正而赋税，若秦法令黔首自实田之意，不过仿昔人经界之遗意。籍则自置，赋则自陈，各实其所自有，而不堕于以有为无，以多为少之弊……臣谓宜使郡责之县，县责之乡，原管产若干，精选乡隅官任责稽考，俾户户登载，无隐漏，无诡挟。[3]

[1]（宋）钱可则等修：景定《严州续志》卷二《物力》，《宋元方志丛刊》，中华书局1990年版，第4367页。

[2]《永乐大典》卷七八九五《汀州府·丛录·汀州志》，中华书局1986年版，第3673页。

[3]（宋）刘黻：《论经界自实疏》，曾枣庄、刘琳主编《全宋文》第352册，上海辞书出版社、安徽教育出版社2006年版，第398—399页。

他认为推行经界法容易产生细察则扰、久则轻慢的问题，而推排法因其简便所以可行，“籍则自置，赋则自陈，各实其所自有”，“乡隅官任责稽考”，故谓“经界自实”。这是对南宋后期经界法的精准定义。

景定经界推排借鉴了绍兴经界时王铁所倡自实法。宝祐二年（1254）理宗问大臣：“自实之法施行如何？”谢方叔等奏：“自实即经界遗意，惟当检制吏奸，宽其限期，行以不扰而已。”[1]王铁“既不行打量画图，造纳砧基簿，止令人户结甲供具，委是易于措置，不扰于民”。“结甲供具”即自行供具田产、税赋，实际就是自实法。同时，王铁还辅之以保甲连保，“令逐都保先供保伍帐，排定人户住居去处。如寄庄户，用掌管人，每十户结为一甲。从户部经界所立式，每一甲给式一道，令甲内人递相纠举，各自从实供具本户应干田产亩角数目、土风水色、坐落去处、合纳苗税则例，具帐二本”。[2]即不仅要求民户以结甲帐供具田亩、税赋，而且令保甲内人互相纠举。

徽州《富溪程氏祖训家规、封邱渊源合编》抄录的两件文书，对于研究南宋末期经界推排法具有重要价值，兹先移录《开化县给付坟仆自承由帖》于下：

开化县推排专局地字一伯六十七号，照对本县准使、府

[1]《宋史全文》卷三五《宋理宗五》，中华书局2016年版，第2841页。

[2]（清）徐松辑：《宋会要辑稿》食货七〇，刘琳等点校，上海古籍出版社2014年版，第8174、8173页。

帖，备恭奉朝省指挥，举行推排，务令着实。如有隐漏、诡挟、飞寄，定照常平条令施行。本县除已行下诸都团结保甲，令据各都申到外，合出给自承由子，付官、民户。仰便照已发式样，立土峰牌由伺候。都保审实，如式书填草由，付人户收执，凭此各置砧基两本，将户内但干产业开具，并行自佃、税色于内。不能书算，听从都保，从大小保甲里辖保明，付之总督，着实点对，保明缴纳于县，印押。乙本留县，乙本参对草由，换给真由，并付业主永远收执。如外州县客产，业主不在本县，即仰佃、干执催，一体施行，却与宽限办集。空无产之人，即称无产，见住何人地屋，或佃何人田土，亦仰从实供具，限五日先次缴申元由，亦须都保保明，从总督类申。不得违滞此（者，引者补）。右给自承由子，付第九都五保□户。准此指挥，虔恪奉行，毋致自贻罪戾。咸淳元年十二月□日给□知县操□县丞洪。[1]

这是一份由官府统一印制的颁给人户的推排告知书，开列了推排程序和注意事项。告知书登记有字号，“地字”当以保为单位编排。开化设有推排专局，作为组织机构实施推排。首先，由各都结保甲，颁发给民众“自承由子”。其次，民户根据统一要求，立“土峰牌由”，自供田产、业主信息，不丈量土地。再次，民众书填“草由”，都保审核后还付民众。复次，民众凭“草由”置立

[1]（清）程超宗编：《富溪程氏祖训家规、封邱渊源合编》，上海图书馆家谱馆藏本。

两本砧基簿，经本保甲保明付总督。最后，砧基簿核实后缴县钤印，一本留县，一本与自承“草由”参对核实，并将“草由”换成“真由”，作为土地凭证发给民户。总之，开化推排采取的是自实申报为主、结甲担保纠察为辅的土地清查模式。

在上引帖文后，还收录由业主程知县坟仆刘四二提交的《坟仆供报屋产状》，详细供报了程知县的田亩信息。这两份资料十分清晰地展示了南宋末期经界推排法的实施内容和操作程序。当时，设推排专局推行推排、发放自承由帖、自实陈报田产应是衢州甚或两浙西路的统一安排，具有普遍意义。

综上所述，南宋中后期土地清查的方式分为两种，始于嘉定末的经界以丈量土地法为主，始于景定末的经界推排以自实法为主。丈量法虽然比较彻底，但耗费大量人力物力，执行成本高，在南宋末年国力日衰、财政日益吃紧的状态下难以持久。于是，南宋朝廷因时制宜，在尽量不影响社会生产的前提下，采取简易的自实申报、配以结甲纠举的方式清查土地。

三、土地簿籍的攒造和地籍体系的完善

以往学者较多关注绍兴经界攒造的鱼鳞图和砧基簿，而对南宋中后期的土地簿籍不太重视。其实，这一时期出现了有别于绍兴经界的簿籍，对南宋乃至后世土地管理能力的提升具有重要意义。

南宋中后期最具代表性的土地簿籍，当属常熟经界中所造者。

杜范《常熟县版籍记》载：

> 五十都，都十保，其履亩而书也，保次其号为核田簿，号模其形为鱼鳞图，而又稡官、民产业于保为类姓簿，类保、都、乡于县为物力簿。[1]

其中提到四种簿图：核田簿、鱼鳞图、类姓簿、物力簿。以下，对这四种簿图分别做具体探讨。

其一，核田簿。以保为基本单位丈量田亩，登记业主和税赋信息，对田块编字号，是为核田簿。绍兴“经界之法，每都分为十保，保自有字号”[2]。据栾成显考证，绍兴经界时，打量图帐已有田土流水字号，字号次序取自《千字文》。[3]《名公书判清明集》所涉买卖契约字号与现存南宋徽州实物地契字号，都可从《千字文》中找到原文。尚平指出，砧基簿采用分级编定字号的方法标识田地丘块，同时与都保区划相联系，构成四级编号模式，且在字号后再附数字序号标识田地丘段。[4]不过，砧基簿的字号应该来自先前打量而成的鱼鳞图簿。从常熟经界法看，土地号分为两级。常熟九乡有五十都，每都十保，计五百保，以保为单位，参照《千字文》文字顺序，统一分配编制字号，使每保字号在一乡

[1]（宋）杜范：《清献集》卷一六《常熟县版籍记》，文渊阁四库全书本。

[2]（宋）舒璘：《舒文靖集》卷下《再与前人论荒政》，文渊阁四库全书本。

[3] 栾成显：《鱼鳞图册起源考辨》，《中国史研究》2020 年第 2 期。

[4] 尚平：《南宋基簿与鱼鳞图册的关系》，《史学月刊》2007 年第 6 期。

之内具有唯一性。在保字号之后，再配二级数字序号。如景定五年（1264）项永和所卖地为“土名下坞食字号四十八号夏（下）山一亩”[1]，“食”是保字号，“四十八”是序号。由于字号代表某保，保之上有都，某都保土地不会与其他都保土地相混淆，所以有保字号和数字序号两级编号即可。人户、土地一旦登记在册，便可据号索查，不易遗漏。地块编号是宋人的发明，不仅用于土地监管，还广泛使用于土地买卖契约，有效保证了土地交易市场的有序运转。

其二，鱼鳞图。在丈量田块的同时，根据田块形状，画出田形图，并依次标上与核田簿相同的保字号和数字序号，制成鱼鳞图。鱼鳞图的特点是所绘田土丘块相连，反映整个保的田土情况，而单一田块图则相对分散，难以与核田簿一一对应。鱼鳞图是编了号的图，它与核田簿共同构成以田为母、以人从田的图簿地籍体系。鱼鳞图的绘制与核田簿的攒造应同步进行。

元明时期有“流水簿”“流水册”，而宋代文献不载“流水簿（册）”之名，但所谓“流水簿”应该就是鱼鳞图簿中的“簿”，而核田簿“当为流水册在宋代的称呼”。[2]陈高华指出“流水簿和鱼鳞图一样，亦可追溯到宋代”。但为何叫“流水簿（册）”呢？陈高华认为，或许“流水册”是某一地区的自然土地图形。[3]梁方仲

[1] 张传玺主编：《中国历代契约会编考释》上册，北京大学出版社1995年版，第538—539页。

[2] 周曲洋：《“结甲自实”与“打量画图”：南宋经界法推行的两种路径》，《学术研究》2021年第7期。

[3] 陈高华：《元朝的土地登记和土地籍册》，《历史研究》1998年第1期。

则解释为“意即近于今日活页之装订”。[1]可是，装订成活页的簿册远不止核田簿一种，何以单称核田簿为“流水簿”？笔者认为，既然核田簿不是按田产多寡区分等级高下，那便与“以物力高下定为流水通差”的差役法无关。[2]核田簿以地为母登记信息，著录田块亩步、税赋，与鱼鳞图相呼应，自然以号数为序逐块登记。分册装订时，每册封面上标注自几号始至几号终，依号架阁存档，便于查找核对。所谓“流水”者，盖一、二、三、四数字之流水号也。明人危素谓元代余姚州核田后攒造的核田簿为“画田之形，计其多寡以定其赋，谓之流水不越之簿”[3]，“流水不越”即指数字有序排列。“流水簿”实际是后人起的比较形象的俗称。正如“鱼鳞图”，在绍兴经界法所绘田图中也不叫这个名称，同样是因其酷似鱼之鳞、梳之齿而得名。

其三，类姓簿。类姓簿以保为统计单位，以核田簿为蓝本，将一保之内各户田土、业主、税钱信息抄出，再按姓氏分类制成册簿。其特点是“以姓为别，欲求其人，于姓下稽之即得”[4]。周曲洋指出绍兴经界时已制类姓簿，这无疑是正确的。嘉定时，常熟、金溪和婺州三地经界都攒造类姓簿，并非偶然现象，而是沿

[1] 刘志伟编：《梁方仲文集·明代鱼鳞图册考》，中山大学出版社2004年版，第289页。

[2]（清）徐松辑：《宋会要辑稿》食货六六，刘琳等点校，上海古籍出版社2014年版，第7875页。

[3]（元）危素：《说学斋稿》卷一《余姚州核田记》，文渊阁四库全书本。

[4]（明）刘球：《两溪文集》卷二二《故封翰林编修文林郎孙先生行状》，文渊阁四库全书本。

袭绍兴经界的传统。但他认为，宋代砧基簿是类姓簿的副本，由类姓簿分拆而成，作为田产和赋税的凭据发给个户保存，或可商榷。李椿年于绍兴行经界时云：

> 令官、民户各据画图了当，以本户诸乡管田产数目从实自行置造砧基簿一面，画田形丘段，声说亩步四至、元典卖或系祖产，赴本县投纳点检，印押类聚。限一月数足，缴赴措置经界所，以凭照对画到图子，审实发下，给付人户，永为照应。[1]

砧基簿是诸乡田产的总归户簿，先由民众根据鱼鳞图帐“自行置造”，再经官府核定后发给民众，然后在此基础上制成乡、县砧基簿。而绍兴经界是先画鱼鳞图，后造砧基簿，[2]故不能导出砧基簿是在类姓簿基础上抄录而成的结论。

砧基簿与类姓簿在攒造途径上有所不同。砧基簿由民户自造，经官府核实后成为官民双方共同认可的土地管理凭证，体现了遏制不法官吏暗增税赋、营私舞弊的用意。《常熟县版籍记》所言“民以实产受常赋为砧基簿，印于县而藏之家，有出入则执以诣有司书之。强无幸免，弱无重困，虽茕嫠幼孤，皆知其自有之业

[1] （清）徐松辑：《宋会要辑稿》食货七〇，刘琳等点校，上海古籍出版社2014年版，第8172页。点校本将“以凭照对画到图子”误标点成“以凭照对。画到图子”，致失原意。

[2] 参见汪庆元：《明清鱼鳞总图汇考——以徽州鱼鳞图册为中心》，《历史研究》2015年第6期；栾成显：《鱼鳞图册起源考辨》，《中国史研究》2020年第2期。

与当输之赋，污吏猾胥不得加尺寸升合以扰之”[1]，即其旨趣所在。前引《开化县给付坟仆自承由帖》亦可佐证砧基簿由百姓自行攒造，经官府核实后颁给。相比而言，类姓簿只有某户在一保内的田产信息，缺乏他乡他保的田产数字，故不构成完整的田产信息，这点与汇载一县诸乡田产的砧基簿不同。

其四，物力簿，即汇集各保之类姓簿于县。这样做的益处是容易统计散在诸乡保的人户总田产，使得某户财产多寡一目了然，不易遗漏。物力簿的攒造显然吸收了朱熹在漳州行经界法时的经验：“每遇辰、戌、丑、未之年，逐县更令诸乡各造一簿，开具本乡所管田数、四至、步亩等第，各注某人管业……又造合县都簿一扇，类聚诸簿，通结逐户田若干亩、产钱若干文。”[2]朱熹主张攒造通结一县逐户完整的田产、税钱统计簿。常熟物力簿正是这样的汇总册，较之类姓簿，信息更为全面。

核田簿和鱼鳞图是以田为母、以人从田的地籍总簿，类姓簿和物力簿是以人为母、以田从人的地籍分类帐册。类姓簿是小帐，物力簿为大帐。二者都是归户册，但统计田产、便于监管的地籍属性没有改变。常熟攒造的物力簿是一种新创簿书，不见于绍兴经界相关记载，与先前只载家业钱、不载田亩数的物力簿也不尽相同。如青田主簿陈耆卿在嘉定十五年（1222）行经界前上疏，云“税之厚薄，当视其物力；物力之高下，当视其产。今田顷亩初不见于簿，

[1]（宋）杜范：《清献集》卷一六《常熟县版籍记》，文渊阁四库全书本。

[2]（宋）朱熹：《晦庵先生朱文公文集》卷一九《条奏经界状》，《朱子全书》第20册，上海古籍出版社、安徽教育出版社2002年版，第878—879页。

而物力之贯陌，独载之簿，若是则其源既失矣”[1]。常熟经界物力簿较之先前，信息更为完备，有田产、税钱数字，为排定差役提供了坚实依据。[2]有了物力簿，制定差役簿书便十分容易。元至正十年（1350），婺州路核查田土并撰造土地簿册，“以人之姓相类而著其粮之数于后者，曰类姓；以税粮之数相比而分多寡为后先者，曰鼠尾”[3]。其鼠尾册，便是宋代物力簿的衍生。

绍兴经界攒造砧基簿，将田产税赋监管落实到个户。常熟经界法新创物力簿，且据新定总田产物业簿，重新规划税赋，为修正砧基簿中田产、税赋信息提供了依据。常熟经界法逐块丈量田亩，登记业主、税赋信息制成核田簿，绘图编号制成鱼鳞图，复经类姓簿类析，再汇总为物力簿，构成一套完整的土地清查作业程序。

此外，《宝庆修复经界记》载金溪经界簿籍有：

> 汀（丁）口、田簿五百三十有三，鱼鳞图四百九十有七，簿一千有六，攒结簿五百有三，摆算簿四百八十，类姓簿四十有九，编并簿五十，科折簿百，税苗簿百，役钱簿七尺

[1] 陈耆卿：《陈耆卿集》卷四《奏请正簿书疏》，浙江大学出版社2010年版，第38页。据光绪《青田县志》卷八《官师名宦》载，陈耆卿嘉定十年（1217）“以迪功郎主县簿，在邑三年”，知其上《奏请正簿书疏》当在嘉定十一年（1218）前后。

[2]（清）徐松辑：《宋会要辑稿》食货六六，刘琳等点校，上海古籍出版社2014年版，第7877页。

[3]（明）王祎：《王忠文集》卷九《婺州路均役记》，文渊阁四库全书本。

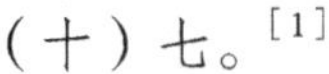

（十）七。[1]

金溪设六乡，[2]共四十九都。“类姓簿四十有九”，即言类姓簿是以都为单位攒造的。“编并簿五十”，是合四十九都之类姓簿为总簿，这与常熟合保、都、乡类姓簿为物力簿性质相同。其中，四十九份下发给都，一份留县衙。科折簿和税苗簿是在各都类姓簿基础上修订而成的税赋、折变科率登记簿。“鱼鳞图四百九十有七”，以保为基本单位。一都有十保，四十九都总计四百九十保。每保一图，则有四百九十图。外加六乡，各乡汇为一图，计六图。最后总为一图，共计四百九十七份图。所谓田簿，与常熟核田簿相同。丁口簿与田簿合计有五百三十三份，说明金溪也以保为土地统计单位。土地清查与发排差役息息相关，统计丁口是为征发差役做准备，绍兴经界中也有这项统计内容。丁口簿即丁籍，是完整意义上的户籍。至于剩下的攒结簿和摆算簿，则皆为当时各种钱粮税赋缴纳结算的统计簿。《开庆四明续志》载：“沿海制置大使司水军官兵券食等钱及诸府第香火、官亲兵衣料钱，次年攒具总收支细帐申省部，摆算理豁。”[3]由此可以类推这些簿籍的内容。

---

[1] 弘治《抚州府志》卷一二潜數《宝庆修复经界记》，《天一阁藏明代方志选刊续编》第47册，上海书店出版社1990年版，第730—731页。

[2] 弘治《抚州府志》卷一《封域·建置》，《天一阁藏明代方志选刊续编》第47册，第70—71页。

[3] 吴潜修，梅应发、刘锡纂：开庆《四明续志》卷四《经总制司》，《宋元方志丛刊》，中华书局1990年版，第5964—5965页。

婺州经界簿籍的情况为："凡结甲册、户产簿、丁口簿、鱼鳞图、类姓簿二十三万九千有奇，创库匮以藏之。"[1]婺州攒造的簿籍数量惊人，其所耗费的精力可想而知。结甲册乃沿袭绍兴经界法，为辅助土地清查而制作。户产簿不见于前述常熟、金溪经界簿籍，故需稍作考述。

婺州攒造巨量簿籍，当与以户为撰造单位有关。所谓二十三万余经界簿籍，如前所述，是嘉定十七年（1224）上奏朝廷时的统计数，应该未包括兰溪和东阳的簿籍，因为这两地延迟到绍定时才完成经界。顾名思义，户产簿应指以户为单位制成独立的田产归户簿。户产簿不等同于物力簿，物力簿虽有每户总田产数，但未以个户攒造。当时已有田产归户的砧基簿，因此不会在砧基簿之外，再耗费巨大精力另造一个独立体系的田产归户簿。实际上，早在嘉泰二年（1202），李心传就曾指出："今州县坫（砧）基簿半不存。"[2]既然出现如此状况，那么重造砧基簿当是婺州经界应有之举。《名公书判清明集》载翁甫（浩堂）判词有"产簿"之谓，云：

江山县詹德兴以土名坑南、牛车头、长町丘等田，卖与毛监丞宅……今据毛监丞宅执出缴捧干照，有淳熙十六年及绍熙五年契两纸，各系詹德兴买来，又有嘉熙四年产簿一扇，

[1]（元）脱脱等：《宋史》卷一七三《食货志上一》，中华书局1977年版，第4179页。

[2]（宋）李心传：《建炎以来朝野杂记》甲集卷五《经界法》，《全宋笔记》第69册，大象出版社2019年版，第99页。

具载上件田段，亦作詹德兴置立，不可谓非詹德兴之业矣。[1]

细研翁甫所言“产簿”，发现其实际所指就是发给人户持有的砧基簿，与官府所持的五等丁产簿无关。江山毗邻婺州。由此不难推断，翁甫所言“产簿”与婺州经界“户产簿”当为同一种簿书，都是当地对砧基簿的俗称。换言之，户产簿是民户自攒后经官府认定的砧基簿。

鱼鳞图册的攒造为制定其他簿籍提供了基础数据，有益于摊派税赋，纠正簿籍乱象。鱼鳞图标示了田地位置，描绘了地形、亩步大小，与核田簿配合使用（无簿则无以行图，无图则无以行簿），为有效管理土地发挥了重要作用。与其他土地簿籍相比，鱼鳞图册的独特优点“是超时代的”。[2] 顾炎武称赞道：“人虽变迁不一，田则一定不移，是之谓以田为母，以人为子，子依乎母，而的的可据，纵欲诡寄埋没，而不可得也。此鱼鳞图之制然也。”[3] 诚如斯言。通过鱼鳞图，能较为有效地掌握土地流动和人户占有的状况。不过，鱼鳞图的局限性亦不容忽视。历史上每一次攒造的鱼鳞图册都只是某一时间点土地田产状况的静态记录，而实际

[1]《名公书判清明集》卷五《受人隐寄财产自辄出卖》，中华书局 1987 年版，第 136 页。

[2] 何炳棣：《南宋至今土地数字的考释和评价（上）》，《中国社会科学》1985 年第 2 期。

[3]（明）顾炎武：《天下郡国利病书·常镇备录·武进县志》，《顾炎武全集》第 13 册，上海古籍出版社 2011 年版，第 721 页。

上田产随着日常土地交易不断在发生变化。[1]鱼鳞图册的生命力在于所绘图形、编号与其代表的土地、业主实际信息相一致。但在具体实践中，则受到以下几个方面的限制。

其一，南宋社会分家析户现象十分普遍，[2]而分家析户势必导致田产分割。《名公书判清明集》载有一件某户民家析分为三户的案例：

> 缪昭生三子，长曰渐，次曰焕，幼曰洪……今缪渐兄弟俱亡，其子孙析而为七，各有户名……乡司先将缪渐税钱均作三分，除倒元户外，押各人对众摽佥，本县约束。[3]

此缪姓祖业田产从原先登记的一户析而为三，原先的田形图、田产字号、亩步信息、业主姓名、税赋都因为田产变更而名不副实，乡司须根据变更后的新情况，重新绘制、登记田产信息。

其二，南宋土地交易盛行，换手频繁，土地买卖细碎化，原先编号的某一块土地常常被分割成多块进入买卖市场。例如嘉定八年（1215）徽州吴拱卖地契云：

---

[1] 汪庆元：《清代徽州鱼鳞图册研究——以〈休宁县新编弓口鱼鳞现业的名库册〉为中心》，《历史研究》2006年第4期。

[2]（宋）窦仪等：《宋刑统校证》卷一二《卑幼私用财》，岳纯之校证，北京大学出版社2015年版，第169页。

[3]《名公书判清明集》卷四《缪渐三户诉祖产业》，中华书局1987年版，第105页。

录白附产户吴拱，祖伸户，有祖坟山一片，在义成都四保，场字号项七仁后坞式拾柒号尚（上）山，在坟后高山，见作熟地一段，内取三角，今将出卖与朱元兴。[1]

宋制六十步为一角，四角为一亩。吴拱从祖产场字号的地内划出三角卖给朱元兴，出卖后一块地变成两块，原先的"场字"编号、数据无法准确标示被分割出卖的土地，也就无法真实反映土地产权持有人变动后的状况。

其三，宋代土地除绝卖外，出典也十分流行。土地出典在国家赋税征收制度中被视同土地产权转移，业主向他人出典土地后，必须过割赋税，将赋税缴纳义务一并转移给承典者。[2]等到出典期满，业主赎回土地后，再次回割赋税。土地及税赋对象频繁转移，相关信息往往无法在鱼鳞图簿上及时得到反映。

土地登记信息的变动，致使原有的鱼鳞图需要重新绘制。官府赋予相关田块新的登记编号，结果编号数字越来越大。除编号外，土名、亩步、四至、田税等信息也需一同调整。当然，官府可以选择贴签附注、涂改图文等方式进行修改，但贴签、涂改越多，查阅越加不便，即便抽换原纸，也难免紊乱。加之滑吏豪右营私舞弊、走弄税钱、人为作梗，原先制定的土地簿籍信息逐渐滞后于实际状况，其功效慢慢丧失，最终因无法使用而散落亡佚。这在宋代有很多案例。如庆元元年（1195）有臣僚奏言："伏自

[1] 张传玺主编：《中国历代契约会编考释》上册，北京大学出版社1995年版，第532页。

[2] 戴建国：《宋代的民田典卖与"一田两主制"》，《历史研究》2011年第6期。

经界之久，打量图帐一皆散漫，递年税籍又复走弄，所以州县日益匮乏，莫知所措，虽欲稽考，猝难搜索。”[1]造成绍兴经界以后图帐散漫混乱的原因是多方面的，上述鱼鳞图册自身的局限性不能忽视。各级官府每隔一段时期便不得不重新核田、绘图，整修土地簿籍。对此，朱熹敏锐地指出一次性经界所制定的簿籍不具持久性，提出“三十年一番经界方好”的设想，[2]这一设想被后来的经界实践证明是远见卓识。也就是说，每一次攒造的鱼鳞图册，其使用寿命也就三十年左右。

南宋中后期土地清查所攒造的鱼鳞图、核田簿、类姓簿、物力簿、砧基簿、由子等系列簿籍，完善了绍兴经界开创的地籍体系，强化了赋税征收，纾解了财政困局，对维系政权起到重要作用。如把视野往后延展，不难发现南宋经界法和所造系列簿籍影响了元明清土地簿籍制度。

已有不少学者指出，元代江南的土地登记承袭了南宋末的自实法，所攒造的土地簿册大多可在宋代找到蓝本。[3]元至正十年（1350）婺州经界应与南宋嘉定年间婺州经界存在一定渊源。[4]此外，前述开化所颁土地凭证“由子”亦为元代所借鉴。史载至正二年（1342）余姚核田，“田一区，印署盈尺之纸以给田主，为之

[1]（清）徐松辑：《宋会要辑稿》食货六九，刘琳等点校，上海古籍出版社2014年版，第8064页。

[2]（宋）黎靖德编：《朱子语类》卷一一一《朱子八·论民》，中华书局1986年版，第3559页。

[3] 陈高华：《元朝的土地登记和土地籍册》，《历史研究》1998年第1期。

[4] 周曲洋：《“结甲自实”与“打量画图”：南宋经界法推行的两种路径》，《学术研究》2021年第7期，第153页。

乌由，凡四十六万余枚。田后易主，有质剂无乌由，不信也”。[1]至正十八年（1358）上虞核田，“每号署图一纸，具四至、业佃姓名，俾执为券，曰‘乌由’”[2]。元代余姚、上虞清查田产后颁给业主之“乌由”，应与宋代“由子”是同一性质的土地凭证，只不过“由子”登记的是业主所有土地，而“乌由”只登记部分土地。明洪武二十年（1387）前后，明太祖派人往各地核田，“每区设粮长四人，使集里甲、耆民，躬履田亩以量度之。图其田之方圆，次其字号，悉书主名及田之丈尺、四至，编类为册，其法甚备，以图所绘，状若鱼鳞然，故号鱼鳞图册”[3]。明核田造鱼鳞图册的方法与南宋常熟经界法极为相似。可见自绍兴经界至明代的清查土地、制作土地簿籍，其基本方法一脉相承，且这一传统一直延续至清代。

四、结语

“自古国家未有不以田土为重者”[4]。南宋中后期较大规模的土地清查主要有两次，分别为中期始于嘉定十五年（1222）的经界法和后期始于景定五年（1264）的经界推排法。南宋中期各地土地清查大多以丈量为主，后期则因国力孱弱，财政紧张，而改为

[1]（元）危素：《说学斋稿》卷一《余姚州核田记》，文渊阁四库全书本。

[2]（明）朱右：《白云稿》卷四《韩侯核田事实序》，文渊阁四库全书本。

[3]《明实录》第4册《明太祖实录》卷一八〇“洪武二十年二月戊子”条，中华书局2016年版，第2726页。

[4] 万历《金华府志》卷六《田土》，《四库全书存目丛书》史部第176册。

户主自实法，同时配以结甲纠举。经界所攒造的一系列簿籍，为官府调整赋税提供了依据。鱼鳞图册优势明显，但也存在局限性。宋代势家豪右隐瞒田产、诡名子户、降低户等、逃避税役现象十分严重，而平民百姓往往无田却承担繁重税役，甚者不得不流徙他乡，加剧了社会矛盾。实施经界后，上述违法行径多有纠正，赋税收入增加。如“剑外诸州之田，自绍兴以来，久为诸大将吴、郭、田、杨及势家豪民所擅，赋入甚薄，议者欲正之而不得其柄。吴氏既破，安观文为宣抚副使，乃尽经量之……经量之数，大抵增多，而亦微有所损”[1]。又如婺州嘉定经界后，“向之上户析为贫下之户，实田隐为逃绝之田者，粲然可考”[2]。推行经界，确定土地占有状况，稽查隐田逃税，调整不合理税役，缓解了因税役不公而积累的社会矛盾，为维护社会秩序和巩固政权提供了重要支撑。

从社会政治层面而言，土地清查是一个综合性的社会活动。综观南宋各地经界，曲折复杂，充满艰辛。其实质是要重新确立“土业归主，无产去税存之弊；户版从实，无代输抑纳之忧。物力宽裕则科折易供，贫富有等则差役无竞”[3]的秩序。这一秩序的确立过程是国家与地方既得利益势力博弈的过程，自然会遭到势家

[1]（宋）李心传：《建炎以来朝野杂记》乙集卷一六《关外经量》，《全宋笔记》第70册，大象出版社2019年版，第251—252页。

[2]（元）脱脱等：《宋史》卷一七三《食货志上一》，中华书局1977年版，第4179页。

[3]（清）徐松辑：《宋会要辑稿》食货七〇，刘琳等点校，上海古籍出版社2014年版，第8180页。

豪右的阻挠抵制。如淳祐十年（1250），兵部侍郎牟子才上疏抨击经界“诛求惨毒，租税重敷”[1]，产生较大影响。各地经界推行中，主政官员的作用十分重要，既要勇于担当，又要掌握策略，举措得当，减少阻力。利益各方往往经过反复角逐，最后达成一个为各方认可的平衡方案，使经界得以推行。如常熟经界，官府对“昔之逋赋、匿契与诡挟之弊，释勿问，而申禁其不悛者”[2]，给予必要让步，以瓦解反对势力。各地经界的成功实施是各利益方之间博弈、妥协的结果。

唐宋社会转型后，土地流通加剧，政府管理愈加注重土地、财产，北宋以来合户口和田产登记为一体的五等丁产簿，因其简约粗放而无法有效监管田产的频繁流动，逐渐不能适应管理要求，于是完整的独立地籍应运而生，与户籍、税籍鼎足而立，并行不悖。从鱼鳞图、核田簿、类姓簿、物力簿、砧基簿、由子的攒造，可以发现自绍兴经界以来，经南宋中后期土地清查活动的不断创新，土地簿籍分类更加完善，体系日臻成熟，反映了唐以降国家控制从以户为中心向户、地并重发展的态势。

土地清查是国家对土地行使管理职责的重要体现，旨在强化赋税征收。南宋政府在经界基础上，因时制宜，对赋税征收方式做了进一步调整，积极推行“以亩起敷”之制。嘉定十四年（1221）有臣僚就婺州经界奏请曰：“仍斟酌递岁的实上供及支

[1]（明）黄淮、杨士奇编：《历代名臣奏议》卷三一二《灾祥》，上海古籍出版社1989年版，第4037页。

[2]（宋）杜范：《清献集》卷一六《常熟县版籍记》，文渊阁四库全书本。

用之数而均敷之，此外一毫不过取焉……如嘉定十年检详葛洪尝请以亩起敷，前后论者与夫婺之邦人，咸谓洪深识事体，其说极便……如以亩起敷之说，委是均一，无害于下户，则自来年为始，先行之诸邑。”[1]奏言为朝廷采纳。“以亩起敷”指的是“上供及支用之数”，包含各种税赋摊入田亩科征，即按每户实际占有的土地数额均摊科赋。这较之先前和买制用“亩头上物力”起敷更进了一步，[2]扩大了均摊的税赋范围。科征程序简约化，减轻了贫下户的负担，起到了抑制势家滑吏偷漏税赋的作用。“以亩起敷”反映了自唐两税法以来赋税征收由繁入简的发展趋势。其后明代“一条鞭法”的实施正是这一趋势发展的结果。南宋经界法所创立的制度，给后世留下了宝贵遗产，历经时代变迁，持续发挥着积极的历史作用，深刻影响了元明清田赋制度。

[1]（清）徐松辑：《宋会要辑稿》食货七〇，刘琳等点校，上海古籍出版社2014年版，第8179—8180页。

[2] 梁太济：《两宋阶级关系的若干问题》，河北大学出版社1998年版，第20—21页。

宋代的疆界形态与疆界意识

黄纯艳

宋辽通过盟约确定对等关系并划定疆界是历史上引人注目的事件，宋夏、宋金划界也是如此。学界对宋与辽、夏、金的划界活动和疆界形态缺乏整体研究。[1]一些观点还有继续讨论的必要，如有的学者将宋代疆界问题赋予变革的意义，认为宋辽间第一次

[1] 陶晋生《宋辽关系史研究》（中华书局2008年版）、陶玉坤《辽宋关系研究》（内蒙古大学2005年博士论文）、李华瑞《宋夏关系史》（河北人民出版社1998年版）、赵永春《金宋关系史》（人民出版社2005年版）、潘晟《宋代地理学的观念、体系与知识兴趣》（商务印书馆2014年版）、鲁人勇《西夏的疆域和边界》（《宁夏大学学报》2003年第1期）、杨蕤《宋夏疆界考论》（《中国边疆史地研究》2005年第4期）、李之勤《熙宁年间宋辽河东边界交涉研究——王安石弃地数百里说质疑》（《山西大学学报》1980年第1期）、马力《宋哲宗亲政时对西夏的开边和元符新疆界的确立》（邓广铭、漆侠等主编：《宋史研究论文集》，河北教育出版社1989年版，第126—154页）等对宋与辽、夏、金的划界和边界范围做了研究，也涉及宋辽、宋夏局部疆界形态。杜芝明《宋朝边疆地理思想研究》（西南大学2011年博士论文）较系统地论及宋代边界形态，但对边界形态性质的认识有可商榷之处，亦未能很好地关注边界形态变迁。

形成了明确的“国家”关系和“国界”认知。[1]在绘制宋代各政权疆域图时，未能充分反映宋朝人对疆界的认知和逻辑。要更深入细致地认识宋代疆域问题，辨析宋代疆界在中国古代王朝国家疆界演进中的变革意义，核心是厘清宋代的疆界形态和疆界意识，并对其做一整体考察。

一、疆界形态的多样性

（一）点状控制的模糊疆界

宋朝与境外政权之间，除熙宁宋辽划界、元丰宋越划界以及南宋与金朝壤地相接外，一般都存在不同形式的中间地带。与宋朝直接接壤的部分通常是羁縻州和熟户（熟蕃、熟蛮），宋朝对他们一般实行设砦置堡的点状控制，形成二者间点状的模糊疆界。

羁縻诸族所居几乎都为山地川壑，经由山谷、河流、隘口通向宋朝直辖地区。南方诸族分布区被形象地称为溪洞，如广西湖南交界地区多个山口、通道“皆可以径至溪洞”。宋朝在主要通道上设寨扼守，置巡检“专一把截”[2]，“分遣士卒屯诸溪谷山径间”，“择要害地筑城砦，以绝边患”，阻止蛮人进入省地。如辰州设置

[1] 参见傅海波、崔瑞德编：《剑桥中国辽西夏金元史（907—1368）》，中国社会科学出版社1998年版，第109页；葛兆光：《宋代“中国”意识的凸显——关于近世民族主义思想的一个远源》，《文史哲》2004年第1期；葛兆光：《何为“中国”：疆域、民族、文化与历史》，牛津大学出版社2014年版，第70—73页；张文：《论古代中国的国家观与天下观——边境与边界形成的历史坐标》，《中国边疆史地研究》2007年第3期。

[2] （清）徐松辑：《宋会要辑稿·蕃夷五》，刘琳等点校，上海古籍出版社2014年版，第9900页。

十六砦、一千四百余厢禁军和六百士兵控制所辖溪洞，[1]每个砦控扼一方溪洞。熙宁三年（1070）辰州为防扼溪州，于“喏溪口北岸筑一堡”，“据其要害，绝蛮人侵占省地便利”。[2]卢溪“西有武溪水路入蛮界”，[3]“最为冲要”之地设慢水等寨，招谕县卢溪寨就设在控扼水路进入蛮界的卢溪口。另如施州置永兴寨“控蛮夷五路溪口”；卢山设灵关镇寨，“四面险峻，控带蕃界”。[4]秦州控扼蕃人也是“于山丹峡口广吴岭上古城、大洛门城、永宁城隘路口置寨，以遏戎寇”。[5]而澧州石洞寨“深在蛮界，不当要路，无所控扼”，被拆毁。[6]

这些控扼的要点成为省地与蛮（蕃）地双方分界的界至。溪州蛮与省地的边界就是一个典型代表。后晋天福中，马希范与溪州蛮酋彭士愁战后定盟约，“立铜柱为界。本朝因而抚之”。[7]宋朝与溪州蛮仍以铜柱为界，铜柱具有标识双方疆界的意义。溪州蛮进入省地的主要通道是酉水，铜柱正立于酉水下游的会溪，宋朝先后在此设会溪城和池蓬、镇溪、黔安三寨。宋太宗曾“诏辰

[1]（元）脱脱等：《宋史》卷四九四《蛮夷二·西南溪峒诸蛮下》，中华书局1977年版，第14194、14198、14192页。

[2]（清）徐松辑：《宋会要辑稿·蕃夷五》，刘琳等点校，上海古籍出版社2014年版，第9888页。

[3]（宋）曾公亮：《武经总要》前集卷二〇《边防》，文渊阁四库全书本。

[4]（宋）曾公亮：《武经总要》前集卷一九《东西川峡路》，文渊阁四库全书本。

[5]（宋）李焘编：《续资治通鉴长编》卷八五，大中祥符八年七月甲子，中华书局2004年版，第1941页。

[6]（清）徐松辑：《宋会要辑稿·方域一八》，刘琳等点校，上海古籍出版社2014年版，第9643页。

[7]（宋）曾公亮：《武经总要》前集卷二〇《荆湖两路》，文渊阁四库全书本。

州不得移（溪州蛮）部内马氏所铸铜柱”[1]。张纶曾与五溪十峒蛮约盟，“刻石于境上”[2]，所立刻石也是疆界标志。宋孝宗曾诏令湖南“省地与傜人相连，旧有界至者，宜诏湖南帅臣遣吏亲诣其处，明立封堠”[3]。封堠和界至就是指在这些要点上树立的界标。宋朝与羁縻各族在冲要之地立柱、立石标示界限，但未见举行全线议疆划界。

宋朝还常把山谷溪洞地形作为隔绝省地与溪洞、熟蕃的天然界限。如“蜀之边郡多与蕃界相接，深山峻岭，大林巨木，绵亘数千百里，虎狼窟宅，人迹不通”，为防止“夷人从此出没”，使沿边“八寨防托遂成虚设”，“各于其界建立封堠，谓之禁山”，与蕃部之间“非禁山林木茂密，无以保藩篱之固”[4]。禁山成为天然屏障，禁止采伐。一处封堠就标示一片为疆界之隔的禁山，说明疆界是模糊而非线状的。判断是否侵越疆界，并无疆界线可依凭，而是以连片的禁山。如“泸、叙州、长宁军沿边，连接夷蛮，全藉禁山林箐以为限隔，从条不许汉人擅将物货辄入蕃界，侵越禁山”[5]。

宋朝直辖郡县与羁縻地区的疆界是点状控制的模糊疆界，其

[1]（元）脱脱等：《宋史》卷四九三《蛮夷一》，中华书局1977年版，第14173页。

[2]（元）脱脱等：《宋史》卷四二六《张纶传》，中华书局1977年版，第12694页。

[3]（元）马端临：《文献通考》卷三二八《四裔考五》，上海古籍出版社2014年版，第9022页。

[4]（清）徐松辑：《宋会要辑稿》，刘琳等点校，上海古籍出版社2014年版，第8360页、第9257、第9258页。

[5]（清）徐松辑：《宋会要辑稿·刑法二》，刘琳等点校，上海古籍出版社2014年版，第8356页。

特点是没有举行双方会商的全线划界，而是在冲要之地设置城砦，标示界限。利用地理环境进行点状的控制或防御是惯常通例，如维克多·普莱斯考特等所指出的，沙漠、直线走势的山脉与宽阔的河流是天然的防卫屏障，“防守者可将力量集中部署在有关的通道和交汇处”[1]。宋朝与羁縻各族的疆界正是利用了地理环境。

（二）片状的模糊疆界

宋朝与相邻政权间的中间地带也成为宋朝与这些政权间片状的自然模糊疆界。有学者据宋太祖“画大渡河为界”一说认为宋与大理以大渡河为界，边界形态呈现线状，并以河流为标志物。事实上，此说是指宋朝放弃对大渡河南越嶲诸郡的直接统治，即“弃越嶲诸郡”，作为宋朝与大理隔离地带，使大理“欲寇不能，欲臣不得”。[2]越嶲诸族被称为“大渡河外蛮”“黎州诸蛮”，[3]同时臣属于宋朝和大理。宋朝也承认他们与大理的统属关系，册封代表大理来贡的邛部川蛮首领诺驱为“云南大理国主、统辖大渡河南姚嶲州界山前山后百蛮三十六鬼主、兼怀化大将军、忠顺王诺驱，可特授检校太保、归德大将军，依旧忠顺王”[4]。同时，这一地区诸族又有独立于宋朝和大理以外的秩序，如“邛部于诸蛮中

[1] ［澳］维克多·普莱斯考特等：《国际边疆与边界：法律、政治与地理》，孔令杰、张帆译，社会科学文献出版社2017年版，第34页。

[2] （宋）李心传：《建炎以来系年要录》卷一〇五，绍兴六年九月癸巳，中华书局2013年版，第1978页。

[3] （清）徐松辑：《宋会要辑稿·蕃夷五》，刘琳等点校，上海古籍出版社2014年版，第9873页。

[4] （宋）李焘编：《续资治通鉴长编》卷十，开宝二年六月癸巳，中华书局2004年版，第228—229页。

最骄悍狡谲，招集蕃汉亡命，侵攘他种，闭其道以专利”，统辖各族，成为“大渡河南山前、后都鬼主”，或称“大渡河南邛部川山前、山后百蛮都首领”。[1]越嶲诸族分布区并非宋朝与大理以任何形式认定的彼此疆界，而成为分隔宋朝和大理实际上的模糊疆界。

大理国以东地区与宋朝间分布着左右江蛮、罗殿、自杞、五姓蕃等，较大渡河外诸蛮地理范围更广。该方向有“制御交趾、大理”的作用，[2]但宋朝与大理除了南宋战马贸易外，极少从该方向展开交往。宋仁宗朝为交涉侬智高事，第一次派人出使大理国，因“南诏久与中国绝，林箐险深，界接生蛮，语皆重译，行百日乃通”[3]。这些中间地带诸蛮没有表现为两属关系，但也成为隔绝宋朝和大理实际上自然的模糊疆界。

有学者论及越南李朝历史时说李朝自认为是“南帝”，其与“北帝”中国的“这条国界处于‘皇天’和地上的众神保护之下”。[4]但交趾与宋朝间的线状边界并非一开始就存在。交趾从建国开始，与宋朝间就存在着双方都不直接统治的诸族，但与宋朝、大理相互认可对方对“大渡河外蛮”的统治不同，宋朝与交趾一直争夺对中间地带诸族的控制。如广源州蛮“自交阯蛮据有安南，

[1]（元）脱脱等：《宋史》卷四九三《蛮夷四》，中华书局 1977 年版，第 14231、14234、14235 页。

[2]（宋）李焘编：《续资治通鉴长编》卷三四九，元丰七年十月戊子，中华书局 2004 年版，第 8373 页。

[3]（宋）李焘编：《续资治通鉴长编》卷一八〇，至和二年六月乙巳，中华书局 2004 年版，第 4355 页。

[4]［新西兰］古拉斯·塔林主编：《剑桥东南亚史》第 1 卷，贺圣达等译，云南人民出版社 2003 年版，第 122 页。

而广源虽号邕管羁縻州，其实服役于交阯”。而当侬智高自建大历国、南天国时，交趾和宋朝都发兵攻讨。[1]另如，恩情州“旧系省地七源州管下村峒，往年为交趾侵取，改为恩情州”，又因交趾征取过甚，来投宋朝[2]，溪洞安平州李密“外通交趾，内结官吏”等等。[3]此时宋朝与交趾间并不存在一条清晰的疆界线，对中间地带的控制在双方的博弈中不断变化，如天圣中宋朝指责交趾“不当擅赋云河洞”，到嘉祐时云河洞“乃入蛮徼数百里”，也使得双方疆界呈现片状和模糊的特点。到宋越熙宁战争，宋朝大军占据溪洞，使交趾“藩篱一空，彼何恃而窥边哉”[4]，即其凭借侵扰宋朝的溪洞诸蛮不再具有中间地带的作用。

西夏、吐蕃与宋朝之间都存在由生、熟户构成的中间地带，[5]并无清晰界线。庆历议和后宋朝与西夏第一次商议疆界，即所谓“庆历旧例”，“以汉蕃见今住坐处当中为界”。[6]但宋朝只承认“惟延州、保安军别定封界，自余皆如旧境”，双方亦未划定中轴线，因此到庆历六年（1046）环庆路“汉界”“蕃界”多方争执[7]，仍

[1]（元）脱脱等：《宋史》卷四九五《蛮夷三》，中华书局 1977 年版，第 14215 页。

[2]（宋）李焘编：《续资治通鉴长编》卷二五九，熙宁八年正月己未，中华书局 2004 年版，第 4355 页。

[3]（宋）蔡戡：《定斋集》卷八《上论边事书》，文渊阁四库全书本。

[4]（宋）李焘编：《续资治通鉴长编》卷一九〇，嘉祐四年九月戊申，中华书局 2004 年版，第 4593 页。

[5] 李埏：《北宋西北少数民族地区的生熟户》，《思想战线》1992 年第 2 期。

[6]（宋）苏辙：《栾城集·后集》卷一三《颍滨遗老传下》，曾枣庄等校点，上海古籍出版社 1987 年版，第 1305 页。

[7]（清）徐松辑：《宋会要辑稿·兵二七》，刘琳等点校，上海古籍出版社 2014 年版，第 9202 页。

只是以蕃人和汉人居住区约指的中间地带为模糊疆界。宋朝与河湟吐蕃未见双方议界，而以中间的生、熟户地带为模糊疆界。元祐七年（1092）阿里骨请盟誓“汉、蕃子孙不相侵犯”，宋朝答复“汝但子孙久远，常约束蕃部，永无生事，汉家于汝蕃界自无侵占”[1]。这只是不相侵犯的约定，没有划定“汉界”“蕃界”的界线。

（三）带状清晰疆界

澶渊之盟后北宋与辽朝在河北一带、元祐五年后北宋与西夏之间都形成了带状清晰疆界，具体表现为两属地加中轴线或两不耕地加中轴线，中轴线是区分双方疆界最为关键的清晰界线。澶渊之盟承认两国既有边界，约定两国“沿边州军，各守疆界，两地人户，不得交侵”[2]。在河北“画河为界，所以限南北”[3]，界河包括“雄州北拒马河为界”“霸州城北界河”“遂城北鲍河为界”“安肃军自涧河为界”[4]。界河不是以中流为界，而以北岸为界。[5]两国边民皆不可入界河渔业。界河成为两国间明确的疆界线。

但并非宋辽两国直辖之地直抵界河，界河两岸存在着一条两

[1]（宋）李焘编：《续资治通鉴长编》卷四八〇，元祐八年正月己丑，中华书局2004年版，第11417页。

[2]（宋）李焘编：《续资治通鉴长编》卷五八，景德元年十二月辛丑，中华书局2004年版，第1299页。

[3]（宋）曾公亮：《武经总要》前集卷一六《塘水》，文渊阁四库全书本。

[4]《契丹国志》卷二二《四至邻国地里远近》，贾敬颜、林荣贵点校，中华书局2014年版，第240页。

[5] 潘晟：《宋代地理学的观念、体系与知识兴趣》，商务印书馆2014年版，第299页。

属地带，即双方边境城寨至界河之间的地带。生活在这一地带的百姓称为两属户，因“两属人户供两界差役”[1]，又称两地供输人、两地输租民户。界河与雄州之间，即“拒马河去雄州四十余里，颇有两地输租民户”，归信、容城就有两属户一万六千九百余。[2]界河以北也同样分布着两属户。两属户一般只能生活于两属地。“两地供输人，旧条私出本州界，并坐徒”，“河北两地供输人辄过黄河南者，以违制论”[3]。双方对两属户的管理和征调都遵行对等原则。宋朝“禁与两地供输人为婚姻”，同时“令两属户不得结亲北界”。[4]“南北两界凡赈济两输户及诸科率，两界官司承例互相止约”[5]。宋朝曾全免界河以北百姓税赋，使其“只于北界纳税，唯有差役，则两地共之”，欧阳修认为宋朝“既不能赋役其民，即久远其地亦非中国之有。此事所系利害不轻”，坚持两国同等管理。[6]这说明双方关系正常时两属地是双方共同管理、都不直接统辖的缓冲地带，但由于界河这一中轴线的存在，双方的疆界

[1]（宋）李焘编：《续资治通鉴长编》卷二三五，熙宁五年七月戊子，中华书局2004年版，第5703页。

[2]（宋）李焘编：《续资治通鉴长编》卷五九，景德二年三月丁卯，中华书局2004年版，第1325页。

[3]（宋）李焘编：《续资治通鉴长编》卷一九二，嘉祐五年七月庚寅，中华书局2004年版，第1325页。

[4]（清）徐松辑：《宋会要辑稿·兵二九》，刘琳等点校，上海古籍出版社2014年版，第9237页。

[5]（宋）李焘编：《续资治通鉴长编》卷二九五，元丰元年十二月丙辰，中华书局2004年版，第7185页。

[6]（宋）欧阳修：《欧阳修全集》卷一一八《乞不免两地供输人役》，李逸安点校，中华书局2001年版，第1807页。

线是十分清晰的。

宋、夏于熙宁四年（1071）局部划界，确定了双方认可的两不耕地加中轴线的疆界方案。熙宁以前，宋朝就在陕西单方面开掘过不少“边壕”。曹玮在环庆路“开边壕，率令深广丈五尺”[1]，秦翰和张纶在陕西任职时也曾“规度要害，凿巨堑”，“开原州界壕至车道岘，约二十五里，以限隔戎寇”[2]。这些“边壕”虽也被称为“界壕”，如有人称宋朝“屯二十万重兵，只守界壕，不敢与敌”[3]，但属于宋朝单方开掘的军事防御线，而非双方议定的疆界线。边壕的目的和功能是“使足以限敌”[4]。因而开壕是一种敌对行动，引起西夏的抗议，“移牒鄜延路钤辖李继昌言其事”[5]。熙宁四年（1071）九月因宋、夏讨论绥德城外立界至。绥德城的划界方案被称为“绥州旧例”，成为元祐宋夏划界的基本方案，即“以二十里为界，十里之间量筑堡铺，十里之外并为荒闲”[6]。西夏认可这一方案，“欲乘此明分蕃汉之限”，宋朝派官与西夏“首领相见商量”。宋朝“以界堠与西人分定疆至”，于“缘边封土掘壕，

[1]（元）脱脱等：《宋史》卷二五八《曹玮传》，中华书局1977年版，第8988页。

[2]（宋）李焘编：《续资治通鉴长编》卷六〇，景德二年五月癸丑，中华书局2004年版，第1388页。

[3]（宋）李焘编：《续资治通鉴长编》卷一三一，庆历元年二月丙戌，中华书局2004年版，第3099页。

[4]（元）脱脱等：《宋史》卷二五八《曹玮传》，中华书局1977年版，第8988页。

[5]（宋）李焘编：《续资治通鉴长编》卷七一，大中祥符二年三月己卯，中华书局2004年版，第1599页。

[6]（宋）苏辙：《栾城集》卷四四《论前后处置夏国乖方札子》，曾枣庄等校点，上海古籍出版社1987年版，第973页。

各认地方”。[1]西夏遵守约定，主动“移绥州侧近本国自来寨棚置于近里，去绥州二十里为界”，“明立封堠”。[2]双方都在十里荒闲地的己方一侧为界，掘壕立堠，形成宽十里的疆界地带。

宋神宗本欲全面推广绥州划界方案，“遣官往诸路缘边封土掘壕”，鄜延路、环庆路、泾原路、秦凤路、麟府路各派专官负责，计划在宋夏沿边全线掘界壕。但宋朝内部阻力甚大。范育提出此前宋夏自然疆界的“两不耕地，远者数十里，近者数里，指地为障，华夷异居，耕桑樵牧动不相及”，若掘封沟，“东起麟、丰，西止秦、渭，地广一千五六百里”，工程浩大，“使两边之民连岁大役”。吕大忠也认为“以两不耕种之地为界”的模糊疆界甚便，立界壕易发冲突。[3]尽管宋神宗和王安石希望推行，但最终未能实现完全掘壕划界。熙宁四年（1071）“绥州旧例”确定了带状清晰疆界的划界方案。该方案没有对十里草地再进行分割，应是在十里荒闲地两侧各自掘壕为界。

元丰战争失败后，宋朝放弃消灭西夏的计划，重开疆界谈判。元祐四年（1089）议界，宋朝“欲用庆历旧例，以汉蕃见今住坐

---

[1]（宋）李焘编：《续资治通鉴长编》卷二二八，熙宁四年十二月甲寅，中华书局 2004 年版，第 5547、5549—5550 页。

[2]（宋）李焘编：《续资治通鉴长编》卷二三〇，熙宁五年二月辛酉，中华书局 2004 年版，第 5591 页。

[3]（宋）李焘编：《续资治通鉴长编》卷二二八，熙宁四年十二月甲寅，中华书局 2004 年版，第 5591 页。

处当中为界”[1]，而西夏“请凡画界以绥德城为法”[2]。宋朝接受了“夏人所请，用绥州旧例”。但元祐五年（1090）划界时对“绥州旧例”做了调整，“于蕃界内存留五里，空为草地，汉界草地亦依此对留五里，为两不耕地。各不得于草地内修建堡铺”。[3]将“绥州旧例”中十里荒闲地划出中轴线，各留五里两不耕地，形成了两不耕地加中轴线的清晰带状疆界。由于地形、水泉等因素影响，实际划界中并非所有沿边地段都严格执行“打量足二十里为约，不可令就地形任意出缩”的规定。西北地区水泉决定了何处生存，“彼此修筑堡铺，各于界取水泉地为便，岂可更展远近？”只能于界堠内“择稳便有水泉去处，占据地利修建，即不得分立两不耕地”。[4]熙兰路则因地形“有难依绥州去处”，“二十里指挥，行于延安、河东与本路智固、胜如则可，行于定西城则不可”。[5]最后只能“与夏人商议，各从逐路之便，不可以二十里一概许之”[6]。但总体上体现了两不耕地加中轴线的清晰带状疆界的划界原则。

---

[1]（宋）苏辙：《栾城集·后集》卷一三《颍滨遗老传下》，曾枣庄等校点，上海古籍出版社1987年版，第1305页。

[2]（宋）苏轼：《苏轼文集》卷一五《故龙图阁学士滕公墓志铭》，孔凡礼点校，中华书局1986年版，第465页。

[3]（宋）李焘编：《续资治通鉴长编》卷四四六，元祐五年八月庚子，中华书局2004年版，第10735页。

[4]（清）徐松辑：《宋会要辑稿·兵二八》，刘琳等点校，上海古籍出版社2014年版，第9228页。

[5]（宋）李焘编：《续资治通鉴长编》卷四五二，元祐五年十二月壬辰，中华书局2004年版，第10846页。

[6]（宋）苏辙：《栾城集》卷四四《论前后处置夏国乖方札子》，曾枣庄等校点，上海古籍出版社1987年版，第974页。

（四）线状清晰疆界

宋朝与辽朝熙宁河东划界、与交趾元丰划界后，都形成了明确的线状疆界，宋金绍兴议和也划定了线状疆界。宋朝灭北汉后，在河东与辽朝直接接壤，澶渊之盟承认了事实上的疆界。仁宗和英宗朝答复辽朝称宋人侵北界地时，或“以《河东地界图》示契丹人使”，或坚称“北来疆土，图证具存”。[1]熙宁七年（1074）辽朝遣使来议河东地界，宋朝议界使刘忱“在枢府考核文据，未见本朝有尺寸侵虏地”，建议“坚持久来图籍疆界为据”。[2]此“图籍”应指澶渊之盟认定的双方明确界线。

但宋自取河东，特别是雍熙北伐后，大量边境居民内迁，形成大片空地，宋廷禁止百姓进入耕种，又称“禁地”。代州、岢岚、宁化、火山四州军都有“禁地”，仅“代州、宁化军有禁地万顷”。[3]辽人不断侵入“禁地”，如“代州阳武寨旧以六蕃岭为界，康定中，北界人户聂再友、苏直等南侵岭二十余里”，宋朝节节退让，“别立石峰为界。比年又过石峰之南，寻又开堑以为限”，“天池庙本属宁化军横岭铺，庆历中，尝有北界人杜思荣侵耕冷泉

[1]（清）徐松辑：《宋会要辑稿·蕃夷二》，刘琳等点校，上海古籍出版社2014年版，第9748、9750页。

[2]（宋）邵伯温：《邵氏闻见录》卷四，《全宋笔记》第2编第7册，大象出版社2006年版，第124、127页。

[3]（元）脱脱等：《宋史》卷一九〇《兵四》，中华书局1977年版，第4713页。

谷”。[1]可见，禁地是宋朝“自空其地，引惹北人岁岁争界”[2]，“戎人侵耕，渐失疆界”[3]，疆界变得模糊不清，造成边境安全隐患，宋朝因而重新开放禁地，以期“沿边地有定主，无争界之害”[4]。但直到宋神宗朝，河东疆界争议问题仍然存在。

熙宁七年（1074）辽朝派泛使萧禧提出“代北对境有侵地，请遣使分画”[5]，双方举行了一波三折的河东议界。宋朝希望“以南北堡铺中间为两不耕地，又不可，则许以中间画界，其中间无空地，即以堡铺外为界”[6]，但辽使“漫指分水岭为界”，最后宋朝做出重大让步，“许以辽人见开濠堑及置铺所在分水岭为界”[7]，划清“逐处地名指定分水去处”，即李福蛮地以现开壕堑处分水岭为界，水峪内以安新铺山头分水岭为界，西陉寨地分以白草铺山头分水岭向西接古长城上分水岭为界，黄嵬山立封疆界石壕子等。[8]

[1]（清）徐松辑：《宋会要辑稿·蕃夷二》，刘琳等点校，上海古籍出版社2014年版，第9748页。

[2]（宋）欧阳修：《欧阳修全集》卷一一六《请耕禁地札子》，李逸安点校，中华书局2001年版，第1762页。

[3]（元）脱脱等：《宋史》卷一九〇《兵四》，中华书局1977年版，第4712—4713页。

[4]（宋）欧阳修：《欧阳修全集》卷一一六《请耕禁地札子》，李逸安点校，中华书局2001年版，第1763页。

[5]（宋）邵伯温：《邵氏闻见录》卷四，《全宋笔记》第2编第7册，大象出版社2006年版，第124页。

[6]（宋）李焘编：《续资治通鉴长编》卷二五六，熙宁七年九月戊申，中华书局2004年版，第6253页。

[7]（宋）李心传：《旧闻证误》卷二，中华书局1981年版，第30页。

[8]（宋）李焘编：《续资治通鉴长编》卷二六二，熙宁八年四月丙寅，中华书局2004年版，第6382页。

分水岭为界即以山脊为界，是清晰的线状疆界，如大茂山（恒山）“以大茂山分脊为界”[1]。分水岭和平地都“分画地界，开壕立堠”，设立“缘边界壕”[2]，划分了线状清晰疆界。

熙宁战争结束后，交趾求和议，请“画定疆界”。双方派官商议交涉。宋朝“令安抚司差人画定疆界”，交趾提出“溪峒勿恶、勿阳等州峒疆至未明”，宋朝“差职官辨正”，与交趾所差黎文盛等会商。经过七年交涉，元丰七年（1084）双方“边界已辨正”，“以庚俭、邱矩、叫岳、通旷、庚岩、顿利、多仁、勾难八隘为界”，界外六县二峒划归交趾，上电、下雷、温等十八处则“从南画界，以为省地”[3]。划界后宋朝省地与交趾直辖地直接接壤，双方以一系列关隘作为线状疆界，划清界至。

绍兴八年（1138）宋金议和，南宋希望以黄河旧河为界，“尽得刘豫地土”，实际结果是“以新河为界”。[4]但仅维持一年余。绍兴十一年（1141）宋金议和划界，金朝“本拟上自襄阳，下至于海以为界”，即以江为界，最后宋朝付出巨大经济代价，得以“以淮水为界。西有唐、邓二州”[5]，约定“以淮水中流为界，西有唐、

[1]（宋）沈括：《梦溪笔谈》卷二四《杂志一》，《全宋笔记》第2编第3册，大象出版社2006年版，第185页。

[2]（宋）李焘编：《续资治通鉴长编》卷二六七、卷三一九，中华书局2004年版，第6541、7705页。

[3]（宋）李焘编：《续资治通鉴长编》卷二八七、卷三四九，中华书局2004年版，第8372、8373页。

[4]（宋）赵鼎：《忠正德文集》卷九《使指笔录》，文渊阁四库全书本。

[5]（宋）李心传：《建炎以来系年要录》卷一四二，绍兴十一年十一月辛丑，中华书局2013年版，第2681页。

邓州割属上国。自邓州西四十里并南四十里为界，属邓州。其四十里外并西南尽属光化军，为弊邑沿边州城”。[1]次年双方交涉陕西划界，商定“于大散关西正南立为界首”，和尚原、方山原、方堂堡、秦州等都划归金朝，商州“以龙门关为界”，“自积石诸山之南左折而东，逾洮州，越盐川堡，循渭至大散关北，并山入京兆，络商州，南以唐邓西南皆四十里，取淮之中流为界，而与宋为表里”。[2]“以淮水中流为界”自然是线状疆界。唐、邓一带也有线状疆界，即“规措界壕于唐、邓间”[3]，宋朝还对“分划唐、邓地界，并不亲至界首”的莫将和周聿各降两官。[4]陕西疆界屡有变动，“大体以秦岭山脊为界”，陇西、成纪一带“以渭河和嘉陵江分水岭为界”。[5]双方之间并无两属地或生熟户，而是相对清晰的疆界。

二、疆界意识与关系形态

宋代不同区域和不同时期出现不同的疆界形态，这种多样性反映出宋朝没有统一的疆界形态和划界原则，而主要出于现实应

[1]（元）脱脱等：《金史》卷七七《宗弼传》，中华书局1975年版，第1755页。

[2]（宋）李心传：《建炎以来系年要录》卷一四六，绍兴十二年八月辛酉，中华书局2013年版，第2748页。

[3]（元）脱脱等：《金史》卷二四、二五，中华书局1975年版，第549、592页。

[4]（清）徐松辑：《宋会要辑稿·职官七〇》，刘琳等点校，上海古籍出版社2014年版，第4929页。

[5] 邹逸麟：《宋金分界考》，《历史地理研究》第2辑，复旦大学出版社1990年版，第186—189页。

对。多样复杂的疆界形态背后是多样的关系形态。

（一）省熟之界和生熟之界

中国古代的华夷秩序从来都是多层次的。宋朝与境外政权间的地带根据关系形态和统辖方式，可分为直辖郡县、“郡县之外羁縻州洞”“过羁縻则谓之化外”三个层次。[1]羁縻地带包括南方羁縻州和北方受宋朝官封的蕃部，被称为“熟蛮”“熟蕃”或“熟户”。这是中华“天下”圈层服制的现实映照。宋朝出现了省地与熟界、熟界与生界两种疆界，如湖南“内地省民居其中，外则为熟户、山徭，又有号曰峒丁，接近生界”[2]。

熟界与省界存在和区分的根本原因在于社会经济发展水平的差异。对宋朝而言，熟户与省民最大的区别在于是否入版籍，是否承担所有赋役。如湖南路沿边“省民与徭人交结往来，以田产擅生交易。其间豪猾大姓规免税役，多以产业寄隐徭人户下。内亏国赋，外滋边隙”[3]。可见省民承担赋役，而熟徭不承担。因此宋朝以“复其租五年”鼓励收回落入蛮人的省地，甚至由官府“代给钱偿之”，赎回省民卖给徭人之田，使其重新归入税籍。[4]对

[1]（宋）范成大：《桂海虞衡志·志蛮》，孔凡礼点校，中华书局2002年版，第146页。

[2]（清）徐松辑：《宋会要辑稿·蕃夷五》，刘琳等点校，上海古籍出版社2014年版，第9904页。

[3]（清）徐松辑：《宋会要辑稿·蕃夷五》，刘琳等点校，上海古籍出版社2014年版，第9897页。

[4]（元）脱脱等：《宋史》卷四九五、卷四九四，中华书局1977年版，第14219、14190页。

逃入溪洞的省民“复归者，与蠲丁税三年”[1]。而熟蛮之田在“在版籍常赋之外”，所以“不许汉人侵买夷人田地”，有“豁峒之专条”规定“山徭、洞丁田地并不许与省民交易”。但沿边州郡“利于牙契所得，而又省民得田输税，在版籍常赋之外，可以资郡帑泛用”，获得属于地方财政的税收，因而“山徭、洞丁有田者悉听其与省民交易”，省、蛮交易实际上普遍存在。[2]

除峒丁、蕃兵等兵役外，熟户承担赋税主要有三种情况：一是宋政府配给峒丁、蕃兵的土地，即“峒丁等皆计口给田”，“一夫岁输租三斗，无他徭役”，负担轻于省民，故其田“擅鬻者有禁，私易者有罚”[3]；二是熟户耕种省地，如海南黎人“去省地远，不供赋役者名生黎。耕作省地，供赋役者名熟黎”，显然耕作省地的熟黎需承担赋役，即羁縻各族“耕作省地，岁输税米于官”[4]；三是羁縻州（蛮地）转为正州（省地），其人地入版籍、纳赋役。如海南黎峒田土“既投降入省地，止纳丁身及量纳苗米”[5]；梓州路罗个牟村蛮熙宁七年（1074）后成为“省地熟夷，纳二税

[1]（清）徐松辑：《宋会要辑稿·食货六九》，刘琳等点校，上海古籍出版社2014年版，第8068页。

[2]（清）徐松辑：《宋会要辑稿·蕃夷五》，刘琳等点校，上海古籍出版社2014年版，第9904页。

[3]（清）徐松辑：《宋会要辑稿·蕃夷五》，刘琳等点校，上海古籍出版社2014年版，第9904页。

[4]（元）马端临：《文献通考》卷三三一、三三〇，中华书局2011年版，第9121、9085页。

[5]（宋）李焘编：《续资治通鉴长编》卷三一〇，元丰三年十二月庚申，中华书局2004年版，第7520页。

役钱”，“既纳税赋，即是省地熟户。见在图籍，并系熟夷”[1]；宋神宗朝开拓南北江，多州峒蛮“各以其地归版籍”，“比内地为王民”，“出租赋如汉民”[2]；邵州徭也“籍为省民，隶邵阳县，输丁身钱米”[3]等等。大多数成为省地的蛮区由于经济相对落后，难以提供支撑建立直接统治所需的成本。对于熟地转为省地，宋朝总体上十分审慎。太宗时“溪、锦、叙、富四州蛮相率诣辰州，愿比内郡民，输租税，诏本道按山川地形以图来献。卒不许”。[4]神宗朝经制荆湖，变羁縻州为正州，“设官屯兵，布列砦县”，“荆湖两路为之空竭”。徽宗朝改羁縻南丹州为正州观州，设官吏六十余人、厢禁军一千余人，岁费钱一万多贯、米八千多石，“州无税租户籍，皆仰给邻郡”。融州析出平州后，“靡费甚于观州”[5]，不少州又陆续恢复为羁縻州。但在荆湖路和四川都不乏成功的事例，且变羁縻州为正州，不仅有将非版籍的民地纳入版籍的意义，也是对省熟之界的渐次消解和推移。这不仅是一种传统，也是一种趋势，如王明珂所论秦汉羌人和华夏边缘的西移，[6]姚大力指出华

[1]（宋）李焘编：《续资治通鉴长编》卷三〇三，元丰三年四月辛亥，中华书局2004年版，第7385页。

[2]（元）脱脱等：《宋史》卷四九三，中华书局1977年版，第14179、14180页。

[3]（宋）李焘编：《续资治通鉴长编》卷二九〇，元丰元年六月癸卯，中华书局2004年版，第7085页。

[4]（宋）曾公亮：《武经总要》前集卷二〇《荆湖两路》，文渊阁四库全书本。

[5]（元）脱脱等：《宋史》卷四九三、四九五，中华书局1977年版，第14181、14211、14212页。

[6]王明珂：《华夏边缘：历史记忆与族群认同》，社会科学文献出版社2006年版，第51页。

夏取得与周边部落的相对优势后即不断拓展生存边缘，将新认知的人群不断纳入“蛮夷”的范围。[1]中原王朝通过移民、战争、自然融合等多种途径，不断向外推延和消解省熟之界。

相对于文化上夷狄进于中国则中国之、中国进于夷则夷之的夷夏之变，经济上的省熟之变对宋朝政府具有更为实际的意义，其身份变换直接影响国家赋役和统治根基，因而必须划分省熟之界。宋朝对省熟的区分也十分务实，认为“不知用兵之时，所费钱粮若干，得地之后，所得租赋若干”，常是“竭中原生民之膏血，以事荒远无用之地”。[2]中国古代一直具有用农业经济和国家赋役的眼光看待向四夷开拓的实用主义传统。汉代就有人说“得匈奴地，泽卤非可居也”，“不毛之地，亡用之民，圣王不以劳中国”。[3]唐人亦言“用武荒外”，是“争硗确不毛之地，得其人不足以增赋，获其土不可以耕织”。[4]

加之宋朝对羁縻地区通过政治上朝贡和册封、经济上回赐和互市、军事上设置镇砦，建成比较完备有效的控扼体系，且熟蛮势力分散弱小，易于控制，不构成对宋朝的严重威胁，故没有必要进行双方议界，划分清晰边界。从官方管理的角度，省熟疆界形态虽是模糊的，但疆界意识是清楚的。对于省熟交界民众而言，

[1] 姚大力：《“华夏边缘”是怎样被蛮夷化的》，《思想战线》2018 年第 1 期。

[2] （宋）李焘编：《续资治通鉴长编》卷三六七，元祐元年二月戊子，中华书局 2004 年版，第 8842 页。

[3] （汉）班固：《汉书》卷九四、九五，中华书局 1962 年版，第 3844、第 3757 页。

[4] （后晋）刘昫：《旧唐书》卷八九，中华书局 1975 年版，第 2889—2890 页。

他们跨界互动更多关注现实经济关系，并无政治疆界意识，甚至也无清晰的华夷之辨。从沿边族群的角度，省熟之界本来也是模糊的“带状华夏边缘，而非地理上线状的、截然划分的汉与非汉的族群边界”[1]。不仅省熟之界如此，清晰疆界也因双方民众的互动而变成“边缘地带”或“过渡地区”。如拉铁摩尔所说，“线状边界概念中的限制或隔绝意义，会渐渐变得缓和中立，而这种边界也会从一条物理边界本身转为边疆地带的人群”[2]。这是疆界意义对于官方和民间的区别。

宋朝将直辖地区与非直辖地区总体上分为“汉界”和“蕃界”（“蛮界”），如“宜、融、柳等三州部内百姓及蛮界户人等”之“部内百姓”就是汉界百姓。[3]与除境外政权外的相邻“蕃界”（“蛮界”）再分生户、熟户，西北诸蕃“有生户、熟户，接连汉界、入州城者谓之熟户，居深山僻远、横过寇略者谓之生户”[4]。海南岛以黎母山为中心，诸蛮环居，“内为生黎，外为熟黎”[5]；又称“其服属州县者为熟黎，其居山洞无征徭者为生黎”[6]。这类无赋役、不服属的生蛮还包括莫猺、夷人、獠人等，“其名不可

[1] 王明珂：《华夏边缘：历史记忆与族群认同》，社会科学文献出版社2006年版，第228页。

[2] [美]拉铁摩尔：《中国的亚洲内陆边疆》，唐晓峰译，江苏人民出版社2005年版，第160页。

[3] 《宋大诏令集》卷一八七《责侯汀谕宜融柳三州部内安业诏》，司义祖整理，中华书局1962年版，第683页。

[4] （元）脱脱等：《宋史》卷二六四，中华书局1977年版，第9129页。

[5] （元）马端临：《文献通考》卷三三一，中华书局2011年版，第9121页。

[6] （元）脱脱等：《宋史》卷四九五，中华书局1977年版，第14219页。

胜纪"[1]。生界蛮与宋朝无政治从属关系，不承担赋役，"不授补职名，且官中亦不勾点彼族兵马"[2]，较熟蛮对宋朝安全的威胁更大。

划分生界与熟界的目的是稳定熟蛮。宋朝对熟蛮多种手段的控制体系，既消减其对宋朝安全的威胁，也使其成为隔绝省地与生蛮的安全屏障，即宋人所说"立法有溪洞之专条，行事有溪洞之体例，无非为绥边之策"[3]。熟蛮也会侵犯省地，但因对其有约束机制，所以"与生夷反叛不同，可招纳之"[4]。总体上宋朝能够控制和利用熟蛮，使其"藩篱内郡，障防外蛮"[5]，所以"缘边熟户号为藩篱"[6]，熟户蕃部"从来国家赖之以为藩蔽"[7]。"平时省民得以安居，实赖熟户、山徭与夫峒丁相为捍蔽"，"生界有警，侵扰省地，则团结熟户、山徭与夫峒丁操戈挟矢以捍御之"。[8]宋人甚至称溪州蛮"为辰州墙壁，障护辰州五邑，王民安居"。熟蛮成为省地与生界之间的安全保障地带。生界与熟界是宋朝根据其与

[1]（宋）曾公亮：《武经总要》前集卷二〇《广南西路》，文渊阁四库全书本。

[2]（宋）韩琦：《安阳集编年笺注》（下），李之亮、徐正英笺注，巴蜀书社2000年版，第1834页。

[3]（清）徐松辑：《宋会要辑稿·刑法二》，刘琳等点校，上海古籍出版社2014年版，第8366页。

[4]（宋）李焘编：《续资治通鉴长编》卷二九六，元丰二年正月己卯，中华书局2004年版，第7195页。

[5]（元）马端临：《文献通考》卷三三〇，中华书局2011年版，第9083页。

[6]（宋）夏竦：《文庄集》卷一四《进策陈边事十策》，文渊阁四库全书本。

[7]（宋）李焘编：《续资治通鉴长编》卷二〇四，治平二年二月丙午，中华书局2004年版，第4949页。

[8]（清）徐松辑：《宋会要辑稿》，刘琳等点校，上海古籍出版社2014年版，第8366、9044页。

本朝关系所作的区划，而非二者间相互认知的界限。如果宋朝对条件成熟的生蛮建立了间接统治，该生蛮就转化成了熟蛮，如有黎人都统领“王氏居化外”，因帮助平定黎乱有功，接受册封，从生黎转为了熟黎。[1]甚至可能转为省民，如淳熙八年（1181）“化外黎人闻风感慕，至有愿得供田税比省民者”[2]。

（二）诸“国”之界

诸“国”之间清晰疆界的出现主要是现实应对的选择和结果。清晰疆界全部出现在宋朝和与之有强烈对抗的境外政权之间，是冲突和对抗的结果，疆界的清晰程度与对抗程度成正比，且都伴随着对彼此“国”的地位的承认。

1. 对抗性促生清晰疆界

宋代首先在宋辽之间形成了清晰疆界。宋初河北沿边“界河”两岸是宋辽双方实际军事控制区的交汇地带，由于宋朝“恢复”幽燕目标的存在，不可能进行双方议界，这一地带不可能成为双方共同认可的疆界地带，“界河”更不可能成为双方认可的清晰疆界线。从实际军事控制带向界河加两属地的清晰疆界的转变确立于“澶渊之盟”。如欧阳修《边户》诗所写：“家世为边户，年年常备胡……自从澶州盟，南北结欢娱。虽云免战斗，两地供赋租。将吏戒生事，庙堂为远图。身居界河上，不敢界河渔。”[3]“边

[1]（元）脱脱等：《宋史》卷四九三，中华书局1977年版，第14174页。

[2]（宋）朱熹：《晦庵先生朱文公文集》卷七九《琼州知乐亭记》，《朱子全书》第24册，上海古籍出版社、安徽教育出版社2010年版，第3763页。

[3]（宋）欧阳修：《居士集》卷五《边户》，中华书局2001年版，第87页。

户”所居地带被双方划定为以界河为中轴线的清晰的带状疆界。这条疆界是双方打出来的。经过太平兴国四年（979）和雍熙三年（986）两次北伐及一系列军事争战，宋辽签订“澶渊之盟”，在河北议定了界河加两属地的疆界形态。在河东也承认了既有疆界，但由于宋初迁徙边民，空出“禁地”，为熙宁间辽方提出议定河东疆界埋下了隐患。

宋朝与西夏、交趾间的疆界都经历了从模糊向清晰的转变，伴随着宋朝对两政权从“藩镇”到“国”的政治身份认可的变化。宋夏第一次议界是庆历议和后。北宋前期将西夏视为藩镇，册封藩镇官衔。元昊称帝后，双方议和，宋朝封其主为“夏国主”，承认其“国”的地位。双方议界，即前述“庆历旧例”。熙宁四年（1071）宋朝着力于开拓河湟之时，与西夏在绥德城划界，即“绥德旧例”。宋夏元丰战争结束后，重新议界，于元祐五年（1090）形成了中轴线加两不耕地的清晰疆界。对交趾，宋朝从一开始也是册封藩镇官衔，以恢复郡县为目标，熙宁战争双方都遭受重大损失，宋朝放弃了恢复目标。事实上承认了交趾“国”的地位，双方正式议界，划分了清晰的疆界。

南宋与金朝的划界更是在经历生死争战之后。金灭北宋后，只承认自己先后扶持的张楚和刘齐傀儡政权，“金国只纳楚使，焉知复有宋也”，“是则吾（宋）国之与金国势不两立”[1]，意味着宋金处于战争状态。一系列战争后，宋高宗急于求和，金朝也感到

[1]（宋）李心传：《建炎以来系年要录》卷一七，建炎二年八月戊午，中华书局2013年版，第406页。

难以灭宋，双方于绍兴八年（1138）议和，以河为界。但不久战争再起，到绍兴十一年（1141）和议，形成了以淮河中流为界的清晰线状疆界。

羁縻各族对宋朝的威胁无外乎“时复出没，不过什百为群，夺禾稼、盗牛马而已”[1]，而辽、西夏、交趾和金对宋朝才构成真正威胁。李纲所说“自古夷狄之祸中国，未有若此其甚也”[2]，指的就是这些政权。宋朝与这些政权的冲突和对抗使双方最终选择划界以维持和平与均衡。正如王安石所说“侵争之端，常因地界不明。欲约束边吏侵彼，亦须先明地界”[3]。北宋清楚“天下之患不在西戎，而在北虏”[4]。辽朝也清楚“国家大敌，惟在南方”[5]。双方经过激烈争战，都认识到议定疆界，彼此“各守疆界”“不得交侵”是维持均衡的最好办法。宋与西夏、交趾都把划疆界作为维持双方稳定关系的前提。为了保持与西夏的稳定关系，宋朝曾多次要求西夏“候诸路地界了日，可依前别进誓表，然后常贡岁赐

[1]（清）徐松辑：《宋会要辑稿·兵二九》，刘琳等点校，上海古籍出版社 2014 年版，第 9252 页。

[2]（宋）李纲：《李纲全集》卷五六《上皇帝封事》，岳麓书社 2004 年版，第 626 页。

[3]（宋）李焘编：《续资治通鉴长编》卷二二九，熙宁五年正月丁未，中华书局 2004 年版，第 5578 页。

[4]（明）黄淮、杨士奇编：《历代名臣奏议》卷三二六《御边》，上海古籍出版社 1989 年版，第 4222 页。

[5]（元）脱脱等：《辽史》卷一〇三《萧韩家奴传》，中华书局 1974 年版，第 1447 页。

并依旧例”[1]，“约地界已定，然后付以岁赐”[2]等。西夏却坚持“既得岁赐，始议地界”[3]。元丰元年（1078）交趾请恢复朝贡，宋朝同时“令安抚司各差人画定疆界，毋得辄侵犯”[4]。“强弱均而和，则彼此受其利”[5]，辽、夏、金从宋朝获得大量岁币，而宋朝也以远少于用兵之费的岁币得到了和平。交趾从划界中得到了宋朝逐步承认，最终获得“国”的地位，意味着消除了宋朝“恢复”的威胁。

2. 形成了处理疆界问题的机制

如上文所述，宋朝与辽、夏、交趾、金的清晰疆界都是双方共同商议划定的，与有的政权还举行了多次划界。如宋辽澶渊之盟议界后于熙宁年间在河东议界，宋夏之间于庆历、熙宁、元祐、元符年间多次举行议界，宋金也于绍兴八年（1138）、绍兴十一年（1141）、绍兴三十二年（1162）、嘉定元年（1208）四次举行议界。除了商议划界形成了比较稳定的做法外，还形成了稳定的处理疆界问题的机制。

一是形成了较为稳定的勘界和疆界纠纷处理机制。宋朝与辽、

[1]《宋大诏令集》卷二三六《赐夏国诏》，司义祖整理，中华书局1962年版，第921页。

[2]（宋）李焘编：《续资治通鉴长编》卷四四七，元祐五年八月庚申，中华书局2004年版，第10759页。

[3]（宋）苏辙：《栾城集》卷四六《论西边商量地界札子》，曾枣庄等校点，上海古籍出版社1987年版，第1019页。

[4]（宋）李焘编：《续资治通鉴长编》卷二八七，元丰元年正月乙卯，中华书局2004年版，第7011页。

[5]（明）黄淮、杨士奇编：《历代名臣奏议》卷九二《经国》，上海古籍出版社1989年版，第1256页。

夏、交趾、金数次勘界都由双方派员会商划界，实地勘定。如宋辽熙宁河东勘界。辽于熙宁七年（1074）派萧禧入宋“言代北对境有侵地，请遣使同分画”[1]，提出重新议界。宋朝“差职官与北朝职官就检视定夺”[2]，派出刘忱为正使的议界使团，辽朝派出宰相萧素为正使的议界使团。双方反复磋商，实地勘察，如辽人提出“蔚、应、朔三州分水岭土陇为界”，但双方实地“行视无土陇”[3]。熙宁四年（1071）讨论宋夏划界时，宋神宗提出“恐不须问彼，便可自立界至”，王安石提出“如此即不可”“有伤大体”，表明勘界必须双方共商。元祐宋夏划界时，宋朝派遣“分画地界官，遵依朝旨，坚执商量”[4]，“候夏国差到官，详先降指挥，同共商量分画”[5]。元丰元年（1078）宋朝与交趾勘界，双方“各遣人画定疆界”[6]。宋辽熙宁河东划界和宋夏元祐划界都因利益分歧，几次中断，但最后还是回到谈判桌，共同商议划定了疆界。宋夏议界时，双方因地界争议“迁延不决，舍归本国，招之不至”，最

[1]《契丹国志》卷二〇《议割地界书》，贾敬颜、林荣贵点校，中华书局2014年版，第219页。

[2]（清）徐松辑：《宋会要辑稿·蕃夷二》，刘琳等点校，上海古籍出版社2014年版，第9751页。

[3]《契丹国志》卷九《道宗天福皇帝》，贾敬颜、林荣贵点校，中华书局2014年版，第101页。

[4]（宋）李焘编：《续资治通鉴长编》卷二二九，熙宁五年正月丁未，中华书局2004年版，第5579页。

[5]《宋大诏令集》卷二三六《赐夏国诏》，司义祖整理，中华书局1962年版，第921页。

[6]（清）徐松辑：《宋会要辑稿·蕃夷四》，刘琳等点校，上海古籍出版社2014年版，第9751页。

后还是“地界复议如故”，达成一致。[1]绍兴十一年（1141）宋金议界也是双方使节往返商议，现场勘验，宋朝派周聿“充京西路分画地界官”，郑刚中“充陕西路分画地界官”，莫将“往唐、邓州分画地界”，“照南北誓书文字，仔细分画”。[2]

疆界划定后，解决疆界纠纷也有相对明确的机制。非勘界问题的一般纠纷由边境有关官员交涉解决，即“凡疆场之事，皆在边臣处画”。[3]如辽朝侵界立寨等疆界纠纷，“不烦朝廷，只委边臣，自可了当”。[4]熙宁七年（1074）辽使萧禧入宋提出河东疆界不明，宋神宗回答：“此细事，疆吏可了，何须遣使？待令一职官往彼计会，北朝一职官对定，如何？”[5]说明疆界纠纷一般可由边境官员交涉解决。

二是形成了疆界文案保存制度。疆界文案成为双方解决疆界问题的依据。宋辽解决疆界纠纷的根本依据是景德誓书。文彦博说若有纠纷，“以誓书为证，彼将何词以亢。纵骋诡词，难夺正论”。[6]景德誓书约定，双方可修缮沿边城寨，但不可营造和侵

[1]（宋）李焘：《续资治通鉴长编》卷四四四，元祐五年六月辛酉，中华书局2004年版，第10687页。

[2]（宋）李心传：《建炎以来系年要录》卷一四三，绍兴十一年十二月癸酉，中华书局2013年版，第2692页。

[3]（宋）李焘：《续资治通鉴长编》卷四五二，元祐五年十二月壬辰，中华书局2004年版，第10844页。

[4]（宋）欧阳修：《欧阳修全集》卷一一八《乞令边臣辨明地界》，中华书局2001年版，第1817页。

[5]（宋）李焘：《续资治通鉴长编》卷二五一，熙宁七年三月丙辰，中华书局2004年版，第6122页。

[6]（宋）文彦博：《潞公文集》卷二二《答奏》，文渊阁四库全书本。

边。宋仁宗朝欧阳修指出“北虏创立寨栅，已违誓书”。[1]庆历五年（1045）“北界近筑塞于银坊城，侵汉界十里。其以誓约谕使人，令毁去之”。皇祐元年（1049）再侵据银城，“谕以誓约之意，促令毁去”。[2]界河打鱼是常出现的疆界纠纷，也依据誓书相交涉。辽朝提出“以北人渔界河为罪，岂理也哉？”宋朝回答：“两朝当守誓约，涿郡有案牍可覆视……界河之禁，起于大国统和年，今文移尚存。”[3]宋辽熙宁河东划界时，宋朝用澶渊之盟认可的相关文案作为依据，指出“誓书若不为凭，即代北之地止以图籍照验”，[4]“坚持久来图籍疆界为据”。[5]刘忱去议界前特“在枢府考核文据，未见本朝有尺寸侵虏地”。[6]但辽朝本就是趁宋西边用兵之机敲诈，“虽图籍甚明，而诡辞不服”，[7]宋朝只能做出让步。河东划界结束后，宋朝完整保存了划界的文图档案，将“与北人分画缘边界至，其山谷、地名、壕堠、铺舍相去远近等，并图画签贴，及与北人对答语录编进入”。宋朝与西夏的历次议界都被保存并作为“旧例”。元祐议界时宋朝最初提出依“庆历旧例”，西夏坚持

[1]（宋）欧阳修：《欧阳修全集》卷一一八《乞令边臣辨明地界》，中华书局2001年版，第1816页。

[2]（清）徐松辑：《宋会要辑稿·蕃夷二》，刘琳等点校，上海古籍出版社2014年版，第9747页。

[3]（元）脱脱等：《宋史》卷三三一，中华书局1977年版，第10661页。

[4]（宋）文彦博：《潞公文集》卷二二《答奏》，文渊阁四库全书本。

[5]（宋）李焘：《续资治通鉴长编》卷二六二，熙宁八年四月丙寅，中华书局2004年版，第6392页。

[6]（宋）邵伯温：《邵氏闻见录》卷四，《全宋笔记》第2编第7册，大象出版社2006年版，第124页。

[7]（宋）文彦博：《潞公文集》卷二二《神宗咨访诏》，文渊阁四库全书本。

用“绥州旧例”。宋朝最终同意用“绥州旧例”，而“夏人执以为据”。[1]宋金绍兴十一年（1141）誓书所定以淮水中流和唐、邓间为界，成为隆兴和议与嘉定和议议界的依据。

3. 形成了疆界即国界、守界即守国的意识

宋辽定界后，河北段界河就成为国界，过此河即出国境。宣和四年（1122）宋朝出兵幽燕，大军刚过界河即遇辽军来战，宋军不敢交战，“遂却军复回界河之南，滨河驻兵”，“北人隔河来问违背誓书”。[2]双方都把界河作为国界。张叔夜被金人掳掠北迁，道中绝食，“既次白沟，驭者曰：‘过界河矣。’叔夜乃矍然起，仰天大呼，遂不复语。明日，卒”[3]。由于过界河相当于出了国境，因此张叔夜悲恸而绝。宋夏划界后，“内十里筑堡铺供耕牧、外十里立封堠作空地例，以辨两国界”[4]，“界堠内地即汉人所守，界堠外地即夏国自占”[5]。沿疆界巡逻“人马巡绰所至，已立界堠之处为界”[6]。宋朝与金朝也约定“务欲两国界至分明”[7]。既有了清晰

[1]（宋）李焘:《续资治通鉴长编》卷二八二，熙宁十年五月乙亥，中华书局2004年版，第6918页。

[2]（宋）徐梦莘:《三朝北盟会编》卷七，宣和四年六月三日，上海古籍出版社1987年版，第51页。

[3]（元）脱脱等:《宋史》卷三五三《张叔夜传》，中华书局1977年版，第11142页。

[4]（元）脱脱等:《宋史》卷四八六《夏国下》，中华书局1977年版，第14016页。

[5]（清）徐松辑:《宋会要辑稿·兵二八》，刘琳等点校，上海古籍出版社2014年版，第9228页。

[6]《宋大诏令集》卷二三六《答夏国诏》，司义祖整理，中华书局1962年版，第921页。

[7]（宋）李心传:《建炎以来系年要录》卷一九〇，绍兴三十一年五月辛卯，中华书局2013年版，第3679页。

的国界，守国就不是一般意义的守边，而是守界，即“疆界既辨，则边圉不可不谨”[1]，“我疆彼界，毋相侵犯”[2]。如宋朝设河北界河巡检，“沿界河分番巡徼”[3]。宋夏定界后，宋朝令沿边诸路“各据巡绰所至处，明立界至，并约束城寨兵将官，如西人不来侵犯，即不得出兵过界。尔亦当严戒缘边首领，毋得侵犯边境”[4]。双方都各守国界。

正因为视疆界为国界，所以过界即为侵犯。宋朝令宋夏沿边官员“各守疆界。如是贼马侵入汉界，仰痛行掩杀，即不得令人马擅入西界捉杀人口，引惹边事”。宋辽界河方面“禁缘边河南州军民于界河捕鱼”，同时“契丹民有渔于界河者，契丹即按其罪”[5]。赵滋守雄州时，辽人侵入界河打鱼、运盐，赵滋“戒巡兵，舟至，辄捕其人杀之，辇其舟，移文还涿州，渔者遂绝”[6]。河东沿边官员需“定验北人有无侵越旧界，及边人有无侵北界地樵

[1]（宋）苏颂：《苏魏公文集》卷六六《华夷鲁卫信录总序》，中华书局 1998 年版，第 1004 页。

[2]（元）脱脱等：《宋史》卷四八六《夏国下》，中华书局 1977 年版，第 14018 页。

[3]（宋）李焘编：《续资治通鉴长编》卷八〇，大中祥符六年四月庚午，中华书局 2004 年版，第 1823 页。

[4]《宋大诏令集》卷二三六《赐夏国诏》，司义祖整理，中华书局 1962 年版，第 921 页。

[5]（宋）李焘编：《续资治通鉴长编》卷三七八，元祐元年五月戊辰，中华书局 2004 年版，第 9175 页。

[6]（元）脱脱等：《宋史》卷三二四《赵滋传》，中华书局 1977 年版，第 10497 页。

采”[1]。辽人越过边界垒石为墙，宋即派人“移牒毁拆”[2]，“有再垒下石墙，侵越界至，即便依前拆毁”[3]。需要指出的是，讨论宋代“国”界问题应遵循宋代的历史逻辑，用宋人的眼光看待其与周边政权的关系。

三、承继传统抑或新的变革?

作为自称中华正统的宋朝与“蛮夷之邦”签约、划界，傅海波、葛兆光等学者均赋予其变革意义，总体上可以分为两类：一类是以近代民族国家理论为坐标，赋予宋辽划界以“近代性”意义。如傅海波、崔瑞德所编《剑桥中国辽西夏金元史》认为宋辽“两国从海边到黄河拐弯处的边界被清晰地划界并由双方警惕地守卫，这构成了现代意义上的真正的国际边界，而这在中国历史上是空前的”[4]。这也代表了西方一类学者的观点。中国学者也有持类似观点者。有人认为，宋代以前历代王朝的边界仅是实际军事控制线，不具有国界的意义，而宋与辽、金的“实际军事控制线就有了国家间边界的意义”，不过“各方的控制线在法理上仍是传

[1]（宋）李焘编:《续资治通鉴长编》卷三一五，元丰四年八月辛酉，中华书局2004年版，第7621—7622页。

[2]（清）徐松辑:《宋会要辑稿·兵二八》，刘琳等点校，上海古籍出版社2014年版，第9226页。

[3]（宋）李焘编:《续资治通鉴长编》卷三六九，元祐元年闰二月丙午，中华书局2004年版，第8905页。

[4][美]田浩:《西方学者眼中的澶渊之盟》，载张希清等主编《澶渊之盟新论》，上海人民出版社2007年版，第92—112页。

统的政权界限而非国家边界”。[1]以西方民族国家理论考量，宋代是中国“天下观”下的有限变革。

另一类认为宋代疆界具有中国古代自身传统发展中的变革意义。有学者反对套用西方民族国家理论和欧洲的近代标准，认为在此问题上“中国历史不必按照欧洲历史来裁长补短”。宋代出现的“国境的存在和国家主权意识”，“很清楚地形成了汉族中国自我确认的民族主义意识形态”[2]。还有学者认为宋代“各政权之间界至谈判、勘定等皆王朝政治地理的新因素”，而且这种新因素不仅在中国历史上甚至在世界政治史背景中看都是空前的。这虽未以近代民族国家理论作为判断坐标，但也认为宋辽划界说明“当时出现了与近代民族国家相近的‘国家’意识”。[3]

对于宋代划分清晰疆界具有变革性的判断，不论是将西方民族国家理论作为参照，还是强调中国古代自身传统中的变革，都是以“近代性”作为标准。如果将欧洲兴起的近代边界理论作为参照，表面看来宋代疆界产生程序及疆界形态无疑具有了很强的“近代性因素”。维克多·普莱斯考特将陆地边界演变或形成分为分配、划界、勘界和管理四个阶段，“分配指的是有关领土分配的政治决定，划界涉及具体边界地点的选择，勘界是在实地标示

[1] 张文：《论古代中国的国家观与天下观——边境与边界形成的历史坐标》，《中国边疆史地研究》2007年第3期。

[2] 葛兆光：《宋代“中国”意识的凸显——关于近世民族主义思想的一个远源》，《文史哲》2004年第1期。

[3] 潘晟：《宋代地理学的观念、体系与知识兴趣》，商务印书馆2014年版，第290页。

出边界，管理是指边界的维护”。划界与勘界的区别是前者指纸面划定的国界线，后者是“确定边界的最后步骤，即现场标出边界”[1]。边界产生过程也可以分为定界（即分配）、划界、勘界三个阶段。邵沙平主编的《国际法》认为边界形成主要基于两种事实：一是由传统习惯而形成，即传统边界线；二是依条约而划定。划分边界一般还包括绘制地图和标界等阶段，为边界管理和维护提供依据，还通过条约“规定双方有维护边界标志的责任，采取必要措施防止边界标志被损毁或移动”[2]。

关于边界标志的类型，《奥本海国际法》指出“一般情况下可以将边界标志分为两类：一类是使用山脉、河流等自然标志的自然边界；另一类则是使用石头墙、栅栏等人为标志的人为边界”[3]。陆地“自然边界”通常“沿分水岭、山脊这些明显的地貌划定，或以河流中心线或主航道中心线等为界限”[4]。而河流划界有三种方法，即河流中间线、主航道中心线及河岸。[5]

宋与辽、夏、交趾、金的议界基本上经历了定界（即分配）、划界、勘界三个阶段，也包括勘界后的边界管理。如宋辽河东划界就经过了双方派员商议、划定疆界、实地勘验、绘制图标等过

[1] ［澳］维克多·普莱斯考特等：《国际边疆与边界：法律、政治与地理》，孔令杰、张帆译，社会科学文献出版社2017年版，第61、62页。

[2] 邵沙平主编：《国际法》，中国人民大学出版社2015年版，第152、153页。

[3] ［德］奥本海：《奥本海国际法》，王铁崖等译，中国大百科全书出版社1995年版，第60页。

[4] 朱文奇主编：《现代国际法》，商务印书馆2013年版，第223页。

[5] ［澳］维克多·普莱斯考特等：《国际边疆与边界：法律、政治与地理》，孔令杰、张帆译，社会科学文献出版社2017年版，第213页。

程，并按协定维护勘定的疆界。宋代的疆界形态既包括山脊、分水岭、河流等按自然地形划定的自然边界，如宋辽界河以河岸为界、宋金则以淮水中流为界，也包括树界标、建界墙、掘界壕等人为疆界。但是，宋代疆界形态和产生程序在中国历史上首次出现吗？如此相似的“近代性因素”就意味着变革吗？这样的疆界特征是人类社会进入近代才出现的新产物吗？

葛兆光指出，宋代“勘界”显示的中国古代开始出现的国境和民族国家意识呈现出与欧洲不同的建构路径。[1]这提示我们不能机械地套用西方近代民族国家理论，将宋朝通过双方共同勘定、载之盟约或文案的“国界”仍视为非法理上的国界。陶晋生指出，宋人已经有了“多元国际系统”的两个重要观念：“一是认知中原是一个‘国’，辽朝也是一‘国’；二是认知国界的存在”，“宋人对国界的重视，足以推翻若干近人认为传统中国与外夷之间不存在‘清楚的法律和权力的界限’的看法”。[2]宋朝与辽、夏、金、交趾的勘界就是双方议定，载之盟约的“法律和权力的界限”。

那么，宋代勘界是否在中国“路径”中堪称一次变革呢？宋代疆界形态和产生程序在中国历史上并非首次出现，而是古已有之。长城是一个例子。作为边界，长城是一个复合的边界，“代表统一的华夏帝国的北方资源边界，也是华夏的北方族群边界”[3]，

[1] 葛兆光：《何为“中国”：疆域、民族、文化与历史》，牛津大学出版社2014年版，第72—74页。

[2] 陶晋生：《宋辽关系史研究》，中华书局2008年版，第84、85页。

[3] 王明珂：《华夏边缘：历史记忆与族群认同》，社会科学文献出版社2006年版，第216页。

同时也是“标识本国的政治边疆”[1]。秦朝长城主要还是单方设定的疆界，汉代则得到匈奴等北方民族的承认。汉文帝致匈奴书称“先帝制，长城以北引弓之国受令单于，长城以内冠带之室朕亦制之”，约定“匈奴无入塞，汉无出塞”；而且当时双方是对等关系，国书称“二国”“两主”“邻敌之国”，甚至称“独朕与单于为之父母”，互称“天所立匈奴大单于敬问皇帝无恙”“皇帝敬问匈奴大单于无恙”。[2]长城成为两国共同认定的疆界。

唐代与吐蕃的议界则具备了上述宋代所有的程序。唐蕃间最重要的会盟议界是建中会盟。该次议界，“二国将相受辞而会”。在建中四年（783）正月第一次会盟中，唐朝派中书侍郎张镒与吐蕃相尚结赞盟于清水，议定两国疆界，即“今国家所守界：泾州西至弹筝峡西口，陇州西至清水县，凤州西至同谷县，暨剑南西山大渡河东，为汉界。蕃国守镇在兰、渭、原、会，西至临洮，东至成州，抵剑南西界磨些诸蛮，大渡水西南，为蕃界”，并相约“其黄河以北，从故新泉军，直北至大碛，直南至贺兰山骆驼岭为界，中间悉为闲田”。[3]双方疆界除了黄河、大渡河等自然山川为线状疆界外，其他地区为唐界加闲田加蕃界的带状疆界。唐界和蕃界是相对清晰的，这个带状疆界因而也是相对清晰的。清水之盟后，双方在议定的边界沿线树立界碑，并作为双方疆界不可侵

[1]［澳］维克多·普莱斯考特等：《国际边疆与边界：法律、政治与地理》，孔令杰、张帆译，社会科学文献出版社2017年版，第34页。

[2]（汉）班固：《汉书》卷九四，中华书局1962年版，第3762、3764、3756、3758、3763页。

[3]（后晋）刘昫：《旧唐书》卷一九六，中华书局1975年版，第5247—5248页。

犯的标志。如其后吐蕃宰相尚结赞曾说到“本以定界碑被牵倒，恐二国背盟相侵”[1]。“疆场既定”后，唐朝宰相李忠臣与吐蕃相曲颊赞等在长安设坛盟誓，宣读盟文，并将“盟文藏于宗庙，副在有司，二国之成，其永保之”[2]。建中会盟经过了议界、划界、勘界等程序，并载之文字。

边界具有两个核心功能：区别“我者”与“他者”，即区隔的功能；保障本国安全，即防卫的功能。这也是一个政权或民族基本和本能的生存需求，古今中外莫不如此。在遇到很强的对抗性外力时，就会产生区隔彼此的需要，当势均力敌的双方都具有这一愿望时，和议勘界及明确边界就自然出现。其本身并不代表从传统到近代的变革。现代国际法界定疆界“是地图上想象的界线，分隔着一个国家和另一个国家的领土”[3]，“边界是一条划分一国领土与他国领土或与国家管辖范围之外区域的界线，其作用在于确定各国之间领土范围”[4]。维克多·普莱斯考特还指出“历史上，边界具有重要的防卫功能，外国入侵者一旦越过边界，将承担相应的后果”[5]。古代和现代疆界都具有区隔和防卫功能。

维克多·普莱斯考特等认为“中国的长城不仅旨在防范游牧

[1]（宋）王钦若等编：《册府元龟》卷九九七《外臣部·怨怼》，中华书局 1960 年版，第 11706 页。

[2]（后晋）刘昫：《旧唐书》卷一九六，中华书局 1975 年版，第 5248 页。

[3]［德］奥本海：《奥本海国际法》，王铁崖等译，中国大百科全书出版社 1995 年版，第 60 页。

[4] 王铁崖主编：《国际法》，法律出版社 1995 年版，第 243 页。

[5]［澳］维克多·普莱斯考特等：《国际边疆与边界：法律、政治与地理》，孔令杰、张帆译，社会科学文献出版社 2017 年版，第 141 页。

民族侵扰，还旨在防止本国人外逃”[1]，具有防卫功能。拉铁摩尔指出：“中国的国家利益需要一个固定的边疆，包括一切真正适宜中国的东西，隔绝一切不能适合中国的事物。长城就是这种信念的表现。”[2]汉朝与匈奴约定的“匈奴无入塞，汉无出塞”[3]，唐人说缘边关塞的功能是“所以限中外，隔华夷，设险作固，闲邪正禁者也”，唐蕃会盟也有约定双方遵守划定的“汉界”与“蕃界”，“不得侵越”。[4]这些都表明疆界具有区隔和防卫的功能。宋代也是将疆界作为区隔版籍与非版籍的界限。

事实上，宋代以前的王朝也要采用应对复杂多样的现实困境的弹性做法。当中原王朝强大，足以维持以自己为中心的朝贡体系时，便不存在与四夷勘定疆界的需要，自然疆界足以区隔华夷，保障安全，且无损于华夏尊严。如邢义田阐述长城两方面的象征意义：“从理想的一面看，修筑长城意味着中国的天子德威不足，不能于一统海内之余兼服八荒之外，成为真正的普天之下之主，象征了无奈与羞辱；从现实的一面看，它的修筑隔绝了北方草原和南方农业地带，象征着一道文明与野蛮、中国与非中国、人与

[1]［澳］维克多·普莱斯考特等：《国际边疆与边界：法律、政治与地理》，孔令杰、张帆译，社会科学文献出版社 2017 年版，第 34 页。

[2]［美］拉铁摩尔：《中国的亚洲内陆边疆》，唐晓峰译，江苏人民出版社 2005 年版，第 276、277、304 页。

[3]（汉）司马迁：《史记》卷一一〇《匈奴列传》，中华书局 1959 年版，第 2903 页。

[4]（后晋）刘昫：《旧唐书》卷四三、一九六，中华书局 1975 年版，第 1839、5248 页。

禽兽、农业与游牧之间不可跨越的天限。”[1] 古人喜用“天生四夷，皆在先王封疆之外，故东拒沧海，西隔流沙，北横大漠，南阻五岭，此天所以限夷狄而隔中外也”之类不失华夏尊严的表述。[2] 宋朝对辽、西夏、交趾、金均不能取得优势而不得不承认他们为“国”，并与之勘定疆界。宋人曾一再感叹“燕山如长蛇，千里限夷汉”、燕山“岂天设此限华夷”，[3]“天限华夷”的自然疆界越来越不能发挥作用。势均力敌，甚至被动屈辱的对抗成为宋朝周边关系的常态，且强烈的外来压力如此深刻持久地影响着朝运是前所未有的，因而与辽、夏、交趾、金的全面划界成为保障安全不得不做的选择。

勘定疆界成为宋朝与对抗的相邻诸国都具有的发展正常关系的需求，或者说疆界的功能是势均力敌的任何两国都希望的。陶晋生指出，中国古代政治家都了解对外族维持和平为首要，朝贡在其次，“和平既属首要，则对外政策的运用，必需具有弹性”。除了华夷秩序外，对外族的平等关系“时常在中国的对外关系中发生”。这是当理想的世界秩序不能实现时，不得不发展成的“实质关系”。春秋战国时期到唐代莫不如此。“传统中国固然具有一个很强的传统来维持以中国为中心的世界秩序，要求邻国称臣进贡，但是另一个传统也不可以忽视，那就是与邻国实际维持的对

---

[1] 邢义田：《天下一家：皇帝、官僚与社会》，中华书局 2011 年版，第 134 页。

[2]（后晋）刘昫：《旧唐书》卷八九，中华书局 1975 年版，第 2889 页。

[3]（宋）苏辙：《栾城集》卷一六《燕山》，曾枣庄等校点，上海古籍出版社 1987 年版，第 396 页。

等关系”[1]。如上文所论，划定疆界对宋、辽、金都有现实需要，都是应对现实需要的手段。

如果说宋代勘界形式并非变革，那么宋代出现的“国境的存在和国家主权意识”是否在观念上代表了“很清楚地形成了汉族中国自我确认的民族主义意识形态”呢？也不是。宋代的勘界反映了“理想”解说和“现实”应对的交织。对“理想”的解说需要坚守绝对理念，即华夷之辨，出于“现实”应对又需要采取弹性标准。[2]不同形态的疆界，不论是模糊的省熟之界，还是清晰的“国”界，其功能都是区隔华夷，即“中国”与非“中国”。从地理概念而言，宋朝人所称“中国”就是直辖郡县和版籍人口。邢义田曾说“从秦一统天下，在现实的世界里，真正听命于始皇的不过是设有郡县的地方”[3]。直辖郡县就是秦朝现实的地理“中国”。宋朝也是如此。

宋朝与华夷之辨并用的另一个解说工具是“夷夏之变”。宋人称契丹和西夏“中国所有，彼尽得之”，“得中国土地，役中国人民，称中国位号，仿中国官属，任中国贤才，读中国书籍，用中国车服，行中国法令”，“所为皆与中国等”，“岂可以上古之夷狄视彼也？”辽朝更是“典章文物、饮食服玩之盛，尽习汉风”，“非如汉之匈奴，唐之突厥，本以夷狄自处，与中国好尚之异

[1] 陶晋生：《宋辽关系史研究》，中华书局2008年版，第3、4、5、7页。

[2] 黄纯艳：《绝对理念与弹性标准：宋朝政治场域对“华夷”“中国”观念的运用》，《南国学术》2019年第2期。

[3] 邢义田：《天下一家：皇帝、官僚与社会》，中华书局2011年版，第134页。

也”[1]。他们已经是近于“中国”的夷狄了。南宋也用“夷夏之变”解释宋金关系。朱熹的弟子说金世宗“专行仁政，中原之人呼他为‘小尧舜’”，朱熹回答：“他能尊行尧舜之道，要做大尧舜也由他。”[2]就是认为金朝皇帝是行尧舜之道、近于华夏的夷狄。与这样的夷狄议界划界、对等并立无损于华夏的尊严，从而为划界做了合理解说。

四、结语

宋代没有统一的疆界形态和划界原则，因关系形态的不同和变化而形成多样的疆界形态，既有模糊疆界，也有清晰疆界。影响疆界形态的主要因素是关系的可控和对抗。疆界的清晰程度与对抗性呈正比。点状模糊疆界主要存在于宋朝省地与可控且能为其所用的熟蛮之间，片状模糊疆界主要存在于对抗性不强或尚未表现出强烈对抗性的政权之间，带状清晰疆界和线状清晰疆界则是宋朝与境外政权对抗冲突的结果。对疆界形态的梳理有利于我们更清晰地认识宋朝的疆域范围和层次。

宋朝划分疆界的主要目的是现实的安全应对，其核心是区隔版籍与非版籍的民和地，保护赋役来源和“中国”即直辖郡县的安全，显示了宋朝对待周边关系时除构建华夷秩序之外的实用主

[1]（宋）赵汝愚编：《宋朝诸臣奏议》卷一三四、一三五，北京大学中国古代史研究中心校点整理，上海古籍出版社1999年版，第1493—1494、1502页。

[2]（宋）黎靖德编：《朱子语类》卷一三三《夷狄》，《朱子全书》第18册，上海古籍出版社、安徽教育出版社2010年版，第4161页。

义面向。从疆界的区隔和防卫功能，即划分“中国”与四夷，版籍与非版籍，保护直辖郡县安全的角度而言，省熟之界与诸“国”之界，有宋朝优势可控和均衡对抗之别，但都是此疆彼界，而无“天下之界”“诸国之界”或羁縻之界的区别。

宋代疆界的产生程序、形式及其体现的观念，总体上仍是对中国古代天下理想与现实应对、华夷之辨与夷夏之变、消解模糊疆界与发展清晰疆界等不同传统的承继和延续，只是宋朝周边关系的复杂性和多样性，使得历史上曾经出现的不同现象、传统和观念等在宋代同时并存，因而在具体做法有其时代的特殊性，但并没有实质意义上的变革，更不具有所谓西方历史路径意义上的近代性。

宋代文人与墨

钱建状

墨，作为最重要的书写工具之一，它与中国古代文人的至密关系，是不言而喻的。但是，只有到宋代，准确地说，是在北宋至南宋初期这一历史时段，墨与文人的亲和度达到了前所未有的地步。墨对于宋代文人来说，是“简牍所资，盖不可少”[1]的书写工具，是一种几案间的“闲澹物”，是公退之余的清玩，是文人的谈资与话头，是文人身份与雅俗之辨的区隔物。从“墨”这一细小的切口入手，见微知著，可以更清晰地展示宋代文人的群体特征与精神风貌。

一

将墨当作一件艺术品，置于案头加以赏玩，并不始于宋代文人。李白“黄头奴子双鸦鬟，锦囊养之怀袖间”[2]、僧齐己“正色

[1]（宋）李元膺《墨谱序》，曾枣庄、刘琳主编《全宋文》第110册，上海辞书出版社、安徽教育出版社2006年版，第198页。

[2]（唐）李白：《李太白全集》卷一九《酬张司马赠墨》，王琦注，中华书局1977年版，第875页。

浮端砚，精光动蜀笺”[1]均能形象地揭示出物性之美。李白诗所谓“养之怀袖间”，说的是养墨的行话，从一个侧面反映了盛唐文人日常生活的点滴，弥足珍贵。类似这些零星的艺术史材料表明，宋以前的文人，其中一些不仅用墨，而且懂墨。而与魏晋以来的文人相比，宋人对于墨的赏爱，自有其时代特点。

第一，从数量上来看，从魏晋至唐末五代，这一时间段用墨、藏墨、赏墨乃至用诗文来歌咏墨的文人并不多。这在一定程度上表明，宋以前，墨作为艺术品的特征似乎不太为文人所注意，墨在文人的日常生活中并不十分重要，至少对于大多数人来说是如此。而在宋代文人群体中，如蔡襄、欧阳修、司马光、文彦博、苏轼、黄庭坚、秦观、陈师道、叶梦得、晁说之、李纲、杨万里等等，皆爱藏墨、能辨墨、好咏墨。上至皇帝、下至普通的文人，政治地位有高下，经济实力有悬殊，政治见解有歧义，在好墨这点上，却表现出相当程度的趋同性。有些士人家族，如北宋梓潼苏氏（苏易简、苏舜钦、苏舜元、苏浩然）、钱塘唐氏（唐询、唐诏、唐林夫、唐植夫）、济北晁氏（晁说之、晁冲之、晁贯之），南宋宗室赵表之、赵子觉等，不仅嗜墨的雅好递承相传，而且能造墨。“超然堂中墨如戟，支撑宗门渠有力。”[2]由此看来，宋人藏墨、辨墨、赏墨，在审美趣味上表现出的是一种群体特征与时代风尚。

[1]（宋）苏易简等：《文房四谱（外十七种）》僧齐己《谢人惠墨》，朱学博整理校点，上海书店出版社 2015 年版，第 78 页。

[2]（宋）吕本中：《求赵表之墨》，《全宋诗》第 28 册，北京大学出版社 1998 年版，第 18184 页。

第二，宋代的一些文人，不仅好墨，而且嗜墨，痴迷于其中，乐此不疲。这些士人，在墨这种艺术品身上所倾注的时间、精力与热情，所表现出的难以割舍的情结与异乎寻常的占有欲，往往成为士林中的谈资。欧阳修的好友唐彦猷，“清简寡欲，不以世务为意。公退，一室萧然，临书试墨，以此度日”[1]。王洙“性尤爱墨，持玩不厌，几案床枕间往往置之。常以柔软物磨拭，发其光色，至用衣袖，略无所惜”[2]，尤重李廷珪墨，“屡以万钱市一丸”而不惜。名臣司马光一生，无所嗜好，独好蓄墨，被人称为“墨癖”[3]。苏轼言其好友李公择，“见墨辄夺，相知间抄取殆遍”[4]，被苏轼讥为“墨蔽”，其藏品甚丰，“悬墨满室”。苏轼另一友人吕希哲，“平生藏墨，士大夫戏之为墨颠”[5]。苏轼本人对于藏墨，亦欲罢不能。尝自嘲曰：“吾有佳墨七十丸，而犹求取不已，不近愚耶。”[6] 他如叶梦得自言“平生嗜好屏除略尽，惟此物未能忘”[7]，晁

[1]（元）陆友：《墨史》卷下，《文房四谱卅二种》，世界书局2010年版，第171—172页。

[2]（宋）王钦臣：《王氏谈录》，《全宋笔记》第1编第10册，大象出版社2003年版，第165页。

[3]（宋）释惠洪：《石门文字禅》，曾枣庄、刘琳主编《全宋文》第140册，上海辞书出版社、安徽教育出版社2006年版，第170—171页。

[4]（宋）苏轼：《苏轼文集》卷七〇《书李公择墨蔽》，中华书局1986年版，第2223页。

[5]（宋）苏轼：《苏轼文集》卷七〇《书吕行甫墨颠》，中华书局1986年版，第2223页。

[6]（宋）苏轼：《苏轼文集》卷七〇《书求墨》，中华书局1986年版，第2225页。

[7]（宋）叶梦得《避暑录话》卷上，《全宋笔记》第2编第10册，大象出版社2003年版，第236页。

贯之“生无它嗜，独见墨丸，喜动眉宇”[1]。

宋人晁说之曾经感慨，“今之士人好古极矣”，每得一名墨，“莫不喜色自倍，倾视一坐。而坐客为之气索彷徨，窃自咎其力之不足，而哀怀嫉忌者往往是也”[2]。得之则喜，失之则哀，无之则嫉，在得失有无之间，“墨”作为日常玩好，常能引起好古士人较强烈的情绪波动。这是宋代文化所特有的产物。黄庭坚《谢景文惠浩然所作廷珪墨》诗曰：“廷珪赝墨出苏家，麝煤漆泽纹乌靴。……不意神禹治水圭，忽然入我怀袖里。吾不能手抄五车书，亦不能写论付官奴。便当闭门学水墨，洒作江南骤雨图。”[3]邹浩《梦臣惠潘谷墨》诗曰：“心灰缘此亦复然，和我精神动寰宇。便涤砚，便操笔，便启轩窗磨此墨。敲冰佳纸适及门，罗列千张耀晴日。也吟诗，也作文，也把黄庭模右军。并包万类入方寸，倏忽变化生乾坤。”[4]诗人吴可《赠戴彦衡》诗曰：“病来谩喜折钗股，老去尚怀双脊龙。他日扁舟会乘兴，摩挲圭璧小从容。”[5]这种喜上眉梢式的意兴飞动与浩歌长吟，在现存的宋前咏墨诗文中并不多见。一丸香墨让诗人的笔酣畅而灵动。

[1]（宋）何薳《春渚纪闻》卷八，《全宋笔记》第3编第3册，大象出版社2003年版，第268页。

[2]（宋）晁说之《答朱秀才书》，曾枣庄、刘琳主编《全宋文》第130册，上海辞书出版社、安徽教育出版社2006年版，第56页。

[3]（宋）黄庭坚：《黄庭坚诗集注》第4册史容《山谷外集诗注》卷一六，任渊等注，刘尚荣校点，中华书局2003年版，第1333页。

[4]（宋）邹浩：《梦臣惠潘谷墨》，《全宋诗》第21册，北京大学出版社1998年版，第13966页

[5]（宋）吴可：《赠戴彦衡》，《全宋诗》第19册，北京大学出版社1998年版，第13025页

宋人于珍砚、名墨、佳笔、良楮文房四友，皆兴复不浅，并形诸歌咏。“然研得一，可以了一生。墨得一，可以了一岁”[1]，“笔之寿，以日计”[2]，纸则随手而尽。相对而言，纸笔易坏，不易保存，收藏价值要远低于砚、墨二物。墨以古为贵、且能传之久远，与宋人的好古风尚深相契合。这是宋人偏爱藏墨的一个物质因素。在宋人的文化心理结构中，砚、墨二物的位置要高于纸、笔。由此，宋人爱墨、爱砚入骨者多，而痴于纸笔、朝夕把玩者，似不多见。

第三，宋代文人，有不少属“墨之好事者”，他们好藏墨，能辨墨，善养墨，在墨的使用、赏鉴等方面，有一套精致、讲究的技巧、程序与方法。高雅的趣味、敏锐的感觉、丰富的博物学知识，以及在长期把玩中摸索出的经验，极大地提升、丰富了宋代墨文化的内涵。以苏轼为例，其近四十条纸墨题跋，内容涉及蓄墨、辨墨、试墨、啜墨、品墨、制墨等，是艺术史与日常生活史的珍贵史料。

宋人藏墨，“以歙州李庭珪为第一，易水张遇为第二”[3]，北宋末，“黄金可得，李氏之墨不可得”[4]。宋人所记南唐墨务官“李庭珪”之名颇不一致。或作“庭珪”，或作“廷珪”，或作“庭

[1]（宋）黄庭坚：《笔说》，曾枣庄、刘琳主编《全宋文》第107册，上海辞书出版社、安徽教育出版社2006年版，第88页。

[2]（宋）唐庚：《家藏古砚铭》，曾枣庄、刘琳主编《全宋文》第140册，上海辞书出版社、安徽教育出版社2006年版，第35页。

[3]（宋）蔡襄：《蔡襄集》卷三四，上海古籍出版社1996年版，第629页。

[4]（宋）邵博：《邵氏闻见后录》卷二八，中华书局1983年版，第218页。

邽”“廷邽”。盖李氏制墨，为防伪而改换字画。但李氏墨既贵，真伪亦杂出。王洙辨李氏墨的方法为：

> 当视其背印。背印云“歙州李廷珪墨”。歙旁“欠”字之左足与“州”之中，或其“李”字之中画，与“子”字之足贯，又与“廷”字“壬”之竖画，“墨”字之右角贯，视之上下相通者为真。[1]

这是从墨工字号的细微处辨伪，蔡襄用的方法也是如此。苏轼蓄墨数百挺，其藏品中，亦以李廷珪、张遇所造为极品。苏轼辨歙州李氏墨，主要凭墨色与直觉。如《书李宪臣所藏墨》曰：“此墨最久而黑如此，殆是真耶？”[2]《书李承晏墨》曰：“吴子野出此墨，云是孙准所遗，李承晏真物也。当以色考之，仍以数品比较，乃定真伪耳。”[3]《书廷珪墨》曰：“昨日有人出墨数寸，仆望见，知其为廷珪也。凡物莫不然，不知者如乌之雌雄，其知之者如乌、鹄也。”[4]东坡对自己的洞察力，有时颇为自信。

苏轼论墨，受司马光的影响，好以茶与墨进行类比：“茶欲

[1]（宋）王钦臣：《王氏谈录》，知不足斋丛书本。

[2]（宋）苏轼：《苏轼文集》卷七〇《书李宪臣所藏墨》，中华书局1986年版，第2224页。

[3]（宋）苏轼：《苏轼文集》卷七〇《书李承晏墨》，中华书局1986年版，第2228页。

[4]（宋）苏轼：《苏轼文集》卷七〇《书廷珪墨》，中华书局1986年版，第2226页。

白，墨欲黑，茶欲重，墨欲轻，茶欲新，墨欲陈。”[1]色黑质轻的古墨，乃为上品。但是，“若黑而不光，索然无神采，亦复无用。要使其光清而不浮，湛湛如小儿目睛，乃为佳也”[2]，颇看重墨的光泽度。晁说之《墨经》曰：“凡墨色，紫光为上。”古墨之善者，“黯而不浮，明而有艳，泽而无渍，是谓紫光”[3]，与东坡所重，有相通之处。

宋人试墨，“或以研试之，或以指甲试，皆不佳”[4]，以纸比墨，法最当。苏轼《试墨》曰：“世人言竹纸可试墨，误矣！当于不宜墨纸上。竹纸盖宜墨，若池、歙精白玉板，乃真可试墨，若于此纸上黑，无所不黑矣。”[5]其《试东野晖墨》曰：“世言蜀中冷金笺最宜为墨，非也。惟此纸难为墨。尝以此纸试墨，惟李廷珪乃黑。”[6]其试墨之法，从反复尝试中得来。

苏轼制墨，一是将不同的墨块杂糅，重新配制。这是宋人常用之法，二是自己研制或与墨工合作研制。其《书海南墨》曰：“此墨吾在海南亲作，其墨与廷珪不相下。海南多松，松多故煤

[1]（宋）苏轼：《苏轼文集》卷七〇《记温公论茶墨》，中华书局1986年版，第2227页。

[2]（宋）苏轼：《苏轼文集》卷七〇《书怀民所遗墨》，中华书局1986年版，第2225页。

[3]（宋）晁说之：《墨经》，《文房四谱卅二种》，世界书局2010年版，第65页。

[4]（宋）晁说之：《墨经》，《文房四谱卅二种》，世界书局2010年版，第65页。

[5]（宋）苏轼：《苏轼文集》卷七〇《试墨》，中华书局1986年版，第2221页。

[6]（宋）苏轼：《苏轼文集》卷七〇《试东野晖墨》，中华书局1986年版，第2228页。

富，煤富故有择也。”[1]苏轼在海南，曾与墨工潘衡合作，其印文曰：“海南松煤，东坡法墨。”[2]潘衡墨遂有名于世。宋孝宗为杨万里书“诚斋”二字，即用潘衡墨。

宋人关于墨的知识，源自生活的真切感受与体验，与耳食者的不加辨别、鹦鹉学舌有区别。苏轼《谢宋汉杰惠李承晏墨》诗曰：“老松烧尽结轻花，妙法来从北李家。翠色冷光何所似？墙东鬓发堕寒鸦。”[3]《墨经》曰，制墨以古松为难得，而“头煤如珠，如璎珞”[4]，外形颇有观赏性。首句涵盖采松、取煤两道制墨工序，形象贴切，此非深于墨者不能道。苏轼《试笔》诗：“子石如琢玉，远烟真削黳。入我病风手，玄云渰萋萋。是中有何好？而我喜欲迷。”其自注曰：“古语云‘摩墨如病风手’。”叶梦得《避暑录话》：“俗言磨墨如病儿……又云磨墨如病风手，皆贵其轻也。”[5]《墨经》：“凡研墨，不厌迟。”磨墨要慢，切不可心气浮躁，用力过猛。一方面，是要匀墨；另一面，也是书艺前的调心。《墨史》称：“研墨如病，盖重其调均而不泥也。”盖“今之小学者将书，必先安神养气，存想字形在眼前，然后以左手磨墨，墨调手

[1]（宋）苏轼：《苏轼文集》卷七〇《书海南墨》，中华书局1986年版，第2229页。

[2]（宋）何薳：《春渚纪闻》卷八，《全宋笔记》第3编第3册，大象出版社2003年版，第267页。

[3]（宋）苏轼：《苏轼诗集》卷三〇《谢宋汉杰惠李承晏墨》，王文诰辑注，中华书局1982年版，第1579页。

[4]（宋）晁说之：《墨经》，《文房四谱卅二种》，世界书局2010年版，第51页。

[5]（宋）叶梦得《避暑录话》卷下，《全宋笔记》第3编第10册，大象出版社2003年版，第324页。

稳方书，则不失体也”[1]。苏轼精于书艺，故对古语有亲切的体会，与一般的襞积故实不同。黄庭坚《观曾公卷墨箧》：“公卷收廷邽、承晏、文用墨七种，轻干黝黑，入研无声。此固李氏家风，铣泽如新，未之见也者。与都人斗百草，当赢百万。”[2]《墨经》：“凡墨……若研之以辨其声，细墨之声腻，粗墨之声粗。粗谓之打研，腻谓之入研。”[3]李氏之墨，入研无声，正是细墨的典型特征。黄庭坚亲闻李氏家风，故有此当行本色语。

宋人之于墨，处于用与不用之间。墨既是实用的工具，又是审美的对象。宋人对于墨的把玩，如同品茗，要观其色、听其声、尝其味，是一种深入过程、体验趣味的生活艺术。这种嵌入式的艺术活动，消解了人与物的距离，增加了人对物的亲和感。我们读宋人关于墨的文字，无论是资闲谈的笔记，还是轻松随意的题跋，或是赠答酬唱之作，常有一种知识更新的新鲜感与体物入微的熨帖感，原因或在此。

二

中国人使用墨的历史，可以追溯至遥远的上古时代。战国至秦汉，人造墨得到广泛的运用，但“均系手工制作，粗陋草率”，

[1]（元）陆友：《墨史》卷下，《文房四谱卌二种》，世界书局2010年版，第169页。

[2]（宋）黄庭坚：《观曾公卷墨箧》，曾枣庄、刘琳主编《全宋文》第106册，上海辞书出版社、安徽教育出版社2006年版，第317页。

[3]（宋）晁说之《墨经》，《文房四谱（外十七种）》，朱学博整理校点，上海书店出版社2015年版，第131页。

“呈细小的丸粒或块状，没有固定的形制，与研石配合方可使用”[1]。汉代以后，制墨技艺始获得了质的提升。出土文物表明魏晋人所制之墨“普遍采用墨模，墨锭加大，墨质坚细，形制规齐但不统一”，“有些墨的表面还模印了各种花纹”。唐五代之际，特别是南唐时期，文房工艺更趋精湛。南唐国主留意翰墨，“于饶置墨务，歙置砚务，扬置纸务，各有官，岁贡有数。求墨工于海东，求纸工于蜀”[2]。故文房所制，率皆精品。池、歙澄心堂纸，如美玉出璞，莹采射目，歙州婺源龙尾石，温润坚密，“声清越，婉若玉”[3]，为琢砚之上品。易水奚超、奚庭珪父子，唐末渡江至歙州，以墨名家，“李主宠其能，赐之姓”[4]，世用为墨务官[5]。李氏之墨，遂与澄心堂纸、龙尾砚齐名，“三者为天下冠”[6]，入宋以来，成为文人珍藏的文房极品。李氏之墨，“其坚如玉，其纹如犀，写逾数十幅，不耗一二分也”[7]。五代宋初徐铉，幼年尝得李超墨一挺，“长不过尺，细裁如筋，与其爱弟徐锴共用之，日书不下五千

[1] 王志高、邵磊：《试论我国古代墨的形制及其相关问题》，《东南文化》1993年第2期。

[2]（宋）陈师道：《后山谈丛》，《全宋笔记》第2编第6册，大象出版社2003年版，第86页。

[3]（宋）高似孙：《砚笺》，《文房四谱（外十七种）》，朱学博整理校点，上海书店出版社2015年版，第224页。

[4]（宋）王钦臣：《王氏谈录》，《全宋笔记》第1编第10册，大象出版社2003年版，第165页。

[5]（元）陆友：《墨史》卷下，《文房四谱卅二种》，世界书局2010年版。

[6]《歙砚说》，《文房四谱（外十七种）》，朱学博整理校点，上海书店出版社2015年版，第191页。

[7]（宋）苏易简：《文房四谱》卷四，《文房四谱（外十七种）》，朱学博整理校点，上海书店出版社2015年版，第71页。

字，凡十年乃尽。磨处边际如刃，可以裁纸”[1]。在形制上，唐末五代名墨，“其制为璧、为丸，为手握，凡十余种”[2]。李孝美《墨谱法式》所载唐五代名墨形制图五十多幅，修短方圆，品式多样，玲珑可爱，墨之正反两面，刻镂图案精美，真、行、草、篆，书艺绝伦，融书法、绘画、装帧、雕刻等艺术元素于一体，有很高的美学价值。如李庭珪墨，共有四品，“大墨有二品，其一面曰歙州李庭珪墨，漫有特龙；其一面曰歙州李庭珪造，漫有双脊特龙。小墨有握子者，上止有一香字。其丰肌腻理，光泽如漆；又有小饼子，面有蟠龙，四角有供御香墨字，漫止有一歙字”。四品皆无粗者，“非法之至精，曷能臻于此哉”[3]。

唐末五代，是墨由日常消费品向艺术品过渡的重要时期。从唐末五代乃至宋初，文人重墨，是因为此物“为学所资，不可斯须而阙者也”[4]。五代宋初人陶谷《清异录》载，南唐徐铉兄弟：“工翰染，崇饰书具。尝出一月团墨，曰：‘此价值三万。’”[5]同书同卷“副墨子”条载：“蜀人景焕，博雅士也。……尝得墨材甚精，止造五十团，曰：‘以此终身。’”“麝香月”条载：“韩熙载留

[1]（宋）苏易简：《文房四谱》卷四，《文房四谱（外十七种）》，朱学博整理校点，上海书店出版社2015年版，第74页。

[2]（宋）张邦基：《墨庄漫录》卷六，中华书局2002年版，第174页。

[3]（宋）李孝美：《墨谱法式》卷中，《文房四谱（外十七种）》，朱学博整理校点，上海书店出版社2015年版，第108页。

[4]（宋）徐铉：《文房四谱序》，《文房四谱（外十七种）》，朱学博整理校点，上海书店出版社2015年版，第83页。

[5]（宋）陶谷：《清异录》，《全宋笔记》第1编第2册，大象出版社2003年版，第88页。

心翰墨，四方胶煤，多不合意。延歙匠朱逢，于书馆傍烧墨供用，命其所曰‘化松堂’。”[1]五代南唐文人间亦有好藏墨、造墨者，但在观念上，良墨如善器，如奢侈品，其贵仍在其实用性与使用价值，“墨”本身所具有的艺术品特征在日常消费中被遮蔽与消耗掉了。《墨史》载：“国初平江南，时廷珪墨连载数艘，输入内库。太宗赐近臣秘阁帖，皆用此墨。其后建玉清昭应宫，至用以供漆饰。”[2]邵博《邵氏闻见后录》卷二八载：“太祖下南唐，所得李廷珪父子墨，同他俘获物，付主藏籍收，不以为贵也。后有司更作相国寺门楼，诏用黑漆，取墨于主藏，车载以给，皆廷珪父子之墨。”[3]庄绰《鸡肋编》引王彦若《墨说》“赵韩王从太祖至洛，行故宫，见架间一箧，取视之，皆李氏父子所制墨也。因尽以赐王。后王之子妇蓐中血运危甚，医求古墨为药，因取一枚，投烈火中，研末酒服即愈。诸子欲各备产乳之用，乃尽取墨煅而分之。自是李氏墨世益少得。”[4]宋初君臣，物尽其用，车载斗量，或供漆饰，或印法书，尽情挥霍，宝之者亦不过以为药墨而已。因此神宗熙宁间，“墨无廷珪成挺者”，而李氏后人之墨如李承晏、李文用所制者，“禁中尤珍之”[5]。陈师道《后山谈丛》载：“秦少游有李廷

[1]（宋）陶谷：《清异录》，《全宋笔记》第1编第2册，大象出版社2003年版，第90页。

[2]（元）陆友：《墨史》卷下，《文房四谱卅二种》，世界书局2010年版。

[3]（宋）邵博：《邵氏闻见后录》卷二八，中华书局1983年版，第218页。

[4]（宋）庄绰：《鸡肋编》卷下，中华书局1983年版，第104页。

[5]（元）陆友：《墨史》卷下，《文房四谱卅二种》，世界书局2010年版，第117页。

珪墨半丸，不为文理，质如金石。潘谷见之而拜曰：‘真李氏故物也，我生再见矣。王四学士有之，与此为二也。’墨乃平甫之所宝，谷所见者，其子斿以遗少游也。”[1]秦观藏李廷珪墨，又见陈师道《古墨行序》。诗末有句曰：“念子何忍遽磨研，少待须臾图不朽。”为秦观而发。魏衍注曰：“少游之墨，尝许先生为他日墓志润笔。”[2]半锭古墨，竟成了秦、陈二人生死之谊的见证，可见是物之珍。

庄绰曾慨叹宋初君臣的暴殄天物，赋诗曰：“只愁公子从医说，火煅生分不直钱。”这是北宋末士人后知后觉的看法。日常消费品向艺术品、收藏品转化，自有其历史演进的轨迹。宋人视为第一品的李廷珪墨在五代北宋的命运史说明审美价值的凸现与发掘是日常消费品成为艺术品的前提，日常消费品向艺术品、收藏品转化，在观念上有一个滞后期。宋人藏墨、辨墨、嗜墨的高峰期，出现在北宋中后期，也就是苏、黄等文人活跃的时代。原因之一，即在此。

墨由日常消费品，一变而为文人案头的清玩，另一个重要的原因，是宋人自觉的清浊、雅俗之辨。李元膺为《墨谱法式》一书作序曰：“夫君子之观人，不必于其大者，得其平居言笑之余，以及其玩好，而足以窥见其所存。”“嵇叔夜好煅，王武子好骑，阮遥集好蜡屐”，“此三物初若无足言，而世有钻李核、障钱篦者，

[1]（宋）陈师道：《后山谈丛》，《全宋笔记》第2编第6册，大象出版社2003年版，第85页。

[2]（宋）陈师道：《后山诗注补笺》卷五，中华书局1995年版，第187页。

则其清浊何如也”。[1]《世说新语》卷六《俭啬》：“司徒王戎，既贵且富，区宅僮牧膏田水碓之属，洛下无比，契疏鞅掌，每与夫人烛下散筹算计。”[2]又曰：“王戎有好李，卖之恐人得其种，恒钻其核。”[3]卷三《雅量》：“祖士少好财，阮遥集好屐，并恒自经营，同是一累，而未判其得失。人有诣祖，见料视财物，客至，屏当未尽，余两小簏箸背后，倾身障之，意未能平。或有诣阮，见自吹火蜡屐，因叹曰：‘未知一生当箸几量屐。’神色闲畅。于是胜负始分。”[4]一个人的日常玩好，看似无关紧要，但却能从细微处，从一个侧面，见出其人趣味的高低。世俗之徒，如王戎、祖约辈，好财、贪婪、算计、蝇营狗苟。高雅之士，如阮孚寄情于物，若有所悟。清浊高下，正可从日常嗜好中见出。故苏轼《次韵答舒教授观余所藏墨》诗曰：“世间有癖念谁无，倾身障簏尤堪鄙。”[5]闲暇时的消遣，更容易暴露一个人的习性。观人于揖让，不若观人于游戏。因此，寓心于何物，也就是人在日常玩好与娱乐中的道德内涵与精神指向，在君子看来，是必须审慎抉择的。

欧阳修说：“不寓心于物者，真所谓至人也；寓于有益者，君

[1]（宋）晁说之：《墨经》，《文房四谱（外十七种）》，朱学博整理校点，上海书店出版社2015年版，第122页。

[2]（南朝宋）刘义庆：《世说新语》卷六，刘孝标注，上海书店1986年版，第230页。

[3]（南朝宋）刘义庆：《世说新语》卷六，刘孝标注，上海书店1986年版，第230页。

[4]（南朝宋）刘义庆：《世说新语》卷三，刘孝标注，上海书店1986年版，第93页。

[5]（宋）苏轼：《苏轼诗集》卷一六，王文诰辑注，中华书局1982年版，第837页。

子也；寓于伐性汩情而为害者，愚惑之人也。”[1]在人与物的关系上，第一种态度，“不寓心于物”，完全超越的态度，是老庄的至人之境，非常人所以企及；而第三种态度，沉迷于声色犬马，追求感官的刺激，玩物丧志，愚人所为，可惩可戒；唯有第二种，寓于有益之物，与物之清者、物之微者磨砻砥砺，才是有道德、有修养、有文化的君子态度。欧阳修“自少不喜郑卫，独爱琴声”[2]，意在“平其心以养其疾”[3]，“性专而嗜古，凡世人之所贪者，皆无欲于其间”[4]，成《集古录》一编，“有暇即学书，非以求艺之精，直胜劳心于他事尔”[5]，以此“知昔贤者留意于此，不为无意”。一生所好，藏书一万卷，集录三代以来金石遗文一千卷，有琴一张，有棋一局，常置酒一壶。自号“六一居士”，“捐世俗之所争而舍其所弃者”[6]，寄意于物，旨在摆脱来自政治与人生中的羁绊，获得身心的自由，其精神高度与审美层次，与其学者、文人的复合身份深相契合。“豪家有钱贮金珠，谁肯淡好如吾徒。”[7]

[1]（宋）欧阳修：《欧阳修全集》卷一二九《学书静中至乐说》，中华书局2001年版，第1967页。

[2]（宋）欧阳修：《欧阳修全集》卷六四《三琴记》，中华书局2001年版，第943页。

[3]（宋）欧阳修：《欧阳修全集》卷四四《送杨寘序》，中华书局2001年版，第629页。

[4]（宋）欧阳修：《欧阳修全集》卷四二《集古录目序》，中华书局2001年版，第600页。

[5]（宋）欧阳修：《欧阳修全集》卷一二九《学书静中至乐说》，中华书局2001年版，第1967页。

[6]（宋）苏轼：《苏轼文集》，中华书局1986年版，第2048页。

[7]（宋）张炜：《柯山制墨胡处士求隶字》，《全宋诗》第32册，北京大学出版社1998年版，第20324页。

作为“简牍所资，盖不可少”的文房清供，“墨”的精神内涵与象征意义，皆与世俗玩好有所不同。释惠洪《跋达道所蓄伶子于文》曰：“达道手校诸书，而此本最美，非好古博雅，何以至是？司马君实无所嗜好，独畜墨数百尔。或以为言，君实曰：‘吾欲子孙知吾所用此物何为也！’达道之畜书，其亦司马之墨癖也。”[1]所谓“墨癖”，从人与物的关系上来说，可能导致心役于物，为物所累，不是为而不持、持而不有的旷达、审美的态度。苏轼诗曰：“人生当着几两屐，定心肯为微物起？”[2]过分拜物，人生太执着，并不可取。但这只是问题的一面，在宋人的文化语境中，蓄墨、辨墨，与收藏、研究古钟鼎彝器一样，在精神指向上，是通之于好古博雅的。文人对墨这种清玩，所表现出的过度膨胀的占有欲，或非通达之士，但“观其用心”，“于一物必臻其极如此，则扩而充之，盖知其所学之必到也”[3]。因此，在宋代闲谈中，所谓“墨痴”“墨癖”，多是一种戏谑式的肯定。有些普通的士人，反而因“嗜砚墨得名”[4]，引起士林的关注。“一生当着几两屐，性嗜远惭苏子后”[5]，嗜墨的诗人，对此称号，自惭之中，甚至还有一点自豪。

[1]（宋）释惠洪：《跋达道所蓄伶子于文》，曾枣庄、刘琳主编《全宋文》第106册，上海辞书出版社、安徽教育出版社2006年版，第170—171页。

[2]（宋）苏轼：《苏轼诗集》卷一六，王文诰辑注，中华书局1982年版，第837—838页。

[3]（宋）马涓：《墨谱法式序》，《文房四谱（外十七种）》，朱学博整理校点，上海书店出版社2015年版，第121—122页。

[4]（宋）陈师道：《后山谈丛》，《全宋笔记》第2编第6册，大象出版社2003年版，第85页。

[5]（宋）武衍：《江湖后集》卷二二《谢秀松庵蒲大韶墨》，文渊阁四库全书本。

总体而言，宋代士林，对于蓄墨、好墨这种日常雅好，是持包容态度的。当然也不是没有特例。比如李清照的父亲李格非，就曾作《破墨癖说》一文，从“余割当以刀，不以墨”，“吾贮水以盆”，不用墨，“余墨当用二三年者，何苦用百年墨”等几个方面，提出墨之用在书。世人所藏古墨，“苟有用于书，与凡墨无异”[1]。他用实用主义的观点，对为世所重的李廷珪墨能否称得上是艺术品表示怀疑。对士林中的收蓄名墨风尚，不以为然。北宋徽宗一朝，朝野上下，士林多蓄古书、砚、墨、鼎、彝之类，好古之风甚盛。李格非《破墨癖说》末曰：“非徒墨也，世之人不考其日用而眩于虚名者多矣，此天下寒弱祸败之所由召也！”[2]其所感慨，似是针砭此世风。

三

宋代的一些墨工，亦工亦商，出于技术需求与商业运作的目的，他们往往主动接近士大夫，请他们授以墨法，并为自己题字、写诗、赠序，借他人题品提高身价。例如，南宋徽州墨工吴滋，“以墨客游缙绅间”[3]，绍兴年间，曾登门拜访过知徽州汪藻、参知政事李邴、中书舍人吕本中，以及司农少卿李若虚。汪藻“授以

[1]（宋）张邦基：《墨庄漫录》卷六《李文叔破墨癖说》，中华书局2002年版，第174—175页。

[2]（宋）张邦基：《墨庄漫录》卷六《李文叔破墨癖说》，中华书局2002年版，第175页。

[3]（宋）洪适：《书吴滋墨卷》，《全宋文》第213册，上海辞书出版社、安徽教育出版社2006年版，第324页。

对胶法”，并向人推荐吴滋墨，“试之当知其佳”[1]，李邴为之题品，吕本中则赠之以诗，李若虚则赠之以言，“近日墨工尤多，士大夫独称吴滋。使精意为之，不求厚利，骎骎及前人矣。”[2]据洪适题跋，吴滋墨“松择而烟良，胶对而杵力，旦旦用之，砚不滓，笔不病，使潘、胡、蒲、史之品不能齐色而争先，虽无王公齿牙之誉，而增直三倍矣”[3]。本为佳墨，又经诸名士的题品，故在南宋初年“新有能声”，宋孝宗在东宫，多用其墨，“以滋所造甚佳，例外支犒设钱二万”[4]。

这些出入士大夫、王公大人之门，漂泊江湖之上，以笔墨为生的自由手工业者，识字率普遍较高，其中不乏家道中落的士人子孙，潦倒落魄、借此度日的底层文人，以及游走江湖的道士、化缘集资的释子。如黄庭坚颇为推重的笔工侍其瑛“秀才”，“本良家子，少年流宕京师。元丰中以笔为业，入太学供诸生甚勤，不计其直，辄与之。率日至或二三日一至，自尔稍稍受知当世公卿大夫，遂以笔名家。其后造墨，和剂、制样稍佳，而胶法未精，不复取重于人”[5]。苏轼、黄庭坚、秦观、陈师道等人皆推重的墨工潘谷，卖墨都下。“负墨篋，而酣咏自若”。苏轼称之为“墨

[1] 罗愿：《〈新安志〉整理与研究》卷一〇，黄山书社2008年版，第359页。

[2]（元）陆友：《墨史》卷下，《文房四谱卅二种》，世界书局2010年版，第159页。

[3] 罗愿：《〈新安志〉整理与研究》卷一〇，黄山书社2008年版，第359页。

[4] 罗愿：《〈新安志〉整理与研究》卷一〇，黄山书社2008年版，第360页。

[5]（元）陆友：《墨史》卷下，《文房四谱卅二种》，世界书局2010年版，第154页。

隐”，原本可能是一位底层文人。南宋徐鹿卿《送造墨唐生序》：“予来横江两载，有以《砚冈文集》惠教者，读之累日不厌，于是始知有砚冈。越明年，唐君携墨卿来访，问其世，则固砚冈之裔也。”[1]和侍其瑛相似，这位“唐生”，也是一位家道中落的士人子弟。何薳《春渚纪闻》引续仲永言：“绍兴初，同中贵郑几仁抚谕少师吴玠于仙人关，回舟自涪陵来。大韶儒服手刺，就船来谒。因问油烟墨何得如是之坚久也？大韶云：‘亦半以松烟和之，不尔，则不得经久也。’”[2]蒲大韶，字舜美，“儒服手刺”，俨然一士人矣。

宋人笔下的“墨工”“墨师”“墨生”，在不同程度上多有一定的文化修养，在文化身份与行为方式上，带有准知识分子的特点，易引起文人的亲近感与好奇。“逢掖之家，化为李庭珪、潘谷耶”[3]，文化差异的缩小，在一定程度上能消除横亘于尊与卑、官与民之间的阶级鸿沟。以买墨、用墨、试墨、辨墨、品墨为纽带，宋代文人与这些“以墨客游缙绅间”的准知识分子之间，互为依存，进行相对平等的人际交流。这种因商业文明而带来的新的社会阶层关系，给宋代文学注入了一些新质。宋代文人写给墨工、墨师、卖墨者的赠序、赠诗或相关文字，对其技艺与信义，常透

[1]（宋）徐鹿卿：《送造墨唐生序》，曾枣庄、刘琳主编《全宋文》第333册，上海辞书出版社、安徽教育出版社2006年版，第245页

[2]（宋）何薳：《春渚纪闻》卷八，《全宋笔记》第3编第3册，大象出版社2003年版，第270页。

[3]（宋）刘克庄：《后村先生大全集》卷九九《南城包生行卷》，四川大学出版社2008年版，第2546页。

着一份信任与认同，对其行为处世中所透露的价值观，有时是赞许甚至是推崇的。

何薳《春渚纪闻》记元祐著名墨工潘谷事曰："潘谷卖墨都下。元祐初，余为童子，侍先君居武学直舍中。谷尝至，负墨篋而酣咏自若。每笏止取百钱，或就而乞，探篋取断碎者与之，不吝也。"[1]苏轼《书潘谷墨》载："卖墨者潘谷，余不识其人，然闻其所为，非市井人也。墨既精妙而价不二。士或不持钱求墨，不计多少与之。此岂徒然者哉！"[2]黄庭坚《山谷外集》卷九《杂书》："潘谷验墨，摸索便知精粗。凡百工各妙于一物，与极深研几者同一关捩耳。魏晋间士大夫往往有人材风鉴，至于反照，便如漆墨，亦潘谷之流耳。"[3]卖墨而不求厚利，身为"贱工"而"酣咏自若"，妙于制墨，而至于妙境。潘谷的淡泊、精鉴及其对精微深妙的艺术境界的追求，备受苏、黄等名士的关切与赞许。宋代文人的平民意识与士大夫情怀，让他们自觉或不自觉地放低身段，使他们在与墨工的交往中，敏锐地感受了彼此在行为准则、道德境界与审美趣味的趋同与差异。黄庭坚《墨说遗张雅》曰："梓潼张雅不能和煤，而善作叵胜煤。蜀无佳墨工，如雅不易得也，故喻以古人法。余闻雅亦参禅问道，欲入九流，然但礼拜无眼阿师，随杜撰道人谈金丹，恐只虚生浪死耳。"邹浩《书与墨工

[1]（宋）何薳：《春渚纪闻》卷八，《全宋笔记》第3编第3册，大象出版社2003年版，第265页。

[2]（宋）苏轼：《苏轼文集》，中华书局1986年版，第2228页。

[3] 郑永晓：《黄庭坚全集辑校编年》，江西人民出版社2011年版，第1614页。

张处厚》:“予用张处厚墨久矣，而未之识。一旦处厚踵予门，问其家世，则谷之子，遇之孙也。昔奚氏以墨显于江南，而遇妙得其法，至处厚益恐坠其家声，不汲汲于利售，尤为可尚云。”[1]吴儆《墨说》曰:“蜀人以桐华为墨，虽一时光黑可爱，然新则滞，久则败。以歙墨之佳者，先后研和用之，则蜀胶为之融液清澈，而歙烟益精明可鉴。歙人吴滋盖合两家之所长，独步一时，然率以奉权贵、要厚利，士大夫不能多致。”[2]徐鹿卿《送造墨唐生序》曰:“唐君携墨卿来访，问其世，则固砚冈之裔也。予已心知其墨之善矣!呼陶泓、毛颖、楮先生面试之，皆曰可，于是又知有唐君。大抵人之于书于画，于琴棋笔墨，均名一艺。使庸俗辈为之，非不具形模也，非不存节奏也，非不备体势也，然形完而神敝，声宣而韵浅，外泽而中枯。作者一出意为之，则相去往往悬绝，是岂可以智巧索哉。采丹若神，运斤成风，必有进乎技者矣。”[3]这些告诫、推可、鄙夷与心赏，是典型士大夫式的。在宋人给墨工的赠序中，隐然还包含自我砥砺、提升的意味。

苏轼《赠潘谷》诗曰:“潘郎晓踏河阳春，明珠白璧惊市人。那知望拜马蹄下，胸中一斛泥与尘。何似墨潘穿破褐，琅琅翠饼敲玄笏。布衫漆黑手如龟，未害冰壶贮秋月。世人重耳轻目前，

[1] (宋)邹浩:《书与墨工张处厚》，曾枣庄、刘琳主编《全宋文》第131册，上海辞书出版社、安徽教育出版社2006年版，第319页

[2] (宋)吴儆:《墨说》，曾枣庄、刘琳主编《全宋文》第224册，上海辞书出版社、安徽教育出版社2006年版，第119—120页

[3] (宋)徐鹿卿:《送造墨唐生序》，曾枣庄、刘琳主编《全宋文》第333册，上海辞书出版社、安徽教育出版社2006年版，第245页。

区区张李争媸妍。一朝入海寻李白，空看人间画墨仙。”潘岳与潘谷，一为名士，一为贱工。一则白璧玉人，一则黑手如龟。地位、形象均极悬殊，媸妍似可立辨。但寻其行迹，一则望尘而拜，趋炎附势，一则纤尘不染，冰清玉洁。这是一个黑白颠倒、是非莫辨、美丑不分的世界。“潘以墨名一时，而穷悴不偶，托兴于物”[1]，苏轼又何尝不是如此。在潘谷身上，分明有苏轼的影子。南宋岳珂评此诗曰：“怀绝世之清音，叹媸妍之难谌。慨丸墨之未改，挹古人而寄心。”民国杨钟羲《雪桥诗话》评此诗曰：“其亦有厉世摩钝之意乎。”[2]都从一个侧面，注意到了诗中的愤世、反讽的情绪。苏轼曾自言，他“上可以陪玉皇大帝，下可以陪卑田院乞儿”[3]。类似这种庶民意识，在一定程度上消除了宋代士大夫源自政治地位与文化身份的优越感，让他们看到了底层民众身上的亮点与品格。宋人赠墨工、卖墨者诗，字里行间，口吻之亲切与态度之温和，颇为感人。对于宋代的墨工来说，这些士大夫的文字，是有温度的。

四

唐五代乃至宋初，文人对于墨的态度，如同鉴赏家对于一幅画，往往人与物的距离要拉开，才能欣赏到它的美。这是一种客

[1]（宋）岳珂：《宝真斋法书赞》卷一二，世界书局 2011 年版，第 183 页。

[2]（清）杨钟羲：《雪桥诗话续集》卷六，北京古籍出版社 1991 年版，第 421 页。

[3]（元）陶宗仪：《南村辍耕录》卷二〇引《漫浪野录》，中华书局 1958 年版，第 249 页。

观、冷静的态度，但却少了一点参与度与占有、拥有物的渴望与热情。初唐李峤有《墨》诗曰："长安分石炭，上党结松心。绕画蝇初落，含滋绶更深。悲丝光易染，叠素彩还沉。别有张芝学，书池幸见临。"[1]此诗收入《李峤杂咏》（以下简称《杂咏》）。《杂咏》分乾象、坤仪、芳草、嘉树、灵禽、祥兽、居处、服玩、文物、武器、音乐、玉帛十二部，每部十首。五代宋初人吴淑所作《事类赋》百篇，分天、地、宝货、乐、服用、什用、什物、饮食、禽、兽、草木、果、鳞介、虫各部，笔、墨、纸、砚列入"什物"部。四库馆臣曰："类书始于《皇览》……骈青妃白、排比对偶者，自徐坚《初学记》始；镕铸故实，谐以声律者，自李峤单题诗始。其联而为赋者，则自淑始。"[2]《杂咏》与《事类赋》，皆正文与注并行，属类书的一种变形。其特点是襞积故实，借咏物之名，行类书之实。名为诗赋，严格说来，算不得是吟咏情性的抒情作品。

北宋中期以来，蔡襄、欧阳修等嘉祐文人开其端，苏轼、黄庭坚等元祐文人承其绪，文人士大夫制墨、品墨、藏墨、辨墨的风气越来越盛，作为一种"清玩"，墨在士大夫的日常生活与精神世界的位置更加凸显。"平生性好墨，以此为昼夜。陈玄尔何为，能使我心化。……古锦缀为囊，香罗裁作帕。精粗校白黑，情伪

[1]（唐）李峤：《李峤诗注》，徐定祥注，上海古籍出版社 1995 年版，第 168 页

[2]（清）永瑢等：《四库全书总目提要》卷一三五，河北人民出版社 2000 年版，第 3443 页。

考真诈。欣然趣自得，其乐胜书画”[1]，“快日明窗闲试墨，寒泉古鼎自煎茶”[2]，“摩挲把玩何时休，巾袭永言珍所授”[3]。对他们来说，墨可以磨之、用之，也可以把玩之、抚弄之。更有甚者，可以啜之，在人与物的亲近、磨合之中领略生活的趣味。宋人以墨为题的诗，真切地反映了宋代士大夫的审美体验与生活趣味。就这一点看，宋诗是很特别的。

细而论之，对于宋人来说，墨，不仅是一种案头的“清玩”，还是一种清雅的“礼物”，可以联络感情、增进友情，扩大人际交往。“和成万杵捣圭璧”[4]，正面来看，它是消费品，是墨工智慧的结晶；反面来看，“事有至微犹足戒”[5]，过度占有，容易汩没人心。“非人磨墨墨磨人”[6]，“墨坚人苦脆，未用叹不足”[7]，“断玦精

[1]（宋）孔平仲：《子明棋战两败，输张遇墨，并蒙见许。夏间出篋中所藏以相示。诗索所负，且坚元约》，《全宋诗》第 16 册，北京大学出版社 1998 年版，第 10822 页。

[2]（宋）陆游：《剑南诗稿》卷一六《幽事》，中华书局 1976 年版，第 480 页。

[3]（宋）武衍：《江湖后集》卷二二《谢秀松庵蒲大韶墨》，文渊阁四库全书本。

[4]（宋）赵汝绩：《墨歌》，《全宋诗》第 54 册，北京大学出版社 1998 年版，第 33616 页。

[5]（宋）刘子翚：《兼道携古墨来，墨面龙纹，墨背识云保大九年奉敕造长春殿供御龙印香煤，旁又识云墨务官臣庭邽、监官臣夷中、臣子和、臣卞等进。盖江南李氏物也，感之为作此诗》，《全宋诗》第 34 册，北京大学出版社 1998 年版，第 21368 页。

[6]（宋）苏轼：《苏轼诗集》卷一六，王文诰辑注，中华书局 1982 年版，第 838 页。

[7]（宋）苏轼：《苏轼诗集》卷一六，王文诰辑注，中华书局 1982 年版，第 1809 页。

坚磨不杀”[1]，墨磨之难尽，而人生却短暂无常。郭祥正《观唐植夫所藏古墨》曰：“渺思五季乱，江南颇偷逸。三主皆能书，拨镫耸瘦骨。一朝归大明，流散余故物。”[2]叶梦得《避暑录话》卷上“辨歙州文房四宝”条曰：“丧乱以来，虽素好事者，类不尽留意于诸物。”[3]晁说之诗曰：“儿藏廷珪墨，贼火出烈烈。是时干戈起，髑髅积不血。宁复有此物，砚北伴白发。”[4]王庭珪《书黄山吴道人墨》曰：“离乱以来，徂徕、易水皆斗绝一隅。”[5]感慨系之，不胜家国兴亡之感。至为平常之物，往往会引起宋代士大夫种种复杂、微妙的情绪与思索。这些附加于物，或从物的某一特性抽绎出来的人的情感、思想，如果是单一的，当然可以三言两语，用五、七言绝句等体制短小的体裁来加以提炼。但如果诗人寓意于物，要想表达更丰富的内容、更复杂的心理，则形式相对自由、内容伸缩度较大的五、七言古诗，其形式体制与要表达的内容会更加契合一些。宋代的不少诗人主动选择用古诗咏墨，篇

[1]（宋）刘子翚：《兼道携古墨来，墨面龙纹，墨背识云保大九年奉敕造长春殿供御龙印香煤，旁又识云墨务官臣庭邽、监官臣夷中、臣子和、臣下等进。盖江南李氏物也，感之为作此诗》，《全宋诗》第34册，北京大学出版社1998年版，第21368页。

[2]（宋）郭祥正：《观唐植夫所藏古墨》，《全宋诗》第13册，北京大学出版社1998年版，第8880页

[3]（宋）叶梦得：《避暑录话》卷上，《全宋笔记》第2编第10册，大象出版社2003年版，第235页。

[4]（宋）晁说之：《说之有廷圭真墨一，为仪真贼所焚，伏蒙二十二叔特以真墨见惠，因喜出意表，辄赋诗申谢》，《全宋诗》第21册，北京大学出版社1998年版，第13718页。

[5]（宋）王庭珪：《书黄山吴道人墨》，曾枣庄、刘琳主编《全宋文》第158册，上海辞书出版社、安徽教育出版社2006年版，第227页。

幅加长，是有其艺术合理性的。

比如陈师道绍圣二年（1095）《古墨行》诗，以“裕陵故物”为线索，先从秦、晁二家旧物入手，写珍品难得，写潘谷“了知至鉴无遁形”之精鉴，然后插入想象与神话，写神宗夜半勤政，“睿思殿里春夜半，灯火阑残歌舞散。自书细字答边臣，万里风尘入长算”。继而写神物再现人间，“初闻桥山送弓剑，宁知玉碗人间见。夜光炎炎冲斗牛，会有太史占星变”。最后睹物思人，“念子何忍遽磨研，少待须臾图不朽”，暗写诗人与秦观的生死之谊。“世不乏奇，乏识者耳”为全篇主旨，但主中有宾；“借美于外非良质”，写妍媸之辨的标准；“人生尤物不必有”，化用苏轼的诗句，写不寓心于物的态度，虽为一带而过的次要主题，也不容忽视。全诗抚今追昔，时空多次变换，从“李廷珪墨”这一“珍玩物”上生发出多重寓意与人生感慨，“淋浪浓至”“飞动纵横”[1]，其内涵之丰富与艺术手段之多样，在五、七言近体短制中比较少见。

五、七言大篇，篇幅长、容量大，其下者可能会枝丫旁生，趁韵铺叙，失之冗，失之杂。而其上者，则“如天马腾空，神龙行雨，纵横跌荡，变化神明，莫可端倪”[2]，能充分展示诗人创新变化的才力，给旧的或容易落入窠臼的题材带来新的突破。苏轼的七言大篇《次韵答舒教授观余所藏墨》一诗，以“非人磨墨墨

[1]（宋）陈师道：《后山诗注补笺》卷五，中华书局1995年版，第187页。

[2]（清）朱庭珍：《筱园诗话》卷四，上海古籍出版社1983年版，第2402页。

磨人”为主旨，前后勾连，左右映带，“处处作感触唤醒之语”[1]，借一具象，将日常生活的点滴感受，上升为带有普泛化的人生感悟。故《唐宋诗醇》评曰“脱然畦径”，“善谈玄理，何必晋宋间人”[2]，即是一显例。他如晁冲之《复以承晏墨赠之》一诗，由今而昔，由议论而摹写而叙事，节奏由急变缓。写日常生活中至微之物，“意度沉阔，气力宽余”[3]，“脱去世俗畦畛”[4]，故深得派中诗人高秀实、吕本中及后世诗选家的推赏与青睐。由此看来，宋人以五、七言长篇来写“试墨”“辨墨”“赠墨”“求墨”这类日常生活的小题，总体上是比较成功的。

必须指出的是，宋人在写“清玩”这种小题上，究竟是用近体，还是用古体，选择小诗，还是用大篇，实际创作时，不仅相题而作，还要相人而作。若平日无嗜墨、藏墨之好，所见藏品、珍品无几，对墨这种清玩无真切之体会，用古体长篇，反而会空乏无味，捉襟见肘。以陆游、杨万里为例。陆游自言，“素不工书，故砚笔墨皆取具而已”[5]，是否工书且不论，但他算不上嗜墨的清玩家，倒是事实。陆游的名句，如“韫玉面凹观墨聚，浣花理腻觉豪飞”[6]，及前引“快日明窗闲试墨，寒泉古鼎自煎茶”等，

[1]（清）弘历编：《唐宋诗醇》卷三五，文渊阁四库全书本。

[2]（清）弘历编：《唐宋诗醇》卷三五，文渊阁四库全书本。

[3]（宋）刘克庄：《后村先生大全集》卷九五《江西诗派小序》，四川大学出版社2008年版，第2455页。

[4]（宋）吕本中：《东莱吕紫微诗话》，丛书集成初编本。

[5]（宋）陆游：《剑南诗稿》卷七〇，中华书局1976年版，第1668页。

[6]（宋）陆游：《剑南诗稿》卷二六，中华书局1976年版，第723页。

物多寓于律诗、筑于一联之中。“墨”与“茶”类似，是其清雅、闲适、诗意生活的象征物，是一种意象。这与杨万里诗是有很大差异的。杨万里之作，如《和昌英主簿叔求潘墨》《乡士李英才得老潘墨法，善作墨梅，复喜作诗，艮斋目以三奇，赠之七字，予复同赋云》《谢李君亮赠陈中正墨》《谢王恭父赠梁杲墨》《赠墨工张公明》《谢胡子远郎中惠蒲大韶墨，报以龙涎心字香》等。从诗题来看，他与墨工接触良多，且藏品甚丰，囊中还有潘谷墨这样的珍品。其《和严州添倅赵彦先寄四绝句》其一有句云：“自抟苍璧自抄书，雪乳一瓯香一炉。”[1]可见与南宋制墨名家赵彦先也有交游。杨万里现存的六首与墨题材相关的诗，古体四首，其《谢王恭父赠梁杲墨》《谢胡子远郎中惠蒲大韶墨，报以龙涎心字香》二篇，明快流丽、体物入微、兴致盎然，在宋人日常交游诗中，亦自不俗。黄庭坚曰：“诗文不可凿空强作，待境而生，便自工尔。”[2]一语道破艺术来源于生活的真谛。

宋人以墨为题的诗，北宋、南宋初期人多用古体。嗜墨、藏墨，多为墨工品题者，亦多写古体。这种体式上的偏好，适应着宋人的时代风尚与清玩生活，不能不说是一种艺术的自觉。

[1]（宋）杨万里：《和严州添倅赵彦先寄四绝句》，《全宋诗》第42册，北京大学出版社1998年版，第26370页。

[2]（宋）胡仔：《苕溪渔隐丛话》前集卷四七，人民文学出版社1962年版，第320页。

六察法的推行与宋神宗时期监察制度的转变

杨光

在国家政治体制运作中，如何对决策、行政机构进行监督，是制度设计中必须考虑的问题。在不同时代的特定环境下，即便同一监察机构的监督对象、监督方式、工作风格，也会发生微妙的变化，这些现象反映了一个时期的制度特点与政治风貌。

在宋代，御史台“掌纠绳内外百官奸慝，肃清朝廷纪纲”[1]，在监察事务中发挥着重要作用。御史“六察”之名，唐代已有之，但入宋后湮没无闻，直到宋神宗元丰三年（1080）重推六察之法，才又成为御史台监督在京官司的一种重要形式。此后，御史台设置吏、兵、户、刑、礼、工六个察案，六案各由一名御史负责，在其领导下分头对各自负责的在京官署进行文书核查，纠举行政过程中“稽迟违慢”等失误。六察制度的实行是中国古代监察制度发展史上的重要事件，不仅为御史台增添了一项新的日常事务，

[1]（清）徐松辑：《宋会要辑稿·职官一七》，刘琳等点校，上海古籍出版社2014年版，第3449页。

拓展了其监察行政机构与官员的方式，也深刻影响了后代监察机构的发展方向。金元时期御史台对行政机构进行“刷卷”的职能，乃至明清六科给事中的设置，都深受六察制度的影响。

正因其在监察制度、台谏制度历史上的重要意义，六察制度已吸引了不少学者的注意。[1]经过前人的持续努力，诸如六察案的工作方式、察案御史言事权的存废等方面的主要史实问题已基本得到厘清。但前人研究多是就制度谈制度，重在考辨六察制度的运作方式，对元丰年间六察制度的出台、其监察机制的形成同当时政治环境的关系关注较少，导致对六察制度的历史意义与制度定位的理解存在一定偏差。

为何此时御史台复置六察案，重新开始推行六察之法？哪些因素塑造了六察制度的实施形态？对六察工作的重视，体现了当时监察制度领域内的哪些转变？这些问题既与神宗对外朝言论、行政效率、监察事务等问题的关注有着密切关系，可以为观察神宗时期政治氛围、制度运作研究提供新视角；同时也与台谏制度发展史紧密勾连，是分析元丰以降御史台组织形态与运作方式的重要切入点。因此，对这些问题的回答，不仅能使我们更好地理解六察制度的意义与作用，更能让我们对台谏机构与宋代政治体制的关系产生更深入的认识。

[1] 贾玉英：《宋代监察制度》，河南大学出版社1996年版，第37—41页，另见氏著《略论宋代御史六察制度——兼与刁忠民同志商榷》，《史学月刊》2002年第12期；刁忠民：《宋代台谏制度研究》，巴蜀书社1999年版，第193—204页；虞云国：《宋代台谏制度研究》（增订本），上海书店出版社2009年版，第34—39页。

为了回应以上问题，本文先将六察与御史台监察工作的另一主要形式言论监督进行比较，以说明六察制度在监察机制上的特点，然后再结合当时的政治环境，探讨六察制度为何在元丰年间这个时间点上受到君主与御史台官员的重视而获得施行，又是如何在实践过程中形成其机制特点的。

一、六察制度的监察机制：与言论监督的比较

尽管长久以来，御史台都被学界认定为中央的重要监察机构，但"监察"一词在史学研究中的具体所指其实非常宽泛，很多在不同时期、不同场合下以不同形式开展的性质各异的职能，都会被研究者纳入"监察"的范围内。因此，对"监察"概念之下不同职务的运转机制，必须进行更加细致的区分与比对。要讨论六察制度缘何出台，也首先需要明确其在监察机制上有哪些特点。

北宋前三朝，御史台最重要的职责是推勘狱案和监督礼仪，[1]御史台对官员的"监察"基本限于纠劾其在各类仪式中的失态行为。到天禧元年（1017），真宗下诏设置了专职言事的御史，此后御史台的工作重心逐渐转移到向君主进言上，[2]对官员的"监察"也同进言职能相混融，即本文所称的"言论监督"。元丰三年（1080）六察法推行之后，以六察和言论两种形式展开的"监察"工作在御史台同时存在，并行不悖，互为补充。因此，要分析六

[1] 刁忠民：《北宋前三朝台谏制度述论》，《四川大学学报》1998 年第 4 期。

[2] 杨光：《专职言事官的设立———北宋前期对台谏制度的整顿》，《中华文史论丛》2019 年第 2 期。

察工作在监察机制上的特点，最好的方法莫过于同言论监督进行比较。前辈学者对六察制度的运作形式已有详尽论述，且多已注意到六察与言论监督的差异，但并未对这种差异进行系统探讨。以下就从工作方式、信息来源、监督对象等方面对二者进行比较分析，以说明六察制度在监察机制上的特点。

在言论监督的形式下，御史通过章疏、请对等方式弹劾官员，请求君主做出裁决。御史的这种弹劾，与其另一项重要职能“言事”之间，在形式上并无明确界限。[1]无论形式如何，开展监察工作的基础都是监察信息的获取。虞云国将台谏官的信息渠道归纳为风闻言事、公文关报、取索公事、台参辞谢、考绩监司、出巡采访等。[2]这些渠道大致可以分为两类，一类是通过官府公文得知信息的正式渠道，一类是通过人际传播获得信息的非正式渠道。[3]在言论监督的形式下，御史台官员随事弹纠，有时会使用正式渠道的信息，同时也要大量运用从非正式渠道获取的信息。如至和元年（1054）御史赵抃弹劾宰相陈执中，即以陈执中家女奴死亡的传闻为言[4]，当此事逐渐发酵，他又根据谏官范镇曾“妄行

[1] 聂崇岐：《宋史丛考》，中华书局1980年版，第219页。

[2] 虞云国：《制度与具文之间：宋代台谏考察地方的信息渠道》，载邓小南主编《政绩考察与信息渠道：以宋代为重心》，北京大学出版社2008年版，第85页。

[3] 虞云国：《宋代台谏制度研究》（增订本），上海书店出版社2009年版，第57页。

[4]（宋）李焘：《续资治通鉴长编》卷一七七，至和元年十二月癸丑，中华书局2004年版，第4296页。

陈奏，营救执中”的不实传言弹劾后者[1]。可以看到，非正式渠道的信息更加丰富多样，既包括官员为政情况的内幕，也有对其品行的评价乃至“阴私隐昧”之事的揭发，[2]但其准确性难以保证。正因为如此，朝廷要确保言论监督的持续运转，就需要允许御史“风闻言事”，即“不问其言所从来，又不责言之必实”[3]。

在这种监察形式下，御史在进言过程中对话题的选择拥有较大自由度，因而弹劾的对象与依据都有较大的不确定性。天禧元年（1017）设置专职谏官、御史的诏书中便规定，若有“诏令不允、官曹涉私、措置失宜、刑赏逾制、征求无节、冤滥未伸”等事均可论奏，[4]为台谏进言设定了非常宽泛的主题范围。这给台谏官在实际操作中留下了较大的选择空间，弹人还是论事、依据什么样的标准、以怎样的角度切入话题等问题，都需要台谏官自行把握。由此，御史可以对官员能力、道德品质、政策理念等许多层面的问题提出质疑，无论其行为是违反了朝廷法令还是社会道德，都能以言论形式进行批评。在这种情况下，台谏官往往关注重大事项、重要机构、重要官员，其言论监督所侧重的对象也经常随着政治形势的变化而转变。这固然是因为台谏官积极关注朝

[1] 赵冬梅:《试论史学著述中的时序问题——主要以李焘〈续资治通鉴长编〉为例》,《中国文化》第 42 期。

[2]（宋）李焘:《续资治通鉴长编》卷三六四，元祐元年正月庚戌，中华书局 2004 年版，第 8720 页。

[3]（宋）李焘:《续资治通鉴长编》卷二一〇，熙宁三年四月壬午，中华书局 2004 年版，第 5106 页。

[4]（宋）赵汝愚编《宋朝诸臣奏议》，上海古籍出版社 1999 年版，第 556 页。

政动向，但也包含着他们“锐于进取，务求速誉”的考虑，[1]希望抓大案要案以博取声望、制造政绩。

相比之下，不同于御史个人直接与君主接触的言论监督，六察有着一套复杂的工作流程。六察案的职责是“点检在京官司文字”[2]，其工作形式是在负责的御史领导下，依照现行法令规定，对本案分管的官司进行文书核查，找出其行政过程中的“稽迟违慢”等问题，并将之汇总到御史台长贰处，再将核查情况上报给中枢机构（元丰改制前为中书门下，改制后为尚书都省），如遇到重大问题则由当察御史同御史台长贰亲自向君主请示。[3]在六察案监督官司的同时，尚书都省也设立了御史房专门监督六察案的工作绩效。可见，相比于进言，六察是一项更加日常性、事务性的工作，是行政系统的文书核查体系的一部分，[4]与决策过程距离较远；虽然当遇到重大问题时也要以类似进言的形式由台官上报皇帝，但其所言事项也不能超出六察工作的范围。这与言论监督形式下可以自由选择话题的状态迥然不同。

在这种工作形式下，从隶察官司处取索公文是获取监察信息

[1]（宋）欧阳修：《欧阳修全集》卷一二〇《濮议》卷一，中华书局2001年版，第1849页。

[2]（宋）李焘：《续资治通鉴长编》卷三〇一，元丰二年十二月丙午，中华书局2004年版，第7329页。

[3]（宋）李焘：《续资治通鉴长编》卷三〇四，元丰三年五月辛未，中华书局2004年版，第7405页。

[4] 古丽巍：《宋代中央政務の「複式」審査システム—元豊改制を中心に—》，《史滴》第35号。

的唯一渠道，[1]虽然信息源较为单一，但却是稳定可靠、内容丰富的正式渠道。在言论监督的形式下，御史在实际的信息获取过程中往往处于较为被动的地位。他们必须四处打探消息，特别是要从非正式渠道获取信息的话，需要知情者愿意将事情原委告知御史才可。为了鼓励这种行为、打消信息提供者的顾虑，御史台才会将他们所言之事“托之风闻”，而既然御史台将官民诉状“托之风闻”，就难免会有人挟私诬告，御史有时也难以辨别真伪。在六察形式下，御史台获得的监察对象信息白纸黑字地写在文书上，不容抵赖，且取索文字是御史台的合法权利，提供相应文书是隶察官司的义务，御史台对监察信息的获取具有强大的制度保障。御史台还掌握着与行政有关的各类法条，[2]故而对隶察官司应当如何运转也有相当的了解。

同时，既然六察的监察对象仅仅是官司文书行政过程中的“稽迟违慢”问题，隶察官司抄送“赴台以备检照”的法条，[3]只是六察案纠劾的依据而非对象。在宋代某些时期，当朝廷决议行经封驳机构时，后者也需要向御史台关报这些决议的内容，这种制度被视为御史台进言的重要信息渠道之一。[4]隶察官司抄送法条

[1] 在六察制度下，官司须向某一察案提交文书以供点检，则称这一官司“隶于某察”，简称“隶察”。本文中将沿用这一用法。

[2]（宋）李焘：《续资治通鉴长编》卷三〇一，元丰二年十二月丙午，中华书局2004年版，第7328页。

[3]（清）徐松辑：《宋会要辑稿·职官一七》，刘琳等点校，上海古籍出版社2014年版，第3459页。

[4] 虞云国：《宋代台谏制度研究》（增订本），上海书店出版社2009年版，第58—61页。

与封驳机构的“公文关报”有着本质区别，在后一种情况下，御史可以就这些关报的朝廷法令本身内容向皇帝、宰执反映自身意见，但六察案官并不能对有司送来的“续降指挥”提出异议，因为六察案的职责只是以法条为依据，监督有司的执行情况。如元丰六年（1083）四月，御史台纠开封府当依法设“承受条贯聚听供呈历”而未置，“据刑部、编敕所定夺，各言所察允当”[1]。同年，御史中丞舒亶称“尚书省凡有奏钞，法当置籍录其事目”，据此弹劾尚书都省不置录目的做法。[2]虽然最后朝廷调查的结论是舒亶“不晓法意”[3]，但不能否认他的确是依据法令弹劾尚书都省的，只是对法条的理解有问题。尽管神宗曾于当年三月下令御史台的察案官对于“诸司所施行失当，虽无法亦听弹劾以闻”[4]，但六察案的监察对象仍然限于诸司的行政施为，而且在实际操作中，其纠察的事项依然是以法令的执行情况为主。

综上所述，宋神宗元丰年间推行的六察制度，在运作机制上呈现出诸多与言论监督迥然不同的特点：工作方式上，相比于御史直接向君主进言、影响决策的形式，六察工作更靠近行政系统的日常运转，是文书核查体系的一部分；在监察信息的获取上，

[1]（宋）李焘：《续资治通鉴长编》卷三三四，元丰六年四月己巳，中华书局2004年版，第8052页。

[2]（宋）李焘：《续资治通鉴长编》卷三三二，元丰六年正月癸巳，中华书局2004年版，第7999页。

[3]（宋）李焘：《续资治通鉴长编》卷三三五，元丰六年六月己酉，中华书局2004年版，第8077页。

[4]（清）徐松辑：《宋会要辑稿·职官一七》，刘琳等点校，上海古籍出版社2014年版，第3454页。

六察案基本只依靠从隶察官司取索文字一途，而不包含其他渠道；在监察对象上，六察案主要是依据既有法条，查找官司文书行政过程中“稽迟违慢”的情况，而基本不涉及其他方面的问题。因此，六察法的推行，并非仅仅涉及监察御史的职责变动，而是一次牵动着诸多机构、改变了御史台监察机制的重要制度调整。

六察制度下高度组织化、细密化的文书核查工作，一定程度上有着向唐制回归的倾向，似乎也更符合我们今天对“监察”一词的印象，但却与宋代士大夫心中那种在君主面前指点江山、激浊扬清的台谏官形象大相径庭。神宗去世后，吕公著批评元丰时期的御史台“废国家治乱之大计，察案司簿领之细过”[1]。我们也不禁要问：为何在元丰时期，“点检在京官司文字”的工作颇受重视？御史台六察的监察机制又是怎样形成的？这些问题之间的核心关联，在于熙丰时期御史台与整体政治环境的互动。

二、熙丰时期的政治环境与六察制度的形成

作为重要的中央机构，御史台的每一次职能调整，无不与当时的政治环境有着密切关系，六察工作的开展也是如此。六察制度的形成涉及熙丰时期政治环境中哪些方面的问题？这些问题如何塑造了六察制度的实际形态？神宗君臣在六察问题上的互动，体现出决策层对监察制度的需求在熙丰时期发生了怎样的转变？

[1]（宋）李焘：《续资治通鉴长编》卷三五七，元丰八年六月癸未，中华书局2004年版，第8546页。

以下即拟对这些问题进行探讨。

要找出影响六察制度推行的因素，首先应从最直接的材料入手。有关六察案的复置，《宋会要辑稿》中有如下记载：

> （元丰二年十二月丙午）御史舒亶言："今法度之在天下，其官吏之治否犹有监司按视焉。至于京师之官府，乃漫不省治，而御史莫得行其职也。诚使应在京官司，御史得以检察、按治，一切若监司之于郡县，庶几人知畏向，而法度有所维持，是亦《周官》之遗意。"诏取编敕所海行在京官司见行条贯并一时指挥，并录送御史台，如官司有奉行违慢，即具弹奏。除中书、枢密院外，仍许暂索文字看详。后御史中丞李定言："乞依故事复置吏、兵、户、刑、礼、工六案，点检在京官司文字，每案置吏二人，罢推直官二员。"从之，仍增置台官一员。[1]

这条记载是我们探讨六察制度出台背景的重要突破口。可以看到，六察之法的推行，最初起自元丰二年（1079）底台官舒亶要求使御史台"得以检察、按治"在京官司、"一切若监司之于郡县"的提议。神宗以此为契机，下诏录送法条于御史台，令其弹劾官司奉法违慢，并许其检核官司文字。李定则在神宗诏令的基础上，进一步建议依照唐代故事，设置六察案"点检在京官司

[1]（清）徐松辑：《宋会要辑稿·职官一七》，刘琳等点校，上海古籍出版社2014年版，第3452页。

文字”，将文书核查工作日常化，并向各类官司全面铺开。在这一过程中，御史台官员与神宗有着一致的认识，即应当强化对在京官司的监督，六察“点检在京官司文字”这项工作内容有其重要意义。

同时，双方的意图又有着细微的差别。舒亶提议加强对在京官司的监督，是出于强化御史台对官僚体系监督力度的目的。前文已经提及，直到此时，宋代御史台在平时并无主动对有司政务展开正式调查的法定权力，因此他希望御史台可以获得“检察、按治”在京官司之权。神宗的诏令则强调对官司“奉行违慢”行为的监督纠举，体现出对行政系统执行法令之效率与质量的高度关注。李定复置六察案的提议，则希望将“点检在京官司文字”的任务包揽下来，变成御史台的常程事务，这既是对神宗意旨的迎合，也有强化御史台作用的考虑。为此，他才标举出六察的唐代“故事”，附会当时依据《唐六典》改革官制的风尚，核心是强调由御史台设六察案监督官司这种工作形式有其正当性。

舒亶、李定与神宗的这番互动提示我们两个重要的问题：第一，为什么核查在京官司文书的工作成了一种迫切的需要？第二，为什么这项任务最终落定为御史台六察的形式？以下即对这两个问题分别展开讨论。

（一）熙丰时期对“点检在京官司文字”工作的需求

“点检在京官司文字”之所以在熙丰时期成为一种迫切的需要，与熙宁新法的推行有着密切关系。对这一问题的理解应当分为两层：一是“点检官司文字”，即以专人查验、核对官司文书的工作，在王安石变法开始后变得重要起来；二是以“在京官司”而非地方政府作为点检对象，与此前已经存在的由路级机构点检地方州县文簿的制度有关。

学者已经指出，熙宁年间（1068—1077），为了制定、推行新法的便利，中枢机构包揽了更多的事权，同时为了减轻中枢机构的工作压力，开始“清中书之务”[1]，将一些无关紧要的事务性工作下放。[2]结果是虽然“中书之务清矣”，但“事归有司者寖多”[3]，中央官司的行政压力增大。同时，多项新法的密集推行，也给从中央到地方的行政官司增添了很多事务。这些新法旨在“富国强兵”，因而新增事务往往涉及钱粮、军备，对财政、国防具有重要意义。于是，朝廷对官司行政能力、行政效率的重视也日益提高。王安石便曾对神宗说“天下事要亦无多，但少立条贯，精加考察而已”[4]，强调行政命令下达后，还要对有司执行的效果加以考察、监督，才能达到法令的预期效果。因此，如何对有司执行法令的过程“精加考察”，逐渐成为推行新法过程中朝廷所面对的重要课题。元丰六察法的出台，也是神宗君臣在这方面探索的产物之一。

要保证官司的行政质量与效率，勾考、审核文书是一个重要

[1]（清）徐松辑:《宋会要辑稿·职官一》，刘琳等点校，上海古籍出版社 2014 年版，第 2978 页。

[2] 方诚峰:《北宋晚期的政治体制与政治文化》，北京大学出版社 2015 年版，第 39—40 页。

[3]（清）徐松辑:《宋会要辑稿·职官五》，刘琳等点校，上海古籍出版社 2014 年版，第 3126 页。

[4]（宋）李焘:《续资治通鉴长编》卷二五〇，熙宁七年二月辛未，中华书局 2004 年版，第 6083 页。

环节。主簿在部门内地位不高，监督力量相对有限，容易流于形式，而临时差人的做法，远远适应不了大量涌现的常程事务所带来的现实需求。因此，神宗君臣开始考虑设置日常的文书核查机制，以求从外部对官司行政绩效进行更有效的监督，并将这种监督转化为一种常程工作。熙宁八年（1075），御史蔡承禧便曾建请“省府寺监铨院等处旧无句朱簿者，欲令置簿，仍选官每员分三两处提辖，季或一月取索检点。如于理可行而故为留滞，于文无害而烦为追逮，或迁引日月而不即了绝，或自当行遣而不与行下，以违制科罪。”神宗也认识到了勾考文簿的重要性，于是“诏中书、枢密院取索诸处住滞事取旨”[1]。

但是熙宁年间至元丰初，相比于中央行政机构，针对地方官司勾考文簿、行政核查的工作更受朝廷重视。相比于中央机构，地方政府直接负责财赋征调、兵员军备等方面的事务，新法能否起效，地方政府的执行是一个关键问题，而且毕竟天高皇帝远，地方政府受朝廷的直接掌控较弱。前引王安石所言，即是针对陕西路诸帅回易之事而发。熙宁年间对官司文书的勾考、核查工作，也以地方为重。如熙宁十年（1077），神宗下令京东、河北等路提举官“点检捕盗次第”[2]。元丰元年（1078），神宗又“诏诸路都作

[1]（宋）李焘：《续资治通鉴长编》卷二六三，熙宁八年闰四月癸卯，中华书局2004年版，第6435页。

[2]（宋）李焘：《续资治通鉴长编》卷二八〇，熙宁十年正月甲辰，中华书局2004年版，第6867页。

院委枢密院选差本路提点刑狱官一员提举点检”[1]。此外，州军施行常平、保甲等重要事务的相关情况也都要由路级机构进行点检查验。[2]可见，为保证新法在州县的执行力度，朝廷往往会采用点检文簿的方式加以监督，且通常是委任于监司或提举司。

相比之下，针对中央机构的文书核查机制，进展却较为迟缓。尽管如前引材料显示，熙宁八年（1075）时神宗曾根据蔡承禧的建议令中枢机构到官司取索文书，但《长编》于此处又称：“后惟三班院稽滞，遂劾之”，似乎中枢机构的取索行为仅仅是一次临时行动。此后直到元丰二年（1079），史料中也再没有关于中枢机构点检有司文字的记载，很可能后来这种做法并未得到持续执行，不了了之。所谓“京师之官府，乃漫不省治”，指的应当就是在京官司并无外部文书核查机制的状况。

御史台官员早已对这种情况有所观察，但蔡承禧还没有提出让御史台介入其中。直到元丰二年（1079），御史中丞李定才提出了由御史台来“点检在京官司文字”的请求。这一请求应该是受到了地方文书核查机制的启发，希望与之对接而提出的。在他的设想中，理应由御史台来点检文字的官司不仅包括在京官司，还包括诸路监司。因为虽然已有监司点检州县文字，但监司文字却无人核查。元丰三年（1080）四月，六察案刚刚复立，李定便

[1]（宋）李焘：《续资治通鉴长编》卷二五〇，熙宁七年二月辛未，中华书局2004年版，第7093页。

[2]（宋）李焘：《续资治通鉴长编》卷二七八、二八九，中华书局2004年版，第6799、7075页。

又奏请“推此法以察诸路监司”，并得到了神宗的批准。[1]可以看出，御史台官员希望构建一个由御史台与监司构成、覆盖从中央到地方大小官司的行政核查体系。但最终，行政文书核查体系并未落定为他们希望的样子。这提示我们关注文书点检、核查工作的开展形式问题，特别是在这一问题中御史台官员与神宗之间在理念上的差异。神宗是出于怎样的考虑，才将这项工作交给了御史台？台官又为何希望“点检在京官司文字”的工作由御史台包揽？

（二）六察法出台背后神宗与台官的政治诉求

六察制度产生的重要前提，是神宗对台谏机构既有监督方式的不满。熙宁前期，台谏官利用其进言职能，发表了很多反对变法的言论。神宗与王安石为推行新法，动用手中的权力同反对声浪展开了激烈的斗争，改造台谏机构正是这一斗争的重要环节。王安石曾问神宗议论纷纷的原因，神宗认为是“由朕置台谏非其人”导致的，王安石却指出，问题的关键在于“陛下遇群臣无术”[2]。这一对话提示我们，“置台谏之人”只是“遇群臣之术”的一方面。[3]除此之外，神宗改造台谏机构之“术”还有另一侧重点，即对台谏官工作方式的改进。

[1]（清）徐松辑：《宋会要辑稿·职官一七》，刘琳等点校，上海古籍出版社2014年版，第3453页。

[2]（宋）李焘：《续资治通鉴长编》卷二一〇，熙宁三年四月辛巳，中华书局2004年版，第5104页。

[3] 关于神宗改造台谏机构的问题，过去学界也是对熙宁时期台谏官任免与具体人物的表现等问题着力更多。参见贾玉英《王安石变法与台谏》，《抚州师专学报》1995年第4期。

北宋前期的言论监督形式给了台谏官较大的自由发挥空间，上文已论及。对君主而言，这种监督形式使台谏言论的内容存在较大的不确定性，难以随心所欲地加以控制。

熙宁年间，“抓大放小”的倾向不仅使台谏官关注新法问题，也使他们更多地站在探讨决策的高度，将立论的基点放在诸项新法本身是否可行上，于是质疑、批评新法的声音在台谏官中声势颇大，这令神宗非常不满。为此，神宗不但频繁贬逐台谏官，对台谏官监督的面向也有着自己的主张。熙宁三年（1070），知谏院胡宗愈多次上言对中枢决策提出异议，在神宗看来这都是“沮败朝廷政事”的表现，令他十分气愤，以至于当面“责（宗愈）以方镇监司事可言者众，略不为朕作耳目，专沮败朝廷所欲为”[1]。当右正言李常上疏反对青苗法，称“散常平钱流毒四海，又州县有钱未尝出而徒使民入息者”时，神宗命他“具州县吏姓名”[2]，言外之意是要绕开青苗法好坏的问题，将处置的对象变为所为不法的州县官吏。可以看出，在这些问题上，神宗并不认可台谏官与决策层探讨决策合理性的做法，而是更希望他们帮助朝廷监督地方行政事务的运作，特别是那些不奉行朝廷政令的官吏。这种想法也并非停留在理念的层面上，而是曾反复、明确地向臣下传达。

另一方面，台谏官在进言过程中，难免会用到一些未经核实

[1]（宋）李焘:《续资治通鉴长编》卷二一二，熙宁三年六月丙戌，中华书局2004年版，第5159页。

[2]（宋）李焘:《续资治通鉴长编》卷二一〇，熙宁三年四月壬午，中华书局2004年版，第5106页。

的信息和夸张的表达方式，不能保证其所言内容没有失实之处。台谏官依仗朝廷许其“风闻言事”的优待，时而利用一些模棱两可乃至失实的理由来讨论重要政务的话题。当支持新法的李定被神宗任命为御史后，苏颂等三位知制诰先后以此任命不合典制为由，封还词头。后来，主管御史台的陈荐又指责李定不服生母之丧。对此，王安石曾对神宗分析道：“苏颂辈攻李定终不敢言其不服母丧，独陈荐言者，荐亦知李定无罪，但恃权中丞得风闻言事故也。”[1]李定是否不服母丧，当时未经核实，是否有罪尚不能确定，故而词臣不曾言及此；但由于台官有“风闻言事”之权，陈荐也就敢以此名目攻击李定。

台谏官所言之事时有失实之处，神宗对此也心知肚明。熙宁年间不少台谏官员在被贬时，“言事不实”都是其罪状之一。神宗曾对王安石提到，御史进言称很多军人对外戚宅邸奢华感到不满，随即又说“御史有此言耳，未必军士便有此言”[2]，对御史之言的真实性表示怀疑。其实，历代君主都知道“御史言事不实亦常事”[3]，但神宗为了推行自己的政策，很多时候并不愿宽容台谏的这种做法。他时常在台谏官进言后令其分析，即让后者详细说明所言之事的原委，又经常命官员调查台谏所言之事是否属实。

[1]（宋）李焘：《续资治通鉴长编》卷二一三，熙宁三年七月丁酉，中华书局2004年版，第5174页。

[2]（宋）李焘：《续资治通鉴长编》卷二三九，熙宁五年十月丙申，中华书局2004年版，第5818页。

[3]（宋）李焘：《续资治通鉴长编》卷二四〇，熙宁五年十一月丁卯，中华书局2004年版，第5835页。

这些做法正是看准了台谏所言内容不一定准确，如果仔细追究很可能会发现破绽。而一旦台谏官露出马脚，朝廷便可以借机治其“言事失实”“专为诋欺”之罪。[1]这一切，都与此前“不问其言所从来，又不责言之必实”的通常做法迥异。

综上所述，在推行新法的过程中，神宗希望改造台谏官的进言工作本身，使其职能更符合自身需求：监督内容上，不再主要是对最高决策层制定的法令提出异议，而是对行政官员的奉法效果进行监察；监督依据上，要根据法条和真凭实据，对官员的违法行为进行弹劾纠举。开始的时候，许多士大夫都对神宗与王安石针对台谏官的种种处置表示了不满，试图维护台谏机构的权力。但掌握着实际权力的毕竟是神宗皇帝，于是这些反对者最终纷纷退出了政治舞台，台谏机构也逐渐被神宗所属意的官员占据，舒亶、李定正是这后一类人的代表。对于神宗一手提拔起来的这些官员而言，他们所考虑的核心问题转而变为如何在神宗给定的框架内，尽量施展拳脚来创造政绩、维护自身利益。对谏官而言，由于进言是其唯一的核心工作，所能做的更多只是在进言时，从立意到论证都更贴近神宗的要求。而对台官来说，由于御史台在唐代传统与现实体制中涉足的事务范围较广，他们可以发挥作用的面向也就更多。

御史首先找到的突破口是承治诏狱。在熙宁、元丰之际，蔡确、李定、舒亶等台官连兴大狱，波及甚广。确如学者所论，其

[1] （宋）李焘：《续资治通鉴长编》卷二一〇，熙宁三年四月壬午，中华书局2004年版，第5107页。

中既有着神宗捍卫既定方针的目的，也有着台官迎合神宗以求进用的考虑在。[1]蔡确在元丰初很快进位宰执，与他这几年在治狱上的功劳是分不开的。[2]有学者进而认为，李定、舒亶皆是蔡确人马，他们在御史台设立六察案，是为了与高层内不太支持新法的吴充等人做斗争，借此督促有司及时准确地执行新法，以维护新法的推行。[3]这一观点机械套用新旧党争的框架，逻辑略显牵强，与当时的实际情况不甚吻合。到元丰二年（1079）底，经过几番整治，政治上的反对声浪已经再度受到压制，而且御史台治狱期间种种“惨刻”的做法，也在舆论上造成了一定的负面影响。[4]于是，用诏狱打击反对派的做法逐渐消失。对神宗而言，压制反对派已经不再是政治上最核心的任务，而对于李定、舒亶等中层官员来说，核心问题可能从来不在于如何打击反对派，而是如何像蔡确一般获得进用。既然承治诏狱之路已经不通，那么就要到别处去另寻政绩增长点。于是舒亶、李定等人捕捉到了神宗在文书核查方面的需求，又顺应了当时效仿唐制改革官制的潮流，设立六察案、点检在京官司文字之议。

[1] 古丽巍：《宋神宗元丰之政的形成及展开》，北京大学博士学位论文，2011年，第79—90页；戴建国：《熙丰诏狱与北宋政治》，《上海师范大学学报》2013年第1期。

[2]（元）脱脱等：《宋史》卷四七一《蔡确传》，中华书局1985年版，第13699页。

[3] 刁忠民：《宋代台谏制度研究》，（增订本），上海书店出版社2009年版，第200—204页。

[4]（宋）李焘：《续资治通鉴长编》卷二八九，元丰元年四月乙巳，中华书局2004年版，第7059页。

（三）六察制度运作方式在元丰时期的调整

不过，仅仅设置六察案并不能满足神宗皇帝与御史台官员的所有需求，很多具体设想还需要落实在六察案的实际运作之中。在对六察制度运作方式的调试过程中，神宗与御史台官员的理念差异与利益冲突逐渐显露。这样的矛盾导致御史台官员的很多诉求难以实现，六察制度的实际形态逐渐向着神宗期望的方向推进。

从御史台官员的角度来看，若想将六察制度的推行作为新的政绩增长点，不仅要顺应神宗的需求提出这一建议，还要借此机会创造实际的政绩。故而，御史台为推行六察制度做了多方面的准备工作。除增设官吏、抄录法条之外，为使御史专注于六察工作，御史兼领的其他差遣也多被神宗罢去。[1]经过充分的准备，六察工作还是显现出了一定的成效。六察案自复置之初，便颇有斩获，如发现三司官物文簿“不结绝百九十事”[2]、“军器监文簿稽滞及失举催千三十一事”[3]等等。在推行六察法之后，李定与舒亶也均得到升迁，直到二人分别因他事被罢。

御史台官员在推行六察制度时，出于部门利益的考虑，着意于抬高御史台的地位。御史台曾奏请“六察案点检诸司库务坊监，

[1]（清）徐松辑：《宋会要辑稿·职官一七》，刘琳等点校，上海古籍出版社2014年版，第3453页；（宋）李焘：《续资治通鉴长编》卷三〇三，元丰三年四月庚申，中华书局2004年版，第7388页。

[2]（宋）李焘：《续资治通鉴长编》卷三〇四，元丰三年五月丙戌，中华书局2004年版，第7411页。

[3]（宋）李焘：《续资治通鉴长编》卷三〇五，元丰三年六月己亥，中华书局2004年版，第7417页。

乞行劄子”[1]。这里说的“劄子”是宋代的一种下行文书，一般是宰臣处理日常政务、下达指令时所用，北宋前期由中书门下发出，元丰改制后则归尚书省。[2]在元丰年间，也有其他一些官司的下行文书会使用劄子。由于御史台独立于行政系统之外，与一般行政机构之间没有统属关系，故而一般情况下与各处官司、官员间均用平行文书“牒”，唯有对中枢机构用对上级机构使用的“申状”。御史台官员希望在六察过程中可以对诸司库务等低级机构行用劄子，以明确自身高于这些机构的地位。

在文书行用之外，御史台也试图从监察范围入手，强化自身的作用。御史台官员原来的设想，是希望御史台与全体在京官司之间形成“监司之于郡县”的关系，但神宗为了防止朝廷机密泄露，以及抑制台官借机干预决策、与宰执沟通往来，强调御史台不能取索中枢机构文字。御史台官员则一直希望将其纳入六察体系中，坚称“六察之法行于有司而不行于中书、枢密院，是委大纲、治细目，纵豺狼、搏狐鼠也”[3]。到元丰改制以后，神宗终于同意御史台官员每半年“赴三省点检诸房文字稽滞”，但强调，台官点检诸房文字时“毋得干预省事及见执政”[4]。

---

[1]（清）徐松辑：《宋会要辑稿·职官一七》，刘琳等点校，上海古籍出版社2014年版，第3453页。

[2] 张祎：《中书、尚书省劄子与宋代皇权运作》，《历史研究》2013年第5期。

[3]（宋）李焘：《续资治通鉴长编》卷三一二，元丰四年四月庚辰，中华书局2004年版，第7571页。

[4]（清）徐松辑：《宋会要辑稿·职官一七》，刘琳等点校，上海古籍出版社2014年版，第3453页。

在御史台官员的这些举动背后，我们还是能看到“抓大放小”的理念带来的影响。在元丰时期，六察事务的争议多与军器监、司农寺、开封府、改制前的三司与改制后的尚书都省等机构有关。这一方面是因为这些机构在当时职责繁重，文簿山积，另一方面也是因为这些机构地位重要，对它们的举劾更能显示出六察案的威力，彰显御史台的政绩。出于同样的目的，一旦有机会，台官便会将攻击的矛头指向朝廷显要。在这一时期的史料中时常能看到，御史台官员依据察案呈报的信息，对两府宰执等高官不循法令、文簿差缪的问题展开弹劾。可见，尽管御史台推行六察事务是顺应了神宗的需求，但其中仍然有御史台官员维护部门利益、凸显自身存在感的考虑。

御史台官员这种抬高自己的努力，有可能使御史台借由六察获得的信息，间接提高对政务的参与度，并对朝廷决策与人事任免发挥更大的影响力，这并不符合神宗的期待。元丰年间，神宗“事皆自做”[1]，希望将大政方针与高层人事安排的主导权紧紧抓在手中。台官借助六察信息弹劾要员的做法与神宗的整体施政理念之间仍有矛盾。为此，神宗还是要时常以其“遇群臣之术”，对御史台官员加以警示与限制。

这方面典型的例子是任用王安礼的问题。王安礼作为王安石之弟，在元丰年间颇受神宗器重，由直舍人院、知开封府一路升为执政。但这大概引起了非王安石嫡系的李定、舒亶等人不满，

[1]（宋）黎靖德编：《朱子语类》卷一三〇，中华书局1986年版，第3096页。

且双方在具体事务上多有摩擦。[1]元丰二年（1079）王安礼任提举帐司时，曾与三司官员有过冲突，经李定与一众御史审理，最终王安礼获罪，但神宗只令其罚铜了事。[2]到王安礼出任知开封府时，御史台已开始推行六察，于是对他的攻击也多从文簿案牍之事展开。元丰五年（1082），侍御史知杂事满中行以“当察簿书巧匿不送”为由对其进行弹劾。[3]但同一时期，王安礼正因开封府狱空受到神宗的嘉奖，满中行的发难，结果不难推知。最后，满中行因“奏王安礼不当”被贬知无为军。[4]时为御史中丞的舒亶以尚书省不置录目之事弹劾王安礼。最后判定舒亶“不晓法意”，遭到重责，险被除名，最终“追两官勒停”[5]。到元丰七年（1084），侍御史张汝贤依“察案所上”之文字，[6]弹劾王安礼乞子侄差遣奏钞，并揭露王安礼平时的不当言行。[7]最后王安礼顶不住舆论压力，主动辞位，但张汝贤仍然被冠以“言事不实”之罪，贬知信

[1]（元）脱脱等:《宋史》卷三二七《王安礼传》，中华书局1985年版，第10553页。

[2]（宋）李焘:《续资治通鉴长编》卷三〇一，元丰二年十二月戊午，中华书局2004年版，第7332页。

[3]（宋）李焘:《续资治通鉴长编》卷三二四，元丰五年三月己亥，中华书局2004年版，第7804页。

[4]（清）徐松辑:《宋会要辑稿·职官六六》，刘琳等点校，上海古籍出版社2014年版，第4833页。

[5]（清）徐松辑:《宋会要辑稿·职官六六》，刘琳等点校，上海古籍出版社2014年版，第4837页。

[6]（宋）李焘:《续资治通鉴长编》卷三四七，元丰七年七月甲寅，中华书局2004年版，第8311页。

[7]（宋）李焘:《续资治通鉴长编》卷三四七，元丰七年七月甲寅，中华书局2004年版，第8328页。

阳军。[1]

满中行等人依据六察信息的弹劾，对法令的理解存在偏差，对他们的处罚有着合理的一面。然而，朝廷对上述事件的处置，并非完全遵循实证精神，包含着神宗打压御史台、偏袒王安礼的政治取向。当舒亶弹劾王安礼之事发生后，神宗下令陆佃、蔡卞调查此事，御史王桓发现“录黄圣旨明言舒亶妄论奏”，指出这乃是“诏以风旨所向”，向侦办此事的官员暗示调查方向。[2]神宗对抗议置若罔闻，在此案侦办过程中曾“谕都省，令取亶台中所置录目，必无之”[3]，显然在调查结果没有出来之时，孰是孰非神宗已经有了判断。神宗不经调查便预先为此事件定调，调查结果也就基本是个自我实现的预言了。在最终的处理结果中，台官在法令理解、事实描述上的一点点偏差都会导致整篇弹章被定性为“不实”，基本等同于诬告，相应官员往往因此被重加贬斥。这种处置方式，已经不能完全以制度理性来解释了，而是更多地体现了神宗的“遇群臣之术”。御史台官员前赴后继地弹劾王安礼，但却纷纷折戟，自中丞以下由此被贬黜者近十人，后者却一直稳如泰山。这一情景与熙宁前期台谏官反对王安石新法的斗争，颇有几分相似之处，只不过熙宁时的论战是在言论监督的形式下进行，

[1]（清）徐松辑：《宋会要辑稿·职官六六》，刘琳等点校，上海古籍出版社2014年版，第4841页。

[2]（宋）李焘：《续资治通鉴长编》卷三三三，元丰六年二月戊午，中华书局2004年版，第8019页。

[3]（宋）李焘：《续资治通鉴长编》卷三三五，元丰六年六月己酉，中华书局2004年版，第8077页。

此时的争斗则是在六察框架下展开的。

除了动用人事手段，神宗也试图从制度层面理顺御史台与政务部门间的关系，以求六察工作能够在他所期望的轨道上稳定运行。元丰三年（1080），当御史台行用劄子的请求递到神宗处，立即遭到了皇帝的严厉批评：

> 六察于诸司非统临之官，在理不当行劄子。见颁式令唯中书行圣旨用劄子。往时官府僭妄行遣，台察自合纠正，而不知省察，尚有承妄申请，可劄与知。[1]

神宗指出中书以外的官府行用劄子本身就是"僭妄"之举，六察案的地位"于诸司非统临之官"，发挥的只是一种从旁监督的作用。御史台还曾请求"关所属鞫罚吏人或改正"，同样遭到了神宗的拒绝。[2]后来，神宗还明令"御史台应官司冠'尚书'字者，用申状"[3]，则是御史台不单于中枢机构用申状，似乎对尚书六部也只能用申状。

在六察的实际运行方面，神宗对六察案点检中枢机构文书之请的态度，已经如前所述。除此之外，元丰改制后重组的秘书省、

[1]（清）徐松辑：《宋会要辑稿·职官一七》，刘琳等点校，上海古籍出版社2014年版，第3453页。

[2]（宋）李焘：《续资治通鉴长编》卷三〇四，元丰三年五月辛未，中华书局2004年版，第7405页。

[3]（宋）李焘：《续资治通鉴长编》卷三〇五，元丰三年六月己亥，中华书局2004年版，第7418页。

殿中省、内侍省、入内内侍省等机构也“不隶御史台六察”[1]。元丰五年（1082）底，神宗又以“御史分察中都官事已多”“且于体统非是”为由，下令诸路监司不再隶察。[2]元丰六年（1083）舒亶劾尚书省录目事发生以后，神宗不仅下令“应台察事并由尚书省取索”[3]，还在尚书都省下设置御史房，专门负责考核六察工作情况并举劾六察案官吏失职行为[4]，强化了尚书都省对六察工作的监督。有学者认为，这一做法确认了尚书都省统合文书核查工作的地位，理顺了御史台六察案与行政系统的关系，将六察案纳入了以尚书都省为核心的核查体系[5]，所言有理。然而，让以纠弹为业的御史台由此获得影响朝廷政务、人事安排的力量，并不符合神宗控制政局的意图。于是，神宗加强了对御史台六察案的控制，削弱了其在核查体系中的作用，尚书都省则逐渐成为行政核查工作的核心。

[1]（清）徐松辑：《宋会要辑稿·职官一》，刘琳等点校，上海古籍出版社2014年版，第2949页。

[2]（清）徐松辑：《宋会要辑稿·职官一七》，刘琳等点校，上海古籍出版社2014年版，第3454页。

[3]（清）徐松辑：《宋会要辑稿·职官一》，刘琳等点校，上海古籍出版社2014年版，第2949页。

[4]（宋）李焘：《续资治通鉴长编》卷三四二，元丰七年正月壬戌，中华书局2004年版，第8230页。

[5] 古丽巍：《宋代中央政務の「複式」審査システム—元豊改制を中心に—》，《史滴》第35号。

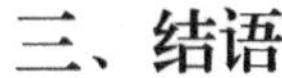

三、结语

熙丰年间，神宗为了推行自身政策，将朝政主导权控制在自己手中，对台谏制度进行了深入调整。无论是使新法阵营的官员布满内外要职，还是在熙丰之际政治走向扑朔迷离之时，鼓励台谏官连兴大狱以压制反对派，都是出于这样的目的。元丰改制后，省台寺监纷纷“正名”，职责划分向唐代的制度传统靠拢，御史台再次明确了专注于监督官员与有司不法行为的工作重点。事实上正如有些学者指出的，神宗在元丰改制以后不允许谏官越职弹劾官员，并不希望谏官机构凭借其优越地位过多插手决策。[1]

六察制度顺应了神宗的多方面需求：一方面，它捕捉到了熙宁以来对于文书勾考、核查工作的迫切需求，试图建立一套日常行政核查的机制；另一方面，在这种监察制度下，御史台一般不会对朝廷法令提出疑问，依凭法条纠举官司行政过程中的“稽迟违慢”，更有针对性与实效性，非常符合神宗对台谏机构的设想。

在当时的政治环境下，希望迎合君主又渴求创造政绩的御史台官员，面对神宗的权威，开始大力推进六察制度的建设。虽然部分御史仍保有自由进言的权利，但御史台整体的工作重心已经转向依据六察信息纠举行政过失的方面上来。核查文书的工作占据了御史台的大量精力，御史台官员的职责分工发生了变化。起初，御史台六员御史分别负责一案，后来则有了“三员言事，三

[1] 方诚峰：《职能与空间唐宋台谏关系再论》，《唐研究》第16卷，北京大学出版社2010年版，第474页。

员领察”的职责划分，[1]出现了专门负责进言的“言事御史”与专门负责六察事务的“察案御史”。到元丰七年（1084）御史台正官名时，“以言事官为殿中侍御史，六察官为监察御史”[2]，官名虽改，但并未改变御史的职责划分。而由御史台负责审理的刑狱及机构间的纠纷案件，除了鞫狱令“言事、案察御史轮治”[3]，“定夺刑名，则众官参定”之外，其余事项的定夺均是根据涉及机构的性质“随曹付察”[4]，后来言事御史也被允许根据从察案官吏处得到的信息向君主进言，六察案逐渐成了联结御史台各项工作的重要枢纽。同时，御史台六察案由察案御史负责，各个察案发现的问题又需要汇总到御史台长贰处，以决定是作为常程事务向中枢机构报备，还是作为重大事项请示君主，有着较为明显的层级制管理特征。这一切都使得六察法推行之后御史台日常事务增加，内部分工更加细致明确，机构的组织化程度相较仁宗、英宗时期大为提高。

御史台从事文书点检工作，拉近了自身与行政事务的关系。在六察案复立之前，御史台在机构层面上与政务部门保持着一定距离，从外部对其进行言论监督。但是六察法施行之后，御史

[1]（宋）李焘：《续资治通鉴长编》卷三三五，元丰六年五月丙戌，中华书局2004年版，第8065页。

[2]（清）徐松辑：《宋会要辑稿·职官一七》，刘琳等点校，上海古籍出版社2014年版，第3455页。

[3]（清）徐松辑：《宋会要辑稿·职官一七》，刘琳等点校，上海古籍出版社2014年版，第3455页。

[4]（宋）李焘：《续资治通鉴长编》卷三三五，元丰六年五月丙戌，中华书局2004年版，第8066页。

台借助察案更多地介入到行政部门的日常运转之中。元丰六年（1083），蔡京曾称“夫官府之治，有正而治之者，有旁而治之者，有统而治之者”，六部、寺监等行政机构是政务的“正而治之者”，尚书都省“无所不总，统而治之者也”，御史则“非其长也，而以察为官，旁而治之者也”[1]。这种理念的出现，正是受到了三省制中以尚书都省为核心的核查体系的影响。从蔡京到现代学者，注意的都是在这一体系中，相对于尚书都省与行政机构，御史台处于“旁”的地位。本文通过对御史台职责侧重的历时性考察，更希望强调，这时的御史台突出的特点在于“治”，即通过承担核查工作，以查验文书的方式，更直接地介入行政系统的运作。这一趋势对日后的御史台乃至谏官机构的职能演变都产生了深远的影响。

虽然御史台的行政资源大量被六察工作挤占，监督职能受到了许多限制，但也由此获得了准确而稳定的信息来源，能够更好地了解行政系统的运转状态。当神宗去世、太皇太后高氏开始更张熙丰政事时，吕公著曾建议罢废六察案、停止六察工作，却遭到同为变法反对者、时任侍御史的刘挚之反对。刘挚承认应调整六察制度的运行方式，允许察案御史自由进言，但也希望保留六察案，继续由御史台开展文书核查工作。[2]朝廷最后批准了刘挚的建议，六察案得以在元祐继续运转。到哲宗、徽宗绍述之时，六

[1]（宋）李焘：《续资治通鉴长编》卷三三三，元丰六年二月癸酉，中华书局2004年版，第8026页。

[2]（宋）李焘：《续资治通鉴长编》卷三五九，元丰八年九月己酉，中华书局2004年版，第8597页。

察制度更被视为神宗时代的一项政治遗产而继续得到推行。宋室南渡之后，御史台官员在政权草创未久时，便又想起了六察之法，向高宗奏请施行。[1]尽管隶察官司的范围时有变化，察案御史的言事权亦时有变化，六察制度的基本形式却在元丰以后一直延续了下去。

本文的探讨也提示我们，在制度变迁的过程中，除去权力、利益等核心因素以外，在制度运行中的观念因素也在起着作用。神宗和台官大力推行六察制度，但并没有令察案取代言事成为御史台的唯一监察形式。这背后的原因在于，台谏的进言职能在宋代的政治文化中已经获得了不可撼动的地位，成了君主听言纳谏的一种象征。君主虽可以对其加以种种限制，但终不能将之废除。又如在六察制度的运作中，御史虽只能去文簿案牍中寻找官司的行政失误，但是“抓大放小”、寻觅重大弹劾事件树立政绩的思路并没有改变。以上这些观念，一方面来自对旧有制度的“路径依赖”，另一方面也已经沉淀为了一种“制度文化”，无论工作形式如何变化，它们都在有意无意间影响着政治生活中人的行为。[2]

---

[1] （清）徐松辑：《宋会要辑稿·职官一七》，刘琳等点校，上海古籍出版社2014年版，第3458页。

[2] 邓小南：《信息渠道的通塞：从宋代“言路”看制度文化》，《中国社会科学》2019年第1期。

图书在版编目（CIP）数据

宋韵文化遗产保护传承和活化利用 / 王国平总主编
. -- 杭州 : 浙江大学出版社, 2024.5
ISBN 978-7-308-24916-4

Ⅰ. ①宋… Ⅱ. ①王… Ⅲ. ①文化遗产－保护－研究
－杭州－南宋 Ⅳ. ①K245.03

中国国家版本馆CIP数据核字(2024)第087015号

宋韵文化遗产保护传承和活化利用

王国平　总主编

责任编辑　宋旭华
文字编辑　姜泽彬
责任校对　吴　庆
封面设计　项梦怡
出版发行　浙江大学出版社
（杭州市天目山路148号　　邮政编码310007）
（网址：http://www.zjupress.com）
排　　版　杭州林智广告有限公司
印　　刷　广东虎彩云印刷有限公司绍兴分公司
开　　本　710mm×1000mm　1/16
印　　张　19.25
字　　数　207千
版 印 次　2024年5月第1版　2024年5月第1次印刷
书　　号　ISBN 978-7-308-24916-4
定　　价　98.00元
